कैसे हो सकता है

शुभ भविष्य

का निर्माण

आचार्य महाप्रज्ञ

डायमंड बुक्स

ISBN : 978-81-288-2704-4

प्रकाशक	:	**डायमंड पॉकेट बुक्स (प्रा.) लि.** X-30, ओखला इंडस्ट्रियल एरिया, फेज-II नई दिल्ली-110020
फोन	:	011-41611861
फैक्स	:	011-41611866
ई-मेल	:	sales@dpb.in
वेबसाइट	:	www.dpb.in
संस्करण	:	2010
मुद्रक	:	आदर्श प्रिंटर्स, शाहदरा, दिल्ली - 32

KAISA HO SAKTA HAI SHUBH BHVISAYA KA NIRMAN
by : Acharya Mahapragya

भूमिका

'कैसे हो सकता है शुभ भविष्य का निर्माण' यह जिज्ञासा आदिकाल से मनुष्य के साथ चलती आई है। वास्तव में शुभ भविष्य के निर्माण की इच्छा सृष्टि का सर्वश्रेष्ठ प्राणी होने का गौरव प्रदान करती है।

मनुष्य सदैव यही चाहता है कि उसका आने वाला कल, आज से भी कहीं उन्नत, प्रगतिशील व शुभ हो। भविष्य को अच्छा व बेहतर बनाने का एक ही मार्ग है; अपने वर्तमान को सुंदर बना लो, भविष्य स्वयं ही उज्जवल हो जाएगा।

प्रस्तुत पुस्तक में आचार्य महाप्रज्ञ ने व्यक्तित्व विकास द्वारा शुभ भविष्य के निर्माण का सुंदर वर्णन किया है। उनका कहना है कि यदि व्यक्ति अपने भीतर कतिपय गुण तथा विशेषताएँ विकसित कर ले, तो वह न केवल स्वयं के लिए, अपितु समाज, देश तथा विश्व के लिए भी शुभ हो सकता है।

प्रत्येक व्यक्ति को 'सहनशक्ति तथा विनय' के गुण को अपनाना होगा। सहिष्णुता और विनम्रता किसी भी जीवन में सफलता पाने के दो महत्वपूर्ण साधन हैं। आचार्य कहते हैं कि विकास करना चाहते हो, तो अपनी कमियाँ पहचानो व उन्हें दूर करो।

अहंकार व क्रोध से बचो। आचार्य ने क्रोध व अहंकार के विभिन्न रूपों के विषय में जानकारी देते हुए उनसे सावधान रहने को कहा है। वे अहंकार घटाने के लिए अनुप्रेक्षा व कायोत्सर्ग का उपाय अपनाने पर बल देते हैं।

वे कहते हैं कि मनुष्यों का स्वभाव तथा प्रकृति अलग-अलग होती है। अत: हमें उनके अनुसार, उन्हें पहचान कर, सामंजस्य स्थापित करना चाहिए। हमारा मन इतना चंचल है कि बने-बनाए संकल्प को भी क्षण भर में धराशायी कर देता है। अत: हमें इस मन रूपी अश्व को भी साधना होगा। हमें शारीरिक व मानसिक स्तर पर सामान्य रहते हुए मनोबल बढ़ाना होगा। यदि हमारे शरीरबल, मनोबल व आत्मबल सशक्त नहीं होंगे तो हम बहुत जल्दी प्रभावित होंगे, प्रतिक्रिया व्यक्त करेंगे। इन्हें बढ़ाने के लिए अभ्यास व साधना करनी होगी।

व्यक्ति को भावशुद्धि की भी साधना करनी चाहिए। 'सकारात्मक भाव' ही भावशुद्धि है। यदि व्यक्ति की सोच व कर्म सकारात्मक हो जाए, तो उसके जीवन की हर दिशा को सकारात्मक होते देर नहीं लगती।

आचार्य ने तो यहाँ तक कहा है कि जो व्यक्ति आध्यात्मिकता का विकास चाहता है, वह चाहे और कुछ न भी करे; बस भावशुद्धि की भूमिका तक पहुँच जाए...।

वे कहते हैं कि आपाधापी से भरे व्यस्त युग में मनुष्य प्रसन्न रहना भूल गया है। प्रसन्न रहना, जीवन की सबसे बड़ी उपलब्धि है। हम कभी हर्ष तो कभी शोक के द्वंद में फंसे रहते हैं, द्वंदात्मक चेतना में जीने वाला व्यक्ति कभी प्रसन्न नहीं रह सकता।

आहार व जीवन का भी गहरा संबंध है। शारीरिक व मानसिक रोग व व्यवहार की जटिलता का भी इससे गहरा संबंध है। अत: आहार तथा व्यवहार के विषय में सम्यक ध्यान भी आवश्यक है।

आचार्य ने शुभ भविष्य के सूत्र देते हुए कहा है कि व्यक्ति को श्रमनिष्ठ होना चाहिए, परस्पर सहयोग व करुणा का भाव रखना चाहिए।

इसके अतिरिक्त सिद्धांतों को व्यवहार में लाना भी आवश्यक है। इस पुस्तक में दिए गए विचार व्यक्तित्व के विकास में न केवल महत्वपूर्ण भूमिका निभा सकते हैं बल्कि जीवन को एक नई दिशा व आयाम भी दे सकते हैं। इसी आशा के साथ-

प्रकाशक

भूमिका

'कैसे हो सकता है शुभ भविष्य का निर्माण' यह जिज्ञासा आदिकाल से मनुष्य के साथ चलती आई है। वास्तव में शुभ भविष्य के निर्माण की इच्छा सृष्टि का सर्वश्रेष्ठ प्राणी होने का गौरव प्रदान करती है।

मनुष्य सदैव यही चाहता है कि उसका आने वाला कल, आज से भी कहीं उन्नत, प्रगतिशील व शुभ हो। भविष्य को अच्छा व बेहतर बनाने का एक ही मार्ग है; अपने वर्तमान को सुंदर बना लो, भविष्य स्वयं ही उज्जवल हो जाएगा।

प्रस्तुत पुस्तक में आचार्य महाप्रज्ञ ने व्यक्तित्व विकास द्वारा शुभ भविष्य के निर्माण का सुंदर वर्णन किया है। उनका कहना है कि यदि व्यक्ति अपने भीतर कतिपय गुण तथा विशेषताएँ विकसित कर ले, तो वह न केवल स्वयं के लिए, अपितु समाज, देश तथा विश्व के लिए भी शुभ हो सकता है।

प्रत्येक व्यक्ति को 'सहनशक्ति तथा विनय' के गुण को अपनाना होगा। सहिष्णुता और विनम्रता किसी भी जीवन में सफलता पाने के दो महत्वपूर्ण साधन हैं। आचार्य कहते हैं कि विकास करना चाहते हो, तो अपनी कमियाँ पहचानो व उन्हें दूर करो।

अहंकार व क्रोध से बचो। आचार्य ने क्रोध व अहंकार के विभिन्न रूपों के विषय में जानकारी देते हुए उनसे सावधान रहने को कहा है। वे अहंकार घटाने के लिए अनुप्रेक्षा व कायोत्सर्ग का उपाय अपनाने पर बल देते हैं।

वे कहते हैं कि मनुष्यों का स्वभाव तथा प्रकृति अलग-अलग होती है। अत: हमें उनके अनुसार, उन्हें पहचान कर, सामंजस्य स्थापित करना चाहिए। हमारा मन इतना चंचल है कि बने-बनाए संकल्प को भी क्षण भर में धराशायी कर देता है। अत: हमें इस मन रूपी अश्व को भी साधना होगा। हमें शारीरिक व मानसिक स्तर पर सामान्य रहते हुए मनोबल बढ़ाना होगा। यदि हमारे शरीरबल, मनोबल व आत्मबल सशक्त नहीं होंगे तो हम बहुत जल्दी प्रभावित होंगे, प्रतिक्रिया व्यक्त करेंगे। इन्हें बढ़ाने के लिए अभ्यास व साधना करनी होगी।

व्यक्ति को भावशुद्धि की भी साधना करनी चाहिए। 'सकारात्मक भाव' ही भावशुद्धि है। यदि व्यक्ति की सोच व कर्म सकारात्मक हो जाए, तो उसके जीवन की हर दिशा को सकारात्मक होते देर नहीं लगती।

आचार्य ने तो यहाँ तक कहा है कि जो व्यक्ति आध्यात्मिकता का विकास चाहता है, वह चाहे और कुछ न भी करे; बस भावशुद्धि की भूमिका तक पहुँच जाए...।

वे कहते हैं कि आपाधापी से भरे व्यस्त युग में मनुष्य प्रसन्न रहना भूल गया है। प्रसन्न रहना, जीवन की सबसे बड़ी उपलब्धि है। हम कभी हर्ष तो कभी शोक के द्वंद में फंसे रहते हैं, द्वंदात्मक चेतना में जीने वाला व्यक्ति कभी प्रसन्न नहीं रह सकता।

आहार व जीवन का भी गहरा संबंध है। शारीरिक व मानसिक रोग व व्यवहार की जटिलता का भी इससे गहरा संबंध है। अत: आहार तथा व्यवहार के विषय में सम्यक ध्यान भी आवश्यक है।

आचार्य ने शुभ भविष्य के सूत्र देते हुए कहा है कि व्यक्ति को श्रमनिष्ठ होना चाहिए, परस्पर सहयोग व करुणा का भाव रखना चाहिए।

इसके अतिरिक्त सिद्धांतों को व्यवहार में लाना भी आवश्यक है। इस पुस्तक में दिए गए विचार व्यक्तित्व के विकास में न केवल महत्वपूर्ण भूमिका निभा सकते हैं बल्कि जीवन को एक नई दिशा व आयाम भी दे सकते हैं। इसी आशा के साथ-

प्रकाशक

संपादकीय

- अच्छा हो आज से कल
  उभरता है चिंतन प्रतिपल
  पैर वर्तमान की दहलीज पर
  भविष्य पर केन्द्रित नजर
  इस तट पर खड़ा मानव
  क्षितिज पर बिखरा वैभव
  पहुंचना चाहता है उस पार
  देखना चाहता है एक अलौकिक संसार।

- उदग्र चाह का प्रतिफलन
  श्रेष्ठ कल का चिंतन
  खोजता है राजपथ
  लेता है एक नई शपथ
  लक्ष्य की दिशा में चरणन्यास
  शुभ भविष्य का शिलान्यास।
  शांत पवित्र जीवन का उच्छ्वास,
  भर देता है कण कण में नया उल्लास।

- जिसका विकल्प है योगक्षेम
  संकल्प है योगक्षेम
  जिसकी साधना है योगक्षेम
  सिद्धि है योगक्षेम
  अप्राप्त को प्राप्त करने की आकांक्षा
  और प्राप्त की सतत सुरक्षा
  कर सकता है वह मनुज
  अक्षय और अरुज।

- कैसे हो सकता है
  चेतना का अभिज्ञान?
  कैसे बन सकता है
  मनुष्य असाधारण/महान?
  कैसे हो सकता है
  जीवन का उत्थान?
  और कैसे रच सकता है
  सतयुग का संविधान?

- यह प्रश्न, यह जिज्ञासा
  खोज रही है नव परिभाषा
  महाप्रज्ञ का प्रस्तुत सृजन
  मौलिक एवं नूतन चिंतन
  देता है नई दिशा
  न आए जीवन में कभी निशा
  इक्कीसवीं सदी का सुप्रभात
  बने अध्यात्म का उजला प्रात।

- **कैसे हो सकता है**
  शुभ-भविष्य का निर्माण?
  दे सकता है युग को त्राण
  भर सकता है अभिनव प्राण
  पढ़े प्रस्तुत ग्रंथ
  बनें निर्ग्रंथ
  हर पल हर क्षण आनंद
  सार्थक होगा जीवन का हर छंद।

10 सितम्बर 2005
अध्यात्म साधना केन्द्र
नई दिल्ली

मुनि धनंजय कुमार
साध्वी विश्रुतविभा

अनुक्रम

लेखक जीवन परिचय

मुनि नथमल, युवाचार्य महाप्रज्ञ और आचार्य महाप्रज्ञ-एक ही व्यक्तित्व की तीन पहलू हैं जिनका नाम बीसवीं शताब्दी के अध्यात्म प्रतीक के रूप में लिया जाता है। 14 जून 1920 को झुझनूं राजस्थान के टमकोर में जन्में आचार्य ने 29 जनवरी 1931 में दीक्षा ली थी उनके गुरु थे आचार्य श्री तुलसी।

आचार्य महाप्रज्ञ को संस्कृत, प्राकृत व अन्य कई भाषाओं में पद्य रचना की महारथ हासिल थी। उनके संस्कृत भाषा में संबोधि, अश्रुवीणा, मुकुलम, अतुला तुला आदि तथा हिन्दी भाषा में ऋषभायण कविता जगत में दस्तावेजी हस्ताक्षर एवं प्रमुख ग्रंथ माने हैं।

गुरुदेव श्री तुलसी की प्रेरणा से जिन्होंने जैन योग पर वर्षों तक अनुसंधान किया। उनका मानना था ''जीवन में शक्तिशाली व्यक्ति ही दुनिया को कुछ दे सकता है, उसका भला कर सकता है और जनता से अपनत्व प्राप्त कर सकता है।'' यही वजह थी कि उन्होंने 5 दिसंबर 2001 सुजानगढ़ नगर से 'अहिंसा यात्रा' का शुभारंभ किया जिससे लोगों के बीच अहिंसक चेतना का जागरण और नैतिक मूल्यों का विकास हो सके। प्रारंभ में तीन वर्ष के लिए तय इस यात्रा को जनता के आग्रह पर बार-बार आयोजित किया जाता रहा। जिससे यह संदेश मिलता है कि जनता भी उनके विचारों से प्रेरणा लेकर अपना व्यक्तित्व निर्मल, पवित्र बनाना चाहती है।

श्री महाप्रज्ञ ने तीन उपासनाओं के द्वारा अपने व्यक्तित्व व कर्तव्य को मुखर बनाया जो हैं- ज्ञानोपासना, आनन्दोपासना और शक्त्युपासना।

ऐसे बहुआयामी व्यक्तित्व ने धार्मिक क्षेत्र के अलावा शैक्षणिक और सामाजिक क्षेत्रों में कीर्तिमान गढ़ कर पूरे विश्व में प्रकाश फैलाया है। उनके द्वारा लिखित विभिन्न विषयों पर 150 से अधिक ग्रंथों से लोग लाभ उठा रहे हैं। 9 मई 2010 को इस महान विभूति का महाप्रयाण हुआ लेकिन आज भी वे हम सबके बीच अपनी पुस्तकों द्वारा ज्ञान का आलोक फैला रहे हैं।

1

सहनशक्ति का विकास

प्रत्येक व्यक्ति अपने जीवन में सफल होना चाहता है, विकास करना चाहता है। वह चाह कभी पूरी होती है, कभी अधूरी रह जाती है। उस व्यक्ति की चाह पूरी होती है जो शक्तिशाली होता है। कमजोर व्यक्ति की चाह प्रायः पूरी नहीं होती। शक्ति सम्पन्न व्यक्ति मनोकामना करता है और वह उसको पूरा भी कर लेता है।

शक्ति के अनेक स्त्रोत हैं, अनेक वर्ग हैं। शक्ति एक प्रकार की नहीं, सैकड़ों-सैकड़ों प्रकार की होती है। हमारे मस्तिष्क में सैकड़ों-सैकड़ों प्रकोष्ठ हैं। सब व्यक्तियों के सारे प्रकोष्ठ जागृत नहीं होते। किसी व्यक्ति में शक्ति का एक प्रकोष्ठ जागृत होता है, किसी में दो हो जाते हैं, किसी में चार, किसी में दस। पूरे प्रकोष्ठ सक्रिय होना बहुत कठिन है। हम जिसे अनंतशक्ति संपन्न कहते हैं उसके शरीर के सारे प्रकोष्ठ, मस्तिष्क के सारे प्रकोष्ठ जाग्रत हो जाते हैं पर हर आदमी के साथ ऐसा नहीं होता।

आचार्य भिक्षु ने तेरापंथ की नींव में दो तत्त्वों को स्थान दिया था- सहिष्णुता और विनम्रता। सहन करने की शक्ति बढ़े और विनय की शक्ति बढ़े। पहली है सहिष्णुता की शक्ति। आचार्य भिक्षु ने इस विषय पर बहुत विवेचन किया, बहुत लिखा और अपने शिष्यों को बहुत प्रशिक्षण दिया। हम अतीत को देखें तो पता चलेगा कि सहन करने की शक्ति को किस प्रकार आधार माना गया। मुनि के लिए बाईस परीषहों का विधान किया गया। परीषह का अर्थ है सहन करने की शक्ति। जब तक बाईस परीषहों पर विजय नहीं होती, सहन शक्ति का विकास नहीं होता, तब तक महाव्रतों की सम्यक आराधना भी नहीं हो सकती। महाव्रतों की आराधना का एक बड़ा हेतु है- परीषह विजय, सहन शक्ति का विकास।

एक शक्ति है जो भूख और प्यास को सहन कर सकती है। कुछ व्यक्ति ऐसे हैं जिनमें शक्ति का ऐसा विकास हुआ कि महीनों तक भूखे रह जाते हैं। कुछ व्यक्तियों के लिए एक दिन भी भूख को सहन करना कठिन होता है। कुछ व्यक्ति लंबे समय तक प्यास को भी सहन कर लेते हैं। कुछ व्यक्ति एक घंटा भी प्यास को सहन नहीं कर सकते। एक शक्ति है शरीरबल की। शरीरबल इतना

मजबूत है कि वह भूख, प्यास को सहन कर लेता है, सर्दी, गर्मी को सहन कर लेता है। पैरों में ताकत है शक्ति है, लंबा चल लेता है। लंबी यात्रा को भी सहन कर लेता है। कुछ व्यक्ति पांच किलोमीटर चलते हैं और कहते हैं थक गए। कुछ व्यक्ति ऐसे हैं जो चालीस किलोमीटर चलते हैं तो भी नहीं थकते, विश्राम की जरूरत महसूस नहीं करते।

हमारे मस्तिष्क में एक प्रकोष्ठ है शरीरबल का। सहिष्णुता का एक रूप है शरीर बल। शारीरिक शक्ति इतनी बढ़ जाती है कि सर्दी को भी सहन कर लेता है। ऐसे साधक हैं जो अचेल रहते हैं, वस्त्र धारण नहीं करते। भगवान महावीर भी प्राय: अचेल रहते थे, उनके पास कोई वस्त्र नहीं था। सर्दी आई तो उसे सहन कर लिया, क्योंकि शरीर में इतनी शक्ति थी। गर्मी आई तो उसे सहन कर लिया। भूख को भी सहन किया, प्यास को भी सहन किया।

अनेक प्रकार की परिस्थितियां हैं, अनेक प्रकार की समस्याएं हैं और उन सब समस्याओं को सहन करने की जितनी शक्तियां हैं और जितने शक्ति के स्रोत हैं, प्रकोष्ठ हैं। वे सब जाग्रत हो जाएं तो फिर कोई आदमी शक्तिशाली बन सकता है, अनंत शक्ति की बात समझ में आ सकती है। गणित की भाषा में न भी जाएं, पर सिर्फ एक प्रकार की शक्ति से काम नहीं चल सकता। जितनी शक्तियां चाहिए यदि वे जागृत हो जाएं तो मनुष्य शक्तिशाली बन सकता है।

चाहे उपालंभ एकांत में दें, परिषद् में दें, कहीं भी दें, उपालंभ को सहन करना सीखो। सहन करने के लिए बहुत प्रशिक्षण दिया गया। अप्रिय बात आए, उसे सहन करना सीखो। मत सोचो कि लोगों को अच्छी नहीं लगेगी, लोग क्या समझेंगे, लोग क्या कहेंगे? अगर इन प्रश्नों में उलझे रहे तो तुम्हारा विकास अवरुद्ध हो जाएगा। तुम आगे नहीं बढ़ सकोगे।

आगे किसको बढ़ाएं? सम्मान किसका करें? इस संदर्भ में जयाचार्य ने निर्देश दिया–

अग्रणी बनने की आकांक्षा रखता है और उपालंभ देने पर मुख कुम्हला जाता है, उसका सम्मान नहीं बढ़ाना चाहिए।

जो चोट को सहन कर सकता है उसे आगे बढ़ाओ, कमजोर आदमी को आगे मत बढ़ाओ। सम्मान किसका करो? जो चोट खाना जानता है यानी चोट को सहन करना जानता है उसे आगे बढ़ाओ। अगर कमजोर व्यक्ति को आगे बढ़ा दिया तो और खतरा पैदा हो जाएगा। अयोग्य को आगे मत बढ़ाओ। योग्य वही होता है जो सहन करना जानता है। योग्यता की एक कसौटी है– जो सहन करना जानता है वह योग्य है और जो सहन करना नहीं जानता, वह योग्य नहीं है।

एक शक्ति है मनोबल की। मनोबल का विकास बहुत आवश्यक है। जिस व्यक्ति में मनोबल का विकास नहीं होता, थोड़ी-सी परिस्थिति या छोटी-सी कोई घटना हो जाती है, आकाश और पाताल को एक कर देता है। थोड़ा-सा दर्द हुआ, पूरी रात स्वयं की नींद हराम करता है, और घरवालों की भी नींद हराम कर देता है। कुछ व्यक्ति ऐसे होते हैं, जो भयंकर पीड़ा में भी उफ तक नहीं करते। किसी को पता ही नहीं लगता कि उसको पीड़ा है। इसका क्या कारण है? इसमें दोनों शक्तियां काम करती है शरीरबल भी काम करता है और मनोबल भी। जिसका मनोबल कमजोर है, उसे सामान्य-सा ज्वर लगता है। ऐसे लोगं थोड़ी-सी बीमारी आने पर अधीर हो जाते हैं। कुछ व्यक्ति ऐसे भी हैं जो सब कुछ सहन कर लेते हैं, किसी भी स्थिति में उन्हें जरा भी कठिनाई मालूम नहीं भी गंभीर होती।

हम विश्लेषण करें कि एक व्यक्ति में शरीर बल और मनोबल है पर क्रोध निग्रह की शक्ति नहीं है। अप्रिय घटना के आने पर अधीर हो जाता है, अप्रिय बात को सहन नहीं कर सकता। शारीरिक कष्ट को सहन कर लेता है, किंतु अप्रिय परिस्थिति को सहन नहीं करता। यह मेरा उपकरण है, यह मेरी वस्तु है, तुम क्यों ले गए? तुमने क्यों काम में ली? तुमने मेरा पात्र क्यों तोड़ा? यह सहन नहीं कर सकता। शक्तियों में कितनी रेखाएं हैं, कितना विभाजन है? शक्तियों का विकास कैसे होता है? दर्द और रोग को सहन करने वाला व्यक्ति अप्रिय बात को सहन नहीं कर सकता और तत्काल उत्तेजना में चला जाता है।

एक शक्ति है आत्मबल यानी भावबल, जिसके कारण व्यक्ति उदासी, बेचैनी, मानसिक असंतुलन-इन सबको सहन कर सकता है। बेचैनी की स्थिति में घबराता नहीं है, उसको सहन कर लेता है। प्रतिस्पर्धा में एक छात्र विजयी होकर आ गया, एक पराजित हो गया। उस समय क्या होता है? एक छात्र परीक्षा में फेल होते ही अवसाद में चला जाता है, कभी-कभी घर से भी भाग जाता है, कोई छात्र मरने की बात भी सोच लेता है, फांसी भी लगा लेता है। कारण स्पष्ट है, उसमें आत्मबल नहीं है, अपनी पराजय को सहन करने की शक्ति नहीं है। विजय और पराजय दिन और रात की तरह जीवन के साथ-साथ चलते हैं। जैसे समय चक्र के साथ दिन और रात चलते हैं, वैसे ही विजय और पराजय चलते हैं। कभी आदमी जीत जाता है और कभी हार जाता है। जीतता है, तो विजय को सहन करने की शक्ति नहीं है, उन्माद में चला जाता है। हार जाता है, तो हार को सहन करने की शक्ति नहीं है। आजकल ऐसी अनेक घटनाएं हो रही हैं, न जाने कितने विद्यार्थी क्या-क्या कर रहे हैं? इसीलिए शायद शिक्षा

जगत को यह चिंतन करना पड़ रहा है कि परीक्षा को क्या स्वरूप दिया जाए? उसे कैसे बदला जाए?

वर्तमान में सहन करने की शक्ति कम हो रही है। प्रियता को सहन करने के लिए शक्ति की जरूरत है, उसे भी सहन करना बहुत कठिन है। प्रियता को भी आदमी सहन नहीं कर सकता। उदाहरण बहुत विश्रुत है। एक मजदूर आदमी ने लॉटरी में कुछ रुपये लगाए। लॉटरी में पांच लाख रुपए का पहला पुरस्कार मिल गया। अधिकारी मिले, उन्होंने सोचा कि मजदूर को सूचना कैसे दें? अगर उसको कहेंगे कि तुम्हें पांच लाख रुपया मिलेगा तो उसका हार्ट फेल हो जाएगा। अनेक व्यक्तियों ने मिलकर चिंतन किया। उसमें डॉक्टर भी था। उसने कहा- यह दायित्व मुझे सौंपो, मैं सूचना दे दूंगा। डॉक्टर को कार्य सौंप दिया गया। डॉक्टर ने उसकी झोपड़ी का पता लगाया। वहां पहुंचकर टहलने लगा। मजदूर ने सोचा- कौन बाबू-सा यहां घूम रहा है। बार-बार आ रहा है। बाहर आकर बोला- 'बाबूजी! आप कैसे आए? कैसे घूम रहे हैं?'

'नहीं, ऐसे ही आ गये। क्या यह तुम्हारी झोपड़ी है?'

'हां। भीतर आइए। चाय पीएं।'

गरीब आदमी इस मामले में बहुत उदार होते हैं। बड़े लोग शायद किसी को नहीं बुलाते। डॉक्टर वहां बैठ गया। बातें शुरू की। बातें शुरू करते-करते बोला- 'अरे भैया! तुम तो फटेहाल हो। झोपड़ी भी ऐसी है, कपड़े भी ऐसे हैं।'

'बाबूजी! वेतन पूरा नहीं मिलता।'

'अगर तुम्हें दस हजार रुपये मिल जाएं तो।'

'कहां है दस हजार? दस रुपये मिल जाए तो भी बहुत है। दस हजार कहां है?'

'अगर मिल जाएं तो?'

'दस हजार मिल जाएं तो पांच हजार आपका, पांच हजार मेरा।'

बात आगे बढ़ती गई और वह कहता गया- आधा मेरा आधा आपका।

'अगर पांच लाख मिल जाए तो?'

मजदूर बोला- 'बाबूजी! पांच लाख मिल जाए तो ढाई लाख आपका, ढाई लाख मेरा।'

डॉक्टर बोला- ढाई लाख मेरा! डॉक्टर का हार्ट फैल हो गया। सहन नहीं कर सका।

अप्रियता को भी सहन करना बड़ा कठिन होता है। हर आदमी प्रियता को भी सहन नहीं कर सकता। अप्रियता को सहन करने की हमारी शक्ति है, वैसे

ही प्रियता को भी सहन करने की हमारी एक शक्ति है। दोनों का विकास होने पर संतुलन होता है। गीता में इस अवस्था को स्थितप्रज्ञ कहा गया है और दसवैकालिक सूत्र में स्थितात्मा कहा गया है। स्थितप्रज्ञ या स्थितात्मा कौन होता है? प्रिय और अप्रिय दोनों को सहन करने की शक्ति जिसमें जाग जाती है, वह स्थितप्रज्ञ होता है। जो प्रियता को, अनुकूलता को सहन कर सकता है और प्रतिकूलता को भी सहन कर सकता है वह स्थितात्मा, स्थितप्रज्ञ या संतुलित मानस वाला होता है। इस स्थिति का निर्माण हमारे आत्मबल के द्वारा संभव है।

शक्तियों का लंबा-चौड़ा लेखा-जोखा है। हम एक शक्ति पर और विचार करें, वह है दूसरों को सहने की शक्ति। दूसरे का विकास देखा और स्वयं बीमार हो गया। व्यक्ति दूसरे के गुणों को सहन नहीं कर सकता। दूसरों की समृद्धि को सहन नहीं कर सकता। दूसरे की विशेषता को सहन नहीं कर सकता। ईर्ष्या की बीमारी हो जाती है। दूसरों को सहन करने की शक्ति महान शक्ति होती है, उस शक्ति का नाम है प्रमोद भावना। इस संदर्भ में एक कथा बहुत प्रचलित है। एक गांव का बहुत संपन्न आदमी था। एक वर्ष के बाद वह अपने एक मित्र से मिलने आया। उसने पूछा- तुम्हारा शरीर हट्टा-कट्टा था। अब सूख कर कांटा हो गया क्यों? मित्र! यह मत पूछो। क्या बताऊं। इस गांव में सबसे बड़ा तीन मंजिला मकान मेरा था। अब एक दूसरे व्यक्ति ने पांच मंजिला मकान बना लिया। उस दिन से मेरा शरीर सूख कर कांटा होने लगा।

दूसरों को न सहने के कारण ऐसा होता है। दूसरों की समृद्धि को सहन करने की शक्ति का विकास तब होता है, जब हमारे भीतर प्रमोद भावना जागती है। गुणों के प्रति हमारा पक्षपात होना, गुणानुराग होना बहुत कठिन काम है। एक आदमी बैठा है और वहां पर कोई दूसरा आ गया, तो वह उसको भी सहन नहीं कर सकता।

मैं अच्छा बोलता हूं, यह अच्छा बोलने वाला बीच में क्यों आ गया? मैं प्रेक्षाध्यान का अच्छा प्रयोग करता हूं, यह बीच में दूसरा क्यों आ गया? मैं अच्छा गाना गाता हूं, यह अच्छा गाना गाने वाला कहां से आ गया? दूसरों को सहन नहीं कर पाना एक बड़ी कठिनाई है। सारे पारिवारिक झंझट क्यों होते हैं? कारण साफ है, परिवार का एक सदस्य दूसरे सदस्य को सहन नहीं कर सकता। यह हमारे बीच में क्यों आ गई? हमारी एक बड़ी शक्ति है प्रमोद भावना की शक्ति, गुणानुराग की शक्ति। किसी व्यक्ति के प्रति पक्षपात नहीं, केवल गुणों के प्रति पक्षपात।

शक्ति के कितने वर्ग बनते हैं। जैन आचार्यों का एक पुराना ग्रंथ है-ध्यान विचार। उसमें ध्यान की शक्ति के लगभग चार हजार प्रकार बतलाए हैं। हम

शक्ति के सारे प्रकार बतलाएं, वर्गीकरण करें, तो हमारी शक्ति के प्रकार भी असंख्य और अनंत हो जाएंगे, जिन्हें गिना नहीं जा सकता। पर कम से कम हमारे जीवन के व्यवहार में जितनी शक्तियों की अपेक्षा है, उतनी शक्तियों का विकास करें तो हम शक्तिशाली बन सकते हैं। शक्तिशाली वह होता है जिसमें पांच-दस शक्तियां जागृत होती हैं। कोरा शरीर बल जागृत है और मनोबल कमजोर है तो उसे हम शक्तिशाली नहीं कह सकते।

हम सहिष्णुता के अर्थ को समझें। सहिष्णुता अर्थात् सहन करने की शक्ति, इतने मात्र से सहिष्णुता की बात समझ में नहीं आएगी। सहिष्णुता का ही एक रूप है शक्ति और सहिष्णुता दो नहीं हैं। जिसमें सहन करने की शक्ति है उसमें सहिष्णुता का विकास होता है।

2

सहनशक्तिः चिंतन-सूत्र

एक आदमी का चश्मा खो गया।

दूसरा आदमी आया, बोला- 'कैसे बैठे हो?'

'बड़ी समस्या हो गई।'

'क्या?'

'मेरा चश्मा खो गया।'

'ढूंढ़ लो।'

'जब वह मिलेगा तब ढूंढुंगा, पहले कैसे खोज सकता हूं?'

बड़ी समस्या है कि चश्मा खो गया। चश्मे को खोजने के लिए पहले वह चश्मा मिले तब खोज सकता है। इस समस्या का सामना आज भी बहुत लोग कर रहे हैं। किसी भी समस्या का समाधान न मिले तब तक उस समस्या को समझना कठिन है। पहले चश्मा मिलना चाहिए। इसका मतलब है कि पहले दृष्टि हो और फिर विचार। बहुत सारी समस्याएं इसीलिए पैदा होती हैं कि आदमी विचार करना नहीं जानता, चिंतन करना नहीं जानता। चिंतन के अभाव में समस्याएं पैदा होती हैं। अगर चिंतन करना जानें, विचार करना सीख जाए, तो बहुत सारी समस्याएं अपने आप बर्फ की भांति पिघल जाएंगी। किंतु हम चिंतन करना नहीं जानते, विचार करना नहीं जानते, इसीलिए समस्या आती है और हम समस्या में उलझ जाते हैं या समस्या का सामना करने लग जाते हैं। सामना करने में समस्या का बल और अधिक बढ़ जाता है। समस्या से निबटने के लिए हम चिंतन करना सीखें, विचार करना सीखें।

असहिष्णुता एक जटिल समस्या है और जटिल इसलिए है कि हम सहिष्णुता के बारे में चिंतन नहीं करते। यदि चिंतन करें, तो समस्या सुलझ सकती है और बहुत अच्छा काम हो सकता है। अनुभव के आधार पर चिंतन के भी अनेक प्रकार बतलाए गए हैं। सामने अप्रिय प्रसंग आया, कोई अप्रिय निमित्त मिला, उत्तेजना आना स्वाभाविक है। जो व्यक्ति चिंतन करना जानता है, जिसमें चिंतन की कला है, चिंतन की शक्ति में विश्वास है, वह समस्या से उलझेगा नहीं, वह चिंतन शुरू कर देगा। चिंतन के संदर्भ अनेक हो सकते हैं। उनमें एक

संदर्भ है भावात्मक चिंतन, भाव का चिंतन। कोई व्यक्ति किसी को कहता है- तुम बहुत गलत आदमी हो। ऐसा कहने पर उत्तेजना आना स्वाभाविक है। स्वाभाविक इसलिए कि मनुष्य की ऐसी प्रकृति बन गई। कोई भी अप्रिय शब्द, अप्रिय बात, अप्रिय घटना आए तो तत्काल उत्तेजना आ जाती है। जो चिंतनशील व्यक्ति हैं, वह चिंतन करेगा, सोचेगा कि यह आदमी जो कह रहा है, वह सही है या गलत है? उसने अपना निरीक्षण किया, अपनी कमजोरियों पर, त्रुटियों पर ध्यान दिया, तो लगा कुछ हद तक बात ठीक है, मेरे भीतर कमजोरियां हैं। जो इतना चिंतन कर लेगा वह गुस्से में नहीं आएगा, क्रोध नहीं करेगा, उत्तेजना में नहीं आएगा, असहिष्णु नहीं बनेगा।

प्रबंधन का पहला सूत्र है- अपनी कमी को देखो। जो अपनी कमी को देखना नहीं जानता, वह विकास नहीं कर सकता। कोरी प्रशंसा, कोरा गुणानुवाद विकास का रास्ता नहीं है। उसके साथ कमियों की तरफ भी हमारा ध्यान आकर्षित होना चाहिए।

जो आदमी विचार करना जानता है, वह घटना को आवेश के साथ ग्रहण नहीं करेगा, बल्कि चिंतन के साथ ग्रहण करेगा। चिंतन के साथ ग्रहण करने पर वह असहिष्णु नहीं बनेगा। उसमें सहन शक्ति बढ़ती चली जाएगी। अप्रिय घटना को, प्रतिकूल घटना को आवेश के साथ ग्रहण करेगा तो यह चिंतन की क्षमता को धूमिल कर देगा। उसकी असहिष्णुता और बढ़ती चली जाएगी। वह असहिष्णुता कभी-कभी खतरनाक मोड़ पर भी जा सकती है।

सहिष्णुता के विकास का एक संदर्भ है अपने आप को देखो। यह भावात्मक पक्ष है। जो कमी बता रहा है, जो गलती बता रहा है, त्रुटि का निर्देश कर रहा है वह मुझमें है या नहीं? अगर है तो फिर मुझे उत्तेजित क्यों होना चाहिए? यह भाव पक्ष है, जो चिंतन के साथ चलता है।

दूसरा है अभाव का पक्ष। मैंने आत्मनिरीक्षण किया और लगा कि व्यक्ति मुझमें जो कमी बता रहा है, त्रुटि का निर्देश कर रहा है, वह वास्तव में मुझ में नहीं है, पर बोलने वाला अज्ञानवश बोल रहा है। इसको पता नहीं है, यह अज्ञानी आदमी है। मेरी स्थिति को जानता नहीं है और बिना जाने मुझ पर यह दोषारोपण कर रहा है। इस अज्ञान पर मुझे क्यों क्रोध करना चाहिए? उत्तेजित क्यों होना चाहिए? असहिष्णु क्यों बनना चाहिए? कोई समझदारीपूर्वक बात कहता, तो मैं उस पर ध्यान देता, विचार करता। यह चिंतन का दूसरा प्रकार है, जिससे आदमी सहिष्णु रह सकता है और उत्तेजना पर नियंत्रण कर सकता है।

दुनिया में असंख्य प्रकार के लोग होते हैं। चिंतन भी असंख्य प्रकार का है। मान्यताएं भी असंख्य प्रकार की हैं। एक मान्यता वाला व्यक्ति दूसरी मान्यता

वाले पर प्रहार करता है और यह सोचता है कि मैं मानता हूं वह सही है और दूसरा मानता है वह गलत है। अपनी मान्यता का आवेश लेकर दूसरों पर दोषारोपण करता है वहां उत्तेजित होना स्वाभाविक है। कोई व्यक्ति नही चाहता कि मेरे मत के विपरीत कोई अपना मत रखे। मैं जो सोचता हूं, मानता हूं और जो मेरा मत है सब उसका समर्थन करें, उसका कोई खण्डन न कें। यह एक सामान्य मनोवृत्ति होती है। कोई इसके प्रतिकूल मत रखता है तो वहां उत्तेजना आ जाती है। ऐसे प्रसंग में यह चिंतन करें कि यह आदमी आग्रहवश कह रहा है, तो फिर मुझे क्रोध क्यों करनाचाहिए? क्यों उत्तेजित होना चाहिए?

प्रस्तुत संदर्भ में पूज्य कालूगणी का विचार बहुत महत्त्वपूर्ण है। पूज्य कालूगणीबहुत बार कहते थे–'जहां दो व्यक्तियों का कोई विवाद हो, चर्चा हो, तत्त्व की चर्चा हो, चाहे व्यवहार की चर्चा हो, भिन्न विचार भिन्न हैं तो उत्तेजना आने का प्रसंग भी आ सकता है, किंतु तत्त्व चर्चा के प्रसंग में जो व्यक्ति पराजित होकर उत्तेजित होता है, यह सम्यक् नहीं है।' चर्चा का पहला सूत्र है संतुलित रहना, बिल्कुल शांत रहना। तत्त्व चर्चा के प्रसंग में उत्तेजना आई और उत्तेजना में दिमाग गरमा गया, यह गलत है।

हम दो संदर्भों में चिंतन करें–एक भाव पक्ष और दूसरा अभाव पक्ष। त्रुटि बतलाने वाला कोई सही बात बतला रहा है तो भाव पक्ष का चिंतन और त्रुटि बतलाने वाला कोई गलत बात कर रहा है, दोषारोपण कर रहा है तो फिर उसके अज्ञान ओर नासमझी पर चिंतन करें। अगर कोई समझदार आदमी होता तो इस प्रकार दोषारोपण नहीं करता, साक्षात् मुझसे बात कर लेता, किंतु ऐसा कर रहा है तो अच्छा नहीं है, मुझे उस पर ध्यान नहीं देना चाहिए।

सहिष्णुता का एक संदर्भ व्यक्ति के चिंतन के साथ है। जो व्यक्ति चिंतन करता है वह उत्तेजित नहीं होता। उत्तेजित वही होता है जिसके पास चिंतन का धन नहीं है। चिंतन का एक बिंदु यह है कि एक व्यक्ति मुझ पर दोषारोपण कर रहा है या मेरी त्रुटियां बतला रहा है या मेरी गलतियों का प्रचार कर रहा है, तो उत्तेजना स्वाभाविक लगती है, किंतु मुझे यह भी सोचना चाहिए कि अगर उसकी बातों के आधार पर मैं उत्तेजना में जाऊंगा, आवेश में आविष्ट होऊंगा और क्रोध आदि का प्रयोग करूंगा तो नुकसान किसका होगा, हानि किसकी होगी?

चिंतन का एक बिंदु है- किसका नुकसान होगा। सामने वाला व्यक्ति बतला रहा है। बतलाने दो, बात समाप्त हो गई। उसने कहा- यह आदमी गलत है, अच्छा आदमी नहीं है या एक गलती और बता दी। बात समाप्त हो गई। मैं क्रोध करूंगा तो उसका परिणाम क्या होगा? मुझे कितनी हानि उठानी पड़ेगी?

अति क्रोध का पहला परिणाम है- स्मृतिभ्रंश। जो आदमी ज्यादा गुस्सा करता है, उसकी स्मृति का भ्रंश होता है, स्मृति कमजोर हो जाती है।

अति क्रोध का दूसरा परिणाम है- शारीरिक बीमारी। जो व्यक्ति क्रोध करता है, उसका रक्त जहरीला बन जाता है, विषमय हो जाता है।

अति क्रोध का तीसरा परिणाम है- तनाव। जो व्यक्ति ज्यादा क्रोध करता है, उसका तनाव बढ़ता है। पाचन तंत्र पर भी उसका प्रभाव होता है और हृदय पर तो सीधा असर होता है। जो ज्यादा क्रोधी आदमी है उसका हृदय कमजोर हो जाएगा। हार्ट अटैक के कई कारण हैं उनमें एक कारण है क्रोध का भयंकर आवेश। उत्तेजना, असहिष्णुता भी क्रोध का बहुत बड़ा कारण है।

ये सारी समस्याएं आरोप लगाने वाले को भुगतनी पड़ेंगी या मुझे भुगतनी पड़ेंगी- इस प्रकार का गहरा चिंतन करे, तो व्यक्ति शांति का अनुभव कर सकता है और हर घटना को हंसते-हंसते झेल सकता है। फिर वह कभी आविष्ट नहीं होता और कभी तनाव ग्रस्त नहीं होता। क्रोध के परिणाम का चिंतन मानसिक संतुलन में बहुत सहायक होता है। बहुत लोग परिणाम को नहीं जानते। आवेश का परिणाम क्या होता है? मनुष्य में जितनी रचनात्मक और सृजनात्मक शक्ति है, उसका दस प्रतिशत भी उपयोग नहीं होता। उसका प्रमुख कारण है असहिष्णुता। हम घटना को सहन करना नहीं जानते। पता नहीं दिन में कितनी बार असहिष्णुता आ जाती है।

उपेक्षा क्रोध का एक बहुत बड़ा हेतु है। जिसको लगता है कि मेरी उपेक्षा हो रही है, उस व्यक्ति में उत्तेजना स्वाभाविक है। इसको इतना पूछा जा रहा है और मेरी उपेक्षा हो रही है, मुझे कोई नहीं पूछ रहा है तो आवेश आ जाता है। इसका क्या उपाय है? शायद दुनिया में कोई व्यक्ति इसका उपाय खोज नहीं सका। आदमी योग्यता के आधार पर व्यवहार करता है। एक समझदार आदमी दूसरों के साथ व्यवहार करता है। वहां योग्यता की एक कसौटी होती है कि यह व्यक्ति यह काम कर सकता है, तो उससे काम लेते हैं। दूसरा समझता है कि मेरी उपेक्षा हो रही है, तो उत्तेजना स्वाभाविक है।

एक पुरानी कहानी है। बेगम ने बादशाह से कहा- आपको हर काम में बीरबल दिखाई देता है। मेरे भाई से कोई काम नहीं लेते। उसकी हमेशा उपेक्षा करते हैं। आप उससे भी काम लें। बादशाह ने कहा- मैं तेरे भाई को जानता हूं। उसमें योग्यता नहीं है। वह काम नहीं कर सकता। बेगम ने कहा- योग्यता कैसे नहीं है? बहुत आग्रह-विग्रह चलता रहा। बादशाह परेशान हो गया। सोचा- इसको भी समझाना चाहिए। एक दिन बादशाह ने बेगम के भाई को बुलाकर कहा-

देखो, ये राजकुमारियां बड़ी हो गई हैं। कोई वर खोजो। ध्यान रखना, वर सोलह वर्ष का चाहिए। उसने कहा- ठीक है, मैं यह काम करूंगा। चला गया। दो महीने तक घूमा, सब जगह गया। आखिर आकर बोला- बादशाह! मैंने वर खोज लिया है। सोलह वर्ष का तो नहीं मिला, आठ-आठ वर्ष के दो वर खोज लिये। बादशाह ने बेगम से कहा- तुम्हारी लड़की की शादी दो आठ-आठ वर्ष के लड़कों से करनी है। बेगम ने सिर पर हाथ रख लिया।

उस व्यक्ति से काम लिया जाता है जिसमें क्षमता है, योग्यता है। आस-पास में रहने वालों को लगता है कि मेरी उपेक्षा हो रही है, मुझसे काम नहीं लिया जा रहा है। उस समय यह चिंतन करें कि मुझमें क्षमता नहीं है, योग्यता नहीं है, मेरी योग्यता प्रकट नहीं हो रही है। यह चिंतन स्पष्ट होगा तो आवेश में नहीं जाएगा, उत्तेजना में नहीं जाएगा, असहिष्णु नहीं बनेगा, बल्कि शांति के साथ उस बात को झेल लेगा। यदि चिंतन नहीं किया है तो वह आवेश में जा सकता है और असहिष्णु बन सकता है।

हमारे व्यवहार में असहिष्णुता के अनेक प्रसंग बनते हैं। सारा व्यवहार असहिष्णुता से जुड़ा हुआ है। इन सब पर हमारा प्रशिक्षण हो और समय पर सही चिंतन हो, तो हो सकता है आवेश नहीं आए। हमारा चिंतन अगर प्रवण हो जाए, हम चिंतन करना सीख लें तो फिर उत्तेजना में नहीं जाएंगे। वस्तुस्थिति को समझने का प्रयत्न करेंगे।

कभी-कभी प्रत्यक्ष में व्यक्ति सामने आकर हल्की बात करने लगता है तो उसे क्या चिंतन करना चाहिए? उस समय उसमें यह कहने का माद्दा होना चाहिए कि कितने सज्जन हो और कितना साहस है तुम्हारे भीतर कि मेरे सामने भी मेरी नुक्ताचीनी कर सकते हो, मेरी आलोचना कर सकते हो, मेरी निंदा कर सकते हो। मैं तुम्हारे साहस को साधुवाद देता हूं। तुम जो गलतियां बता रहे हो, मैं उस पर विचार करूंगा, चिंतन करूंगा, बस बात समाप्त हो जाएगी। शायद इसी बात को ध्यान में रखकर कहा गया होगा कि **'निंदक नियरे राखिये।'**

हम निंदक शब्द का अर्थ करें आलोचक, समीक्षक। निंदक-निंदा करने वाला व्यक्ति, समीक्षा या अलोचना करने वाला व्यक्ति पास में होना चाहिए। कोरी हां में हां मिलाने वाला नहीं चाहिए, एक समीक्षा करने वाला पास में रहना चाहिए। जो व्यक्ति समीक्षा करने वाले को पसंद करता है, पास में रखता है, वह वास्तव में चिंतनशील व्यक्ति है। 'निंदक नियरे राखिए' यह कितनी अच्छी बात है। इससे बहुत लाभ होता है। जब समीक्षा होती है तो विवेचन करने का मौका मिलता है कि कौन व्यक्ति क्या कह रहा है, उसमें कितनी सच्चाई है, कितनी अच्छाई है?

आचार्य तुलसी ने विरोध से भी बोध लिया। उसके आधार पर कुछ परिवर्तन भी किए। यह उनकी अनुभूति का स्वर था- **''जो हमारा हो विरोध, हम उसे समझें विनोद'।** यह कोई आकस्मिक नहीं हुआ है। विरोध हुआ और आचार्य तुलसी ने कह दिया, ऐसा नहीं है। यह पालित और पोषित चिंतन का परिणाम है। जो चिंतन चिर काल से पालित हो रहा था और जिसको महत्त्व दे रहे थे, उसके परिणामस्वरूप ही यह बात कही गई।

एक आदमी परोक्ष में गाली दे रहा है और एक प्रत्यक्ष में गाली दे रहा है। एक आदमी परोक्ष में ताड़ना कर रहा है, एक सामने आकर ताड़ना कर रहा है। दोनों स्थितियां हैं- एक प्रत्यक्ष और दूसरी परोक्ष। उस समय हमारा चिंतन होना चाहिए कि वह मेरे पास नहीं बोलता, मुझे सामने नहीं कहता, पीछे से कहता है, तो भले ही कहे। उसका मैं क्या करूंगा। पीछे पता नहीं क्या-क्या होता है प्रत्यक्ष में करे तो मैं आलोचना करूंगा, चिंतन करूंगा। तुम्हारे अज्ञान पर तुम भी चिंतन करो कि तुम ऐसा क्यों कर रहे हो?

यह चिंतन का एक प्रकार है। ऐसे असंख्य प्रकार हैं। हर घटना को सहने का, हर समस्या को सुलझाने का एक प्रकार नहीं होता। एक सूंठ का गांठिया लेकर पंसारी नहीं बन सकता। एक-एक बीमारी के लिए अनेक दवाइयां होती हैं। असहिष्णुता भी एक बड़ी बीमारी है। उसके लिए भी हमारे पास अनेक दवाइयां होनी चाहिए। जो भी स्थिति आई। चिंतन की एक शीशी ली, बोतल ली। उससे यदि समाधान नहीं होता तो फिर हम नई शीशी लें। बदलते-बदलते हम समस्या का समाधान कर लें और उस बीमारी से मुक्त हो जाएं। मस्तिष्क को केन्द्र में रखकर हम सारा चिंतन करें। अगर मस्तिष्क उत्तेजित होगा तो नुकसान विरोधी का नहीं, स्वयं का होगा और मस्तिष्क अच्छा रहा तो हजार विरोध होने पर भी मेरा प्रभाव कम नहीं होगा, मेरी शक्तियां कम नहीं होंगी, मेरा मूल्य कम नहीं होगा- इस स्वस्थ चिंतन से ही हमारा कल्याण हो सकता है।

3

सहनशक्तिः आलंबन सूत्र

सहिष्णुता एक बहुत बड़ी शक्ति है। इसे दो भूमिकाओं पर देखना होगा। कोई भी वस्तु भूमिका भेद के बिना पूरी समझ में नहीं आती। एक सामाजिक मनुष्य की भूमिका है और एक अध्यात्म के क्षेत्र में काम करने वाले साधक की भूमिका। पहली भूमिका में प्रतिकार और प्रतिशोध भी मान्य है। दूसरी भूमिका में प्रतिशोध और प्रतिकार मान्य नहीं है। दोनों में बड़ा अंतर है। समाज की भूमिका में प्रतिकार भी मान्य है और प्रतिशोध भी मान्य है अध्यात्म या आत्म शोधन की भूमिका में प्रतिकार भी मान्य नहीं है और प्रतिशोध भी मान्य नहीं है। सैकड़ों-सैकड़ों वर्षों का संतों का इतिहास हमारे सामने है। उनके सामने कितने कष्टप्रद वातावरण आए, स्थितियां आईं, फिर भी वे बिल्कुल शांत रहे। उनको समभाव से सहन किया। एक यह भूमिका है। एक वह भूमिका है, जहां प्रतिशोध लेने की बात आती है। सामाजिक जीवन में प्रतिशोधमुक्त रहना बड़ा कठिन कार्य है।

अहिंसा को व्यापक क्षेत्र में लागू करने से पहले हम इस बात को कभी न भूलें कि केवल समाज की भूमिका पर अहिंसा प्रतिष्ठित नहीं हो सकती। एक लड़के ने पड़ोसी के घर का कांच का शीशा तोड़ दिया। पड़ोसी ने शिकायत की कि तुम्हारे लड़के ने मेरी खिड़की का शीशा तोड़ दिया। पिता बोला- कोई बात नहीं, आप क्षमा करें। दूसरे दिन फिर तोड़ दिया। उसने सोचा- अब ऐसे नहीं मानेगा। अपने लड़के को बाहर भेजा। कार खड़ी थी, कार का शीशा तोड़ दिया। उसने शिकायत के स्वर में कहा- तुम्हारे लड़के ने कार का शीशा तोड़ दिया। बोला- भाई! कोई बात नहीं, पागल है। खिड़की का शीशा तोड़ने वाला भी पागल है और कार का शीशा तोड़ने वाला भी पागल है।

दोनों भूमिकाएं हमारे सामने हैं। दोनों के लक्ष्य भिन्न हैं। साधक का लक्ष्य है निर्जरा, आत्मशोधन और साथ में वह यह चिंतन भी करता है कि नए सिरे से पापकर्म का बंधन न हो। एक भूमिका का यह चिंतन है। दूसरी भूमिका का चिंतन है कि मुझे अपने पदार्थ की, वस्तु की सुरक्षा करना है और उसमें कोई

बाधा डाले, बाधक बने, तो मुझे उसका बदला लेना है। दोनों भूमिकाएं अलग-अलग हैं। दोनों के लक्ष्य और क्रियाएं भी अलग हैं।

हम विचार कर रहे हैं साधक की भूमिकाओं का। साधक के सामने कोई कठिन परिस्थिति आए, कठिनाई आए, कष्ट आए तो उस समय उसका क्या चिंतन होना चाहिए। साधक का लक्ष्य है निर्जरा मुझे आत्मशोधन करना है, पुराने कर्मों का क्षय करना है। साथ में वह यह चिंतन भी करता है कि शोधन कब होगा? नए सिरे से पापकर्म का बंधन न हो तब शोधन होगा। निर्जरा होती गई तो कोई बहुत अधिक लाभ नहीं होगा। कर्म बंधन बराबर चलता रहेगा तो आत्मा पूर्ण शुद्ध नहीं हो पाएगी, केवल हस्तिस्नान हो जाएगा। हाथी तालाब में स्नान करता है। बाहर निकलता है, तट पर जो कीचड़ होता है उसे सूंड से उठाता है और अपने शरीर पर छिड़क लेता है। स्नान किया, न किया बराबर हो जाता है। व्यक्ति निर्जरा की बात करे और पापकर्म का बंध करता रहे तो फिर उसका आचरण हस्तिस्नानवत् होता है। साधक का आचरण ऐसा होना चाहिए कि निर्जरा हो और पापकर्म का बंधन नए सिरे से न हो। कोई आदमी एक साधक को गाली देता है या कभी-कभी ताड़ना भी दे देता है, कभी चोट भी कर देता है। कितने ही संतों का ऐसा इतिहास है कि किसी पर थूक दिया, किसी पर झाड़ू डाल दिया, किसी के कंधे पर कोई आकर बैठ गया, किसी के छाती में मुक्का मार दिया। फिर भी उन्होंने सहन किया। ऐसी सैकड़ों-सैकड़ों घटनाएं हैं।

नामदेव के कंधे पर एक आदमी आकर बैठ गया। नामदेव ने कहा- आज तक मुझे इतना अच्छा मित्र नहीं मिला, जो इस प्रकार का व्यवहार करे। वह आया है बुरी नीति से, और वे कह रहे हैं कि कितना अच्छा मित्र है। यह साधना की भूमिका है। अगर आप इस भूमिका को सामाजिक जीवन पर घटित करें तो आपके मन में उलझन हो सकती है। आप सोचेंगे- इस प्रकार सहन करते चले जाएं तो हमारा अस्तित्व ही समाप्त हो जाएगा। वह एक अलग भूमिका है। आप अध्यात्म की भूमिका को समाज की भूमिका पर न ले जाएं और समाज की भूमिका को अध्यात्म की भूमिका पर न लाएं। आचार्य भिक्षु का यही मंतव्य था कि दोनों भूमिकाओं का मिश्रण मत करो। अध्यात्म की भूमिका जो कार्य है, व्यवहार है, आचरण है, उसे अध्यात्म की दृष्टि से देखो। समाज की भूमिका का जो व्यवहार है, आचरण है उसको समाज की भूमिका से देखो। सहिष्णुता की अलग-अलग भूमिकाएं बन गई। एक सामाजिक प्राणी की भूमिका और एक साधक अथवा साधु की भूमिका।

हम साधक की भूमिका पर खड़े होकर चिंतन करें। एक साधु को कोई कष्ट देता है तो वह क्रोध न करे। वह यह चिंतन करे कि देखो यह आदमी मुझे

कष्ट दे रहा है, यह दया का पात्र है, दयनीय है। कोई न कोई मोह का प्रबल कर्म इसके उदर में आ गया इसलिए यह ऐसा व्यवहार कर रहा है। अगर मोह उपशांत होता तो यह मेरे साथ ऐसा व्यवहार नहीं करता। यह कर्म की उदीरणा के कारण ऐसा गलत व्यवहार कर रहा है। मैं इसको लेकर पापकर्म का बंध क्यों करूं? क्रोध क्यों करूं? उत्तेजना में क्यों जाऊं और क्यों मैं मोहकर्म का बंध करूं? मुझे मोह कर्म के बंधन से दूर रहना है, उपशांत रहना है। यह एक आलंबन है। इस चिंतन में जो लीन हो गया वह फिर उत्तेजना में नहीं जाएगा और प्रतिशोध की बात नहीं करेगा। वह उसे सहन कर लेगा।

सहन करना समाज की भाषा में कायरता है। एक आदमी गलत काम करता चला जाए और हम उसको सहन कर लें, यह बहुत बड़ी कायरता है। किंतु अध्यात्म या साधना की भाषा में यह परम वीरता है। महावीर कायर नहीं थे, परम वीर थे। किन्तु जब उन्हें कष्ट दिया गया, उस समय उन्होंने सोचा-मुझे निमित्त बनाकर लोग अपनी समस्याओं को सुलझाते हैं और यह मुझे निमित्त बनाकर उलझ रहा है, पापकर्म का बंध कर रहा है। जब यह चिंतन होता है तब व्यक्ति न आक्रोश में जाता है, न गाली-गलोच करता है, न कोई प्रहार करता है और न कभी तनाव में जाता है। शांत भाव से सह लेता है। उसका चिंतन स्पष्ट है कि शरीर को कष्ट हो रहा है, आत्मा को नहीं। मुझे आत्मा को पवित्र बनाना है। मेरे लक्ष्य में यह बाधक नहीं बनना चाहिए। अगर इसने मुझे कष्ट दिया और मैं भी उत्तेजना में आ गया तो वह सफल हो गया, मैं हार गया। यह चिंतन जिसमें आत्मसात हो जाता है, वह कभी उत्तेजना में नहीं जाएगा। जैसे भोजन का सात्मिकीकरण होता है, वैसे ही चिंतन का सात्मिकीकरण हो जाए तो साधक उपशांत रहता है, उसे कोई भी गुस्से में ला नहीं सकता।

कोई आदमी साधु को कष्ट देता है, निंदा करता है, गाली देता है, अपमान करता है, तिरस्कार करता है तो वह दूसरा आलंबन ले कि यह आदमी यक्ष से आविष्ट है अथवा कोई प्रेत आत्मा से आविष्ट है इसलिए ऐसा व्यवहार कर रहा है। यह अपने वश में नहीं है, यह किसी के वश में होकर कर रहा है। मुझे इस पर क्यों गुस्सा करना चाहिए और क्यों मुझे उत्तेजित होना चाहिए?

तीसरा आलम्बन है तद्भववेदनीय कर्म। यह चिंतन का एक बहुत सुन्दर सूत्र है। मैंने कोई ऐसा कर्म किया है जो इसी जन्म में उदय में आना है, इसलिए यह निमित्त बन रहा है। क्योंकि कर्म भी जब विपाक में आता है तो कोई न कोई निमित्त बनता है। द्रव्य, क्षेत्र, काल और भाव- कोई न कोई निमित्त होना चाहिए। अगर निमित्त न मिले तो कर्म का विपाक नहीं होता, वह प्रदेशोदय में ही चला

जाता है। निमित्त मिलता है तब वह विपाक में आता है। मैंने इस जन्म में भुगतने जैसा कोई कर्म किया है और उस कर्म को उदय में आना है, इसलिए यह निमित्त बन रहा है। इसका मूल कारण है मेरा किया हुआ कर्म। जब मेरा किया हुआ कर्म मुझे भुगतना है तो फिर मुझे क्यों गुस्सा करना चाहिए? क्यों आवेश करना चाहिए? क्यों उत्तेजना में आना चाहिए? यह चिंतन कर वह शांत रहता है। यह शांत रहने का आलंबन सूत्र है।

आदमी उपशांत कैसे रह सकता है? सामने कोई अप्रिय व्यवहार करे, उत्तेजनापूर्ण व्यवहार करे और दूसरा आदमी उपशांत रहे, यह कैसे हो सकता है? सब जगह जैसे को तैसा का व्यवहार चलता है। यह समाज की भूमिका पर किया गया चिंतन है। इसको हम बिलकुल गलत भी नहीं कह सकते। यह सामाजिक क्षेत्र की अवधारणा है।

यह निश्चित है कि धर्म के क्षेत्र की अवधारणा अलग होगी और समाज के क्षेत्र की अवधारणा अलग होगी। अगर दोनों की अवधारणा एक ही हो तो फिर दोनों में भेद रेखा खींचना भी मुश्किल हो जाएगा। कोई व्यक्ति अच्छा व्यवहार नहीं करता, उसके साथ भी विनम्रता का व्यवहार, सरलता का व्यवहार, मृदुता का व्यवहार करना चाहिए। यह अध्यात्म की भूमिका का चिंतन है, साधना की भूमिका का चिंतन है। उस समय वह यह सोचेगा कि मेरा किया हुआ कर्म मेरे उदय में आया है इसलिए मुझे इस बारे में सोचना नहीं चाहिए और मुझे शांत रहना चाहिए। मुझे हर घटना को, परिस्थिति को सहन कर लेना चाहिए। सहन करना बहुत कठिन बात है, पर कौन आदमी सहन नहीं करता। सब लोग सहन करते हैं, करना ही पड़ता है। नौकर भी सहन करता है, कर्मचारी भी सहन करता है, बड़ा आदमी भी सहन करता है और छोटा आदमी भी सहन करता है।

अध्यात्म का यह पवित्र और महत्त्वपूर्ण चिंतन समझ में आ जाए तो फिर सहना नहीं पड़ता, उपशम की स्थिति स्वतः आ जाती है। उपशम की साधना सकारात्मक चिंतन की बहुत बड़ी साधना है। सकारात्मक चिंतन अंतःकरण में रम जाए और बार-बार इसकी अनुप्रेक्षा हो तो उपशम की चेतना जाग जाती है। परिस्थिति आने पर उत्तेजना समाप्त हो जाएगी और उपशान्त स्थिति का निर्माण हो जाएगा। इस अवस्था का निर्माण केवल प्रवचन सुनने से संभव नहीं है, यह संभव है चिंतन करने से। चिंतन जब हो गया तो आदमी दूसरे से प्रभावित नहीं होता। एक आदमी परिस्थिति से प्रभावित हो जाता है और एक व्यक्ति उससे प्रभावित नहीं होता। कारण क्या है? दोनों का अपना-अपना चिंतन है।

पंजाब के महाराजा रणजीतसिंहजी के सामने एक विदेशी आया। विदेशी ने एक कांच की बनी हुई दवात उनके सामने पेश की और कहा- महाराज! मैं

लाया हूं आप इसे खरीदें, बहुत बढ़िया चीज है। महाराजा रणजीतसिंहजी बहुत चिन्तनशील थे। उन्होंने दवात हाथ में ली, देखा और तत्काल सबके सामने उसको फैंका। वह चूर-चूर हो गयी। महाराज बोले- भैया! बताओ, इसका कितना मूल्य है? पहले तुम कह रहे थे। इसका दो हजार रुपया मूल्य है। अब इसकी क्या कीमत है? विदेशी ने कहा- एक कौड़ी का मूल्य भी नहीं है। महाराज ने अपने कर्मचारी को बुलाकर कहा- पीतल की दवात लाओ। कर्मचारी लेकर आया। उसको फैंका तो वह भी टूट गई। कहा-इसको बाजार में बेच कर आओ। आदमी बाजार में गया। बेचकर, पैसा लेकर लौट आया। महाराज रणजीतसिंहजी ने कहा- देखो, तुम्हारी इतनी कीमती दवात थी और टूटने के बाद उसका कोई मूल्य नहीं रहा। हमारी यह कम मूल्य वाली दवात है। टूट गयी तो भी इसके पैसे आ गए। गरीब देश में ऐसी वस्तु नहीं चाहिए जिसके दाम ज्यादा लगे और टूट जाने के बाद उसका कोई मूल्य भी ना रहे। हमें ऐसे वस्तु की जरूरत है जो हमारे पास रहे तो मूल्य बना रहे और टूट जाए तो भी उसका मूल्य मिल जाए। कितना अच्छा चिंतन था। आज तड़क-भड़क के प्रति एक आकर्षण पैदा हो रहा है। उन्हें यह सोचना है कि टूटने के बाद इसका क्या मूल्य होगा? स्थायी मूल्य किसका है? इतना गहरा चिंतन था। महाराजा ने उसको विदा कर दिया, बेचारा चला गया। हमारे यहां इन चीजों की जरूरत नहीं है। हमारे यहां उन चीजों की जरूरत है जिनका शाश्वत और स्थायी मूल्य है।

साधक का भी इतना गहरा चिंतन होना चाहिए कि मेरा व्यवहार आदि में भी अच्छा लगे, मध्य में भी अच्छा लगे और अन्त में भी अच्छा लगे। उपशम का मूल्य शाश्वत है। उपशम का मूल्य प्रारंभ में भी अच्छा होता है, मध्य और अंत में भी अच्छा होता है। प्रत्येक देश और प्रत्येक काल में उपशम का मूल्य बराबर बना रहता है इसलिए हमें उसकी साधना करनी है।

चिंतन का चौथा आलंबन सूत्र यह है कि इस व्यक्ति ने मुझे गाली दे दी, मेरा अपमान कर दिया, तिरस्कार कर दिया, अगर मैं इसको सहन नहीं करूंगा तो इसका फल मुझे भुगतना पड़ेगा। पापकर्म का बंध उसके नहीं, मेरे होगा। मैं पापकर्म से आत्मा को मलिन करना नहीं चाहता। जो लोग पापकर्म के बंध से डरते हैं, आत्मा को उज्जवल करना चाहते हैं, वे यह सोचते हैं कि मेरी आत्मा मलिन न हो, इसलिए मुझे सहन करना चाहिए। अगर मैं सहन नहीं करूंगा तो पापकर्म का बंध हो जाएगा और मैं नहीं चाहता कि आत्मा को मैला करूं। एक बहुत बड़ा आलंबन है। जो कर्मवादी हैं, आत्मवादी हैं, कर्म को मानने वाले हैं, आत्मा को मानने वाले हैं, कर्म के फल को मानने वाले हैं, उन लोगों के लिए

सोचने का विषय है कि मैं जागरुक रहूं। नये सिरे से भारी कर्म का बंधन न करूं। छोटा-मोटा कर्म का बंधन तो जीवन में होता रहता है। पर ऐसा भारी पापकर्म का बंधन न करूं जिसका बुरा परिणाम मुझे ही भुगतना पड़े। बहुत बड़ा चिंतन का सूत्र हमारे सामने है। जो व्यक्ति इस भाषा में सोचता है, उसमें अवश्य सहन करने की शक्ति पैदा हो जाती है।

सामान्यत: पापकर्म से सब डरते हैं। एक साधु का हरियाली पर पैर टिक जाता है, पैर से चींटी मर जाती है, तो डरता है, उसका प्रायश्चित्त भी करता है, इसलिए कि पापकर्म का बंधन न हो, उसका शोधन हो जाए। आक्रोश को सहन न करे, अप्रिय व्यवहार को सहन न करे, प्रत्युत अप्रिय व्यवहार करने लग जाए तो फिर वही बात होती है कि पानी को छानकर पीने वाला लहू को ऐसे ही पी जाता है। छोटा जीव पर जाने पर इतनी आलोचना करने वाला यदि असहिष्णुता, उत्तेजना, क्रोध के आवेश में बंधने वाले कर्म को बिल्कुल भुला देता है तो यह चिंतनीय प्रश्न नहीं है? पैर से चींटी मर गई, वर्षा की बूंद लग गई, उसकी आलोचना करो, वह आवश्यक है, किन्तु उससे ज्यादा ध्यान इस पर दो कि आज मेरे द्वारा कषायपूर्ण व्यवहार कौन-सा हुआ? उसकी आलोचना करो तो आत्मा का शोधन अधिक होगा। यह एक बहुत बड़ा विषय हमारे सामने है।

पांचवां आलंबन सूत्र यह है कि अगर मैं सम्यक् सहन करूंगा तो एकांतत: निर्जरा होगी। सहन नहीं करूंगा तो पापकर्म का बंध होगा, आत्मा मलिन होगी। सहन करूंगा तो एकांतत: निर्जरा होगी, आत्मा का शोधन होगा, आत्मा उज्जवल होगी। ये दो चिंतन सूत्र इतने महत्त्वपूर्ण हैं कि इनका दृढ़ अभ्यास करें और इनको जमा लें तो उपशम का विकास अपने-आप हो सकता है, उपशम की चेतना जाग सकती है और आदमी शांतिपूर्ण जीवन जी सकता है, शांतिपूर्ण सहवास कर सकता है।

आज शांतिपूर्ण सहअस्तित्व की सर्वत्र चर्चा हो रही है। शांतिपूर्ण अस्तित्व कैसे होगा? जब तक सहिष्णुता की साधना नहीं होती, शांतिपूर्ण सहअस्तित्व हो नहीं सकता। आज हम अपने धर्मसंघ के साधु-साध्वियों को देखते हैं, दूसरे साधु-साध्वियों को देखते हैं, तो लगता है कि सहिष्णुता की कमी होती जा रही है। गृहस्थ समाज में भी बहुत कमी होती जा रही है। सहन करना जानते ही नहीं हैं। मैंने सारी स्थिति का आकलन कर एक बार कहा था कि कोई विवाह-शादी करे उसे पहले एक-दो महीने तक सहिष्णुता का प्रशिक्षण लेना चाहिए। उस प्रशिक्षण के बिना शादी करेगा तो ऐसा भी हो सकता है कि सुबह शादी होगी और शाम को तलाक की स्थिति। कारण दोनों में सहिष्णुता का अभाव है, एक दूसरे को सहन करना नहीं जानते।

सहिष्णुता के ये पांच आलंबन हैं। आचार्य तुलसी में इतना साहस था, इतना धैर्य था कि हर प्रतिकूल स्थिति को पार कर दिया। दूसरा व्यक्ति होता तो दस बार घुटने टेक देता। आचार्यवर ने स्वयं लिखा– 'मेरे सामने सम्मान की स्थितियां बहुत आईं, बड़े-बड़े लोगों से सम्मान मिला और अपमान की स्थितियां भी बहुत आईं। भीतर और बाहर दोनों तरफ से घोर विरोध का वातावरण पैदा किया गया। इसे मैं अच्छा मानता हूं। कोरा सम्मान होता तो अहंकार आने का प्रसंग था। कोरा अपमान होता तो हीन भावना आने का प्रसंग था। दोनों आए और एक संतुलन बन गया। न तो मैं अहंकार में गया और न हीन भावना में, संतुलित अवस्था में रहा।'

इस प्रकार का उदात्त चिंतन जिस व्यक्ति में होता है वह सचमुच उपशांत चेतना का उदाहरण बन जाता है। हम सब गहरे चिंतन में प्रवेश कर ऐसी साधना करें जिससे हमारा व्यक्तित्व उपशांत बन जाए, उपशम प्रधान बन जाए। आगम का यह वाक्य हमें याद रहे– **'उवसमसारं खु सामण्णं।'** दूध को कभी गर्म करते हैं, कभी ठण्डा करते हैं, कभी जामन देते हैं। क्यों? मात्र मक्खन को प्राप्त करने के लिये। साधना करने वाले इतना कष्ट सहते हैं, किसके लिए? उसका नवनीत क्या है? उपशम। **'उवसमसारं खु सामण्णं'** यह वाक्य हमारे सामने रहे तो हमारी सहन करने की शक्ति बढ़ सकती है। ये सारे आलंबन सहन करने की शक्ति के विकास के आलंबन है जिससे हमारी सहन करने की चेतना जाग जाए।

4

सहनशक्ति की सीमा

सहन करने की शक्ति या सहिष्णुता एक योग्यता है, क्षमता है। आदमी सोचता है कि जो छोटे हैं उन्हें सहन करना चाहिए। यह कहा भी जाता है कि अभी तुम छोटे हो, तुम्हें सहन करना चाहिए। अगर सहन करने की मर्यादा छोटों तक है तो फिर बड़े बिल्कुल खुले हो जाते हैं। कौन सहन करें? इस संदर्भ में आचार्य तुलसी का एक अनुभव बड़ा महत्त्वपूर्ण है। एक बार उन्होंने कहा कि हर साधु को या संगठन के हर सदस्य को सहनशील होना चाहिए। सफलता के लिए सहिष्णु होना जरूरी है। किसी भी संघ के सदस्यों की अपेक्षा नेता को ज्यादा सहनशील होना चाहिए। संगठन के सदस्य में सहन करने की शक्ति अनुपातत: अगर पचीस प्रतिशत है तो नेता में वह शत-प्रतिशत होनी चाहिए।

कोई भी संगठन ऐसा नहीं हो सकता कि जहां विरोध न आए और कोई प्रतिकार करने वाला न आए, मतभेद न हो और आज्ञा की अवमानना न हो। इसका कारण है कि हर व्यक्ति का अपना भाव होता है। उसके द्वारा आदमी संचालित होता है। हर व्यक्ति का अपना संवेग होता है, अपना इमोशन होता है। इनका समीकरण आज तक नहीं हुआ और कोई कर भी नहीं सकता। क्योंकि यह वैयक्तिक संपत्ति है। व्यक्ति में दोनों प्रकार की संपत्तियां होती हैं- कुछ वैयक्तिक और कुछ सामुदायिक। नितांत वैयक्तिक हैं- जैसे ज्ञान वैयक्तिक है, संवेदन वैयक्तिक है और भाव वैयक्तिक है। इसीलिए इनका समीकरण नहीं किया जा सकता। अनुशासन के द्वारा संवेग को एक सीमा तक संतुलित किया जा सकता है, पर समाप्त नहीं किया जा सकता। पता नहीं कब किस व्यक्ति का इमोशन प्रबल हो जाए और वह समस्या पैदा कर दे। इसलिए यह मानना कि सब मेरी बात से सहमत हैं, कहीं कोई विरोध का स्वर नहीं उठेगा, नितांत भ्रांति है।

यही वह क्षण है, जब नेता को निर्णय लेना होता है कि वह क्या करे? अगर नेता सहिष्णु नहीं होता है तो संघ टूट जाता है, बिखर जाता है। नेता की सहिष्णुता विरोध के बावजूद भी माला के मनकों को तोड़ने वाली नहीं होती, सबको बांध कर रखने वाली होती है। एक धागे में सब बंधे हुए रहते हैं, इसीलिए एक सूत्र

दिया गया कि आचार्य को बहुत सहन करना चाहिए। सहन क्यों करना चाहिए- **क्षान्तिः संघसमृद्धये**- अगर संघ की समृद्धि चाहते हो तो शांति से बढ़कर कोई उपाय नहीं है। सहन करना सीखो। वही उसका उपाय है। आचार्यवर के अनुभव के साथ मैंने महाभारत के अनुभव को पढ़ा तो लगा कि सच्चाई कालातीत होती है। वह किसी काल विशेष में प्रकट हो, ऐसा नहीं है। सच्चाई हर समय प्रकट होती रहती है। उसकी एक श्रृंखला है, अविच्छिन्न धारा है। उसे किसी काल की सीमा में नहीं बांधा जा सकता।

एक बार का प्रसंग है। श्रीकृष्ण बहुत विचलित हो गए। नारद आए। श्रीकृष्ण ने कहा- 'मैं अब गणराज्य संचालन नहीं कर सकता। क्योंकि यादव, भोज, यदू, वृष्णि- ये सब मेरा विरोध करते हैं, अपशब्द बोलते हैं। मैं सुनते-सुनते थक गया, अब सहन नहीं कर सकता।'

नारद ने कहा- 'श्रीकृष्ण! गहराई से चिंतन करो। आदमी शत्रु को लोहशस्त्र से परास्त कर सकता है। शत्रुओं पर विजय पा सकता है। किंतु जहां अपना परिवार है वहां आयस शस्त्र काम नहीं देता, लोह का शस्त्र काम नहीं देता, मृदुता का शस्त्र काम देता है। तुम आयस शस्त्रों की बात मत सोचो, मृदुता के शस्त्र की बात सोचो, सब कुछ ठीक हो जाएगा।'

श्रीकृष्ण ने इस संबोध को स्वीकार किया और समस्या का समाधान हो गया।

नारद ने मृदुता का, सहनशीलता का जो संबोध सामने रखा वह सफलता का स्वर्ण-सूत्र है। कोई भी नेता यदि बात-बात में उखड़ जाता है, आवेश में आ जाता है, सहिष्णु नहीं होता, अपने सदस्यों की बात को सुनता नहीं, सुनने का प्रयत्न भी नहीं करता, वह कभी सफलता के साथ संगठन का नेतृत्व नहीं कर सकता। बहुत गंभीरता से हम इस पर चिंतन करें कि जिस व्यक्ति के हाथ में हजारों- लाखों व्यक्तियों की डोर होती है, यदि वह बात-बात में अधीर हो जाता है तो फिर कोई संगठन आधारयुक्त नहीं रहता, निराधार हो जाता है। संगठन को बांधकर रखने वाली कोई डोर है तो वह सहिष्णुता है।

प्रश्न होता है कि जो मुखिया है, बड़ा है वह सहन क्यों करे? छोटे को सहन करना चाहिए। कारण बतलाया गया कि संघ समृद्धि के लिए सहन करो। अगर नेता चाहता है कि मेरा संगठन समृद्ध रहे, गतिशील रहे, वैभवशाली रहे तो फिर सहिष्णुता के सिवाय कोई उपाय नहीं है। हर नेता चाहता भी है कि मेरा संगठन अच्छा रहे। अच्छा रहने का सूत्र क्या है? नाना मस्तिष्कों को एक साथ जोड़े रखना कोई सरल काम नहीं है। हर मस्तिष्क का चिंतन अलग होता है, सबकी

बुद्धि अलग-अलग होती है। हर कुएँ का पानी अलग-अलग होता है और हर व्यक्ति की वाणी अलग-अलग होती है। कोई भी काम करो तो यह मत सोचो-हजार आदमी कहेंगे कि बहुत अच्छा हुआ है। चार-पांच सौ समर्थन करने वाले मिल जाएंगे। सौ-दो सौ मौन रहने वाले मिल जाएंगे। सौ-दो सौ समालोचना करने वाले और तीखी बात कहने वाले भी मिल जाएंगे, व्यंग्य करने वाले भी मिल जाएंगे। ये सब स्थितियां नेता के सामने होंगी उसे ऐसा हमेशा मानकर चलना चाहिए। मानवीय प्रकृति का विश्लेषण करें तो पता चलेगा कि सबका विचार, सबका चिंतन एक नहीं हो सकता। यदि कोई ऐसा सोचता है कि सब विचार एक समान हो जाएं तो वह मात्र भ्रांति का जीवन जीता है। उसे मानकर चलना चाहिए कि जो काम करणीय है, उसे करना है। दूसरे क्या कहेंगे, उसे एक बार गौण कर दें। दूसरे व्यक्ति इसे अच्छा बतलाएंगे या बुरा, अगर इन बातों में उलझ गए तो कोई काम दुनिया में हो नहीं सकता।

पिता पुत्र जा रहे थे। मरियल-सी घोड़ी पर चढ़े हुए थे। लोगों ने कहा- देखो कितने निर्दय हैं, मरियल घोड़ी है, दो लद गए। पिता घोड़ी से उतर गया। आगे चले। लोगों ने कहा- कैसे मूर्ख हैं, बूढ़ा तो नीचे चल रहा है जवान बेटा घोड़ी पर बैठा है। पिता चढ़ गया, लड़का उतर गया। आगे चले। लोगों ने कहा- यह बड़ा अजीब आदमी है, घोड़ी पर आराम से बैठा है। बेचारा छोटा लड़का पीछे-पीछे पैदल चल रहा है, दया नहीं आती। दोनों घोड़े से उतर गए। कुछ आगे चले। लोगों ने कहा- कितने मूर्ख हैं, घोड़ी खाली चल रही है और दोनों पैदल चल रहे हैं।

लोग चढ़े को भी हंसते हैं और पैदल को भी। यदि लोगों की प्रतिक्रिया के आधार पर चलें तो कोई बहुत बड़ा काम नहीं कर सकता। जरूरी है अपनी क्षमता का विकास। अगर अपनी क्षमता का विकास न हो और दूसरों के भरोसे चला जाए तो कभी भी सफलता तक नहीं पहुंचा जा सकता। अपने विश्वास के साथ चलो और उस विश्वास के साथ चलते-चलते कभी विरोध, संघर्ष, समस्याएं आ जाएं तो उन्हें समभाव से सहन करो और क्षमा शक्ति का परिचय दो।

संगठन को मजबूत बनाए रखना है तो जरूरी है कि उसका नेता सबसे ज्यादा सहनशील बने। वह सबकी बात को सहन कर सके, सुन सके, कभी भी उत्तेजना और आवेश में न आए। मैंने स्वयं आचार्य तुलसी को देखा। कभी-कभी कड़ी बात, अप्रिय बात सामने रखी जाए तो भी शांत भाव से सुनो। उस समय कभी-कभी मेरे मन में भी आता था कि आचार्यश्री वापस क्यों नहीं कहते, पर आचार्यश्री नहीं बोलते। नेता को इतना सहनशील होना जरूरी है। क्योंकि संघ की समृद्धि को, संघ के वैभव और संपत्ति को सुरक्षित रखना है। सहिष्णुता के समान

संघ को जोड़ने वाला दूसरा कोई सूत्र नहीं है। सहिष्णु बनो, सहन करना सीखो, यह हमारी बड़ी शक्ति है और उस शक्ति के द्वारा ही काम हो सकता है। हम यह भ्रांति न पालें कि छोटों को ही कहा जाता है कि सहन करो। संगठन का सफल मुखिया वह होता है, जो हजारों को सहन करता है।

बहुत बार अनुभव करते हैं कि एक साधारण बात पर भी कोई आदमी उत्तेजित हो जाता है। सबको सहन करने का अभ्यास करना चाहिए, कार्यकर्त्ताओं को भी सहन करना चाहिए। आवास और भोजन की व्यवस्था सबसे जटिल होती है। बाहर से आने वाले सब स्वतंत्र हैं, अनुकूल स्थान पर वे बोलने लग जाते हैं। अगर व्यवस्था में बैठा हुआ व्यक्ति वैसे ही बोलने लग जाए तो एक दिन में ही व्यवस्था समाप्त हो जाएगी। जो व्यवस्था कर रहा है उसे सहिष्णु होना चाहिए। जिस व्यक्ति ने व्यवस्था का दायित्व संभाला है, उसे यह सोचना चाहिए कि जैसे धरती सबको सहन करती है, वैसे ही मुझे भी सबको सहन करना चाहिए।

संगठन के प्रमुख बनने की कुछ कसौटियां हैं। उनमें एक बड़ी कसौटी है सहिष्णुता का विकास, मृदुता का विकास। अगर यह नहीं है तो वह संगठन अच्छा नहीं हो सकता। संगठन को शक्तिशाली बनाने के अनेक साधन हो सकते हैं किन्तु तीन बातों पर हम विशेष ध्यान दें-

शिष्याः प्रोत्साहनं नेयाः, कार्यं वर्धापनं वरम्।
आचार्यस्य सहिष्णुत्वमिदं संवर्धयेद् गणम्।।

1. शिष्यों को प्रोत्साहन देना
2. उनका समुचित वर्धापन करना।
3. आचार्य की सहिष्णुता।

जो अपने शिष्यों को प्रोत्साहित नहीं करता, वहां विकास के द्वार अवरुद्ध हो जाते हैं। संगठन प्रगति नहीं कर सकता। क्योंकि प्रोत्साहन के बिना कोई काम आगे नहीं बढ़ता। जब प्रोत्साहन होता है तभी काम आगे बढ़ता है। सूक्ष्म शक्ति को जागृत करने के लिए प्रोत्साहन बहुत बड़ी कला है। जो प्रोत्साहन देना जानता है वह दूसरों की सुप्त शक्ति को जगा देता है और जो प्रोत्साहन देना नहीं जानता, कोरा उपालंभ देना जानता है, वह जागृत शक्ति को भी सुला देता है।

संगठन को समृद्ध बनाने के लिए शिष्य जो भी काम करें उसका वर्धापन करना चाहिए। वर्धापन, धन्यवाद, साधुवाद ऐसे शब्द हैं, जो अहोभाव को प्रदर्शित करते हैं। तुमने बहुत अच्छा काम किया है, तुम अच्छा काम करके आए हो। यह प्रमोद भाव होता है तो उसकी शक्ति बढ़ जाती है और उपेक्षा कर दे तो शक्ति घट जाती है। अच्छा करके आया, बड़ा काम किया फिर भी वर्धापन नहीं किया

जाए तो काम करने की वृत्ति ही समाप्त हो जाती है। यह मानवीय प्रकृति है। इस प्रकृति को बदलना सहज नहीं है। इस प्रकृति को समझकर ही हमें प्रयोग करना है। संगठन को शक्तिशाली बनाने के लिए वर्धापन भी बहुत बड़ी कला है। हमने आचार्य तुलसी को देखा। वे अच्छा काम करने वालों का वर्धापन करते, उनका खूब मनोबल बढ़ाते। उनकी शक्ति को आगे लाते। वर्धापन संघ की समृद्धि के लिए बहुत जरूरी है।

वह संघ समृद्ध होता है, जहां सब नियम का अनुपालन करते हैं। धर्मसंघ में एक शिष्य के लिए नियम है तो गुरु भी नियम से मुक्त नहीं है। गुरु के लिए भी नियम हैं, वह निरंकुश नहीं हो सकता, उच्छश्रृंखल व्यवहार नहीं कर सकता। उसे भी बहुत अनुशासित रहना होता है। नियमों का अनुसरण करना होता है।

आचार्यभिक्षु की कठोर जीवनशैली थी। संगठन के प्रमुख का जीवन कठोरता का जीवन होना चाहिए। यह बहुत आवश्यक है। दूसरों का जीवन वैसा हो या न हो। प्रमुख व्यक्ति का जीवन कठोर नहीं होता, ऐशोआराम का जीवन होता है, काम करने का नहीं होता तो फिर विकास नहीं हो सकता। मुखिया की अप्रमत्तता दूसरों के लिए प्रेरणा का सूत्र बन जाती है। यदि वे स्वयं आराम करें, बैठे रहें, लेटे रहें, कोई काम न करें, तो फिर कोई जगाने वाला नहीं रहेगा, सभी नींद लेने वाले हो जाएंगे, प्रमाद में रहने वाले हो जाएंगे।

यह बहुत ध्यान देने योग्य बात है कि सबसे ज्यादा सहिष्णु किसको होना चाहिए? शिष्य को या आचार्य को? आचार्य को सबसे अधिक सहिष्णु होना चाहिए। संगठन के सदस्यों को सहिष्णु होना चाहिए। किंतु संगठन के प्रमुख को सबसे ज्यादा सहिष्णु होना चाहिए। जहां संगठन होता है, गोष्ठियां होती हैं, वहां जब आलोचना के तीखे बाण चलते हैं, उस समय संगठन का मुखिया आपा खो दे तो सारी बात समाप्त हो जाएगी। सहिष्णुता के बिना संगठन में प्राण ही नहीं रहता, इसलिए सहन करने की शक्ति का जो मूल्य है उसे हमें आंकना चाहिए। किस संदर्भ में कहां किस प्रकार व्यक्ति को कितना सहन करना चाहिए, इस बात को समझना है और यह भी समझना है कि आखिर सहिष्णुता की सीमा क्या है?

साधुत्वे संघसीमायां विघ्नो यावद् भवेन्नहि।
तावत् सहिष्णुताऽदेया नादेयास्ति ततः परम्॥

जहां साधुत्व का खण्डन होता हो और जहां संगठन विरोधी कोई बात हो, वहां फिर सहन करने की बात नहीं होनी चाहिए। वहां फिर प्रतिकार करने की बात होती है। अनेकांत दृष्टि से इन दोषों कोणों को समझें तो संगठन के लिये ये सूत्र बहुत वरदान बन सकते हैं।

5

सहिष्णुता का साधक कौन?

मनुष्य की प्रकृति एक रूप नहीं होती, नाना अथवा विचित्र रूपों वाली होती है। क्षमा या सहिष्णुता के संदर्भ में भी मानवीय प्रकृति का सुंदर विश्लेषण आगमों में उपलब्ध है। एक महत्त्वपूर्ण आगम है ज्ञातधर्मकथा, उसमें मानवीय प्रकृति के विभिन्न पहलुओं का दिग्दर्शन है। उसमें निर्ग्रंथ की चार कोटियों का उल्लेख मिलता है। क्षमा अथवा सहिष्णुता भी प्रकृति भेद के साथ नाना रूप लेती है। सहन करो, सहिष्णुता का विकास करो। यह एक सामान्य बात है। किंतु सहिष्णुता और मानवीय प्रकृति दोनों का जब योग करते हैं तब कुछ नये तथ्य सामने आते हैं।

आराधना और विराधना- ये दो शब्द साधना के क्षेत्र में बड़े महत्त्वपूर्ण रहे हैं। एक व्यक्ति ने लक्ष्य बनाया उसके अनुरूप आचरण और व्यवहार किया, वह कार्य सिद्ध हो गया, वह हमारी आराधना है। आराधना के द्वारा साध्य की सिद्धि होती है और विराधना के समय लक्ष्य से थोड़ा दूर चले जाते हैं, लक्ष्य की स्मृति ही नहीं रहती, लक्ष्य के विपरीत व्यवहार और आचरण होता है। सहिष्णुता की आराधना, सहिष्णुता की विराधना और मानवीय प्रकृति का एक सुंदर चित्रण हमारे सामने प्रस्तुत है।

एक व्यक्ति ने घर छोड़ दिया, साधु बन गया। सहिष्णुता की साधना कर रहा है पर अभी तक उसके सामने समग्रता की दृष्टि नहीं है।

दो शब्द हैं समग्रता और व्यग्रता। जहां लक्ष्य के प्रति समग्रता का भाव हो वहां आराधना समग्र हो जाती है। जहां लक्ष्य के प्रति समग्रता का भाव न हो, व्यग्रता हो वहां विराधना भी हो जाती है।

आराधना-विराधना का अर्थ रसोई करने वाला व्यक्ति या महिला भी जान सकती है। एक व्यक्ति चावल पकाता है, खिचड़ी पकाता है। कोई भी चीज बनता है, वह पक जाती है तो कहते हैं, सीज गया। पूरा नहीं सीजता है तो कहते हैं कच्चा रह गया। यह कच्चा रहना विराधना है और पक जाना आराधना।

आराधना का अर्थ है लक्ष्य के अनुरूप आचार-व्यवहार होना। जो लक्ष्य बनाया और उस लक्ष्य के अनुकूल आचरण नहीं हो रहा है, पक नहीं रहा है तो

विराधना हो जाती है। आराधना-विराधना का संदर्भ अलग-अलग होता है। यहां संदर्भ है सहिष्णुता का। सहिष्णुता के संदर्भ में आराधना-विराधना का विचार किया गया है। एक धार्मिक आदमी सोचता है कि मैं आराधक बनूं, विराधक नहीं बनूं। आराधक बनूं यानी जो लक्ष्य बनाया है, उसके अनुसार चलूं।

एक विद्यार्थी समग्रता से अध्ययन करता है। तन्मय होकर अध्ययन करता है तो वह विद्या की आराधना कर रहा है। जिस विद्यार्थी का पढ़ाई में मन नहीं लगता, वह समग्रता से अध्ययन की आराधना नहीं करता तो उसकी विराधना हो जाती है। कुछ लोग होते हैं जिनका अध्ययन में मन लगता है वे शिक्षा में आराधक बन जाते हैं। जिनका मन नहीं लगता वे विद्या के क्षेत्र में विराधक हो जाते हैं।

एक लड़का मां से बोला- मां! अब मैं स्कूल नहीं जाऊंगा।

मां बोली- क्यों? क्या तेरे पास पेंसिल नहीं है, किताब नहीं है?

लड़का बोला- सब कुछ है, पर मेरा मन नहीं है।

विद्याध्ययन का मन ही नहीं है तो वह विद्या का आराधक कैसे हो सकता है? हमें आराधना-विराधना को लक्ष्य के साथ समझना है। जिस कार्य को हम करना चाहते हैं वह कार्य सिद्ध हो, वैसा हमारा प्रयत्न होता है तो वह हमारी आराधना है। जो काम करना चाहते हैं उसके प्रतिकूल आचार-व्यवहार करते हैं, तो उस कार्य की विराधना हो जाती है। जो व्यक्ति अपने आसपास को सहन करता है, दूसरे संप्रदाय को सहन करता है और गृहस्थ समाज को भी सहन करता है, वह सर्वआराधक है, क्षमा का परिपूर्ण आराधक है, समग्रता से आराधना करने वाला है।

क्षमा की समग्रता से आराधना करने वाला है। उसे हम क्षमा का साधक कह सकते हैं, साधक शब्द बहुत प्रचलित है। आराधक और साधक दोनों का एक ही अर्थ है। साधक वह है जो साधना करता है। आराधक वह है जो आराधना करता है।

सहिष्णुता का साधक किसको कहा जाए? जो व्यक्ति सबको सहन करना जानता है, वह सहिष्णुता का साधक है। उसमें इतनी चेतना जागृत है कि वह सबको सहन कर लेता है।

सहन करना क्यों जरूरी है? इस प्रश्न पर भी हम विचार करें। व्यक्ति अकेला नहीं है। वह समुदाय का जीवन जीता है। जहां अकेला है वहां सहिष्णुता का प्रश्न पैदा नहीं होता। जहां परस्परता है, दो व्यक्ति साथ रहते हैं, समाज साथ में रहता है, वहां सहिष्णुता का प्रश्न पैदा होता है।

समूह में सबकी रुचि भिन्न होती है, विचार भिन्न होता है और कार्य प्रणाली भिन्न होती है। एक व्यक्ति कोई काम करता है दूसरे को वह पसंद नहीं आता, तो वह कहता है तुमने यह काम अच्छा नहीं किया। बस इतने में महाभारत बन जाता है। मुझे क्यों कहा? मुझे कहने वाले तुम कौन हो? दूसरा कोई कहता है वहां अहंकार का नाग फुफकारने लग जाता है। हम मानवीय प्रकृति का विश्लेषण करें तो इस प्रकार की मनोवृत्ति सामने आती है।

एक रेल के डिब्बे में दो आदमी पास में बैठे थे। एक आदमी सिगरेट पी रहा था। दूसरा बोला- देखो, ध्यान नहीं रखते हो, तुम्हारी कमीज जल रही है। वह बोला-बड़ा विचित्र आदमी है। पहले तुम्हारा रुमाल जल गया, मैंने कुछ नहीं कहा और मेरा थोड़ा-सा कमीज जल गया, तुम कहने लग गये।

यह असहिष्णुता का निदर्शन है।

संस्कृत साहित्य में कथा आती है बया और बंदर की। बया छोटा-सा पक्षी है, किंतु घर के निर्माण में बड़ा कुशल है। वह कलापूर्ण घोंसला बनाता है। सामने पेड़ पर बंदर बैठा था। तेज बरसात शुरू हो गई और साथ में ठंडी हवा, तूफान। बंदर कांपने लगा। बया अपने घोंसले में आराम से बैठा था। बरसा का पानी भी उसके घोंसले में नहीं आ रहा था। बंदर की स्थिति देख बया से रहा नहीं गया। बया बोला-

हाथ तेरे, पांव तेरे, मिनख सरीखी देह रे।
झोंपड़ी तू छाय बंदर ऊपर बरसे मेह रे॥

तेरे हाथ है, पैर है, आदमी जैसा शरीर है, एक झोपड़ी बना ले जिससे वर्षा में सुरक्षा हो सके। व्यर्थ क्यों कांप रहा है? बात तो अच्छी कही पर अच्छी बात को भी आदमी सहन नहीं कर सकता। यह मानवीय प्रकृति की दुर्बलता है। इसी मानवीय प्रकृति को लक्ष्य में रखकर किसी कवि ने लिखा होगा।

सीख उणा कूं दीजिये, जाको सीख सुहाय।
सीख बंदर को देवतां, घर बया का जाय॥

उस आदमी को शिक्षा दो, जिसको शिक्षा अच्छी लगे। बया की सीख सुनते ही बंदर गुस्से में आ गया और बोला-

शुचीमुखे दुराचारी, रंडे पंडितवादिनी।
असमर्थो गृहारंभे समर्थो गृहभञ्जने॥

सुई जैसा तेरा मुंह है और मुझको सीख दे रही है कि घर बना ले। मैं बनाना नहीं जानता, तोड़ना जानता हूं, यह कह कर वह बया के घर की ओर लपका और उसे समाप्त कर दिया।

कोई खराब बात कही जाए तब आदमी असहिष्णु बने, तो बनता है, यह बात समझ में आती है किंतु हित की बात कहे, अच्छी बात कहे तो भी भीतर का अहंकार इतना फुफकारता है कि उस समय कुछ भान ही नहीं रहता, वह सब कुछ भूल जाता है। यदि हम घटनाओं का संग्रहण करें, संचयन करें और फिर उनका विश्लेषण करें तो पता चलेगा कि अच्छी बात सुझाने वालों को भी बहुत सहना पड़ता है। सामने वाला व्यक्ति सम्यक् ग्रहण नहीं करता, उल्टा ग्रहण करता है। मुझे क्यों कहा? क्या इसे मैं नहीं जानता? यह मुझे सीख दे रहा है। अब वह यह खोज कि सामने वाला कल भूल करे, तो वह जवाब दे सके। क्योंकि उसे यह कब भूल करता है। मुझे इसका प्रतिशोध लेना है, बदला लेना है। इस प्रकार एक विचार की शृंखला बन जाती है। सहिष्णुता की चेतना जागृत नहीं हो पाती, तब इस प्रकार का मनोभाव बनता है।

जब तक व्यक्ति सहिष्णुता के आलंबन और चिंतन सूत्रों का सम्यक् प्रयोग नहीं करता, अभ्यास नहीं करता तब तक दूसरे की बात को सहन नहीं कर सकता। पुत्र माता-पिता की बात को सहन नहीं करता। दोनों ओर से असहिष्णुता का वातावरण बनता है।

एक सास बहुत झगड़ालू थी। बहू अच्छी बात कहती तो भी सहन नहीं करती। एक दिन काफी झगड़ा किया और पड़ोसी तक को सुनाई दिया। एक पड़ोसिन आई। आकर बोली- आज क्या हुआ? तुम इतनी तेज बोल रही हो, गालियां दे रही हो।

उसने कहा- क्या बताऊं, बताने जैसी बात नही है। जब मैं बहू थी तो मेरी सास अच्छी नहीं थी। अब मैं सास बन गई तो मेरी बहू अच्छी नहीं है। कैसे सहन करूं?

जहां इस प्रकार की मनोवृत्ति बनती है, वहां आत्मालोचन करना चाहिए कि सास भी अच्छी नहीं और बहू भी अच्छी नहीं, तो आख़िर अच्छी आएगी कहां से। आकाश से तो टपकेगी नहीं। आखिर आदमी-आदमी है। यह स्वयं सोचने का विषय है कि मैं कैसी हूं? दूसरों को हम देख लेते हैं और स्वयं को बिल्कुल अलग कर देते हैं। अगर वहां सोचें कि मैं कैसी हूं? तो एक आलंबन बनता है क्षमाधर्म का, क्षमा के विकास का, सहिष्णुता के विकास का। हम अपना विश्लेषण करें, अपना आत्मालोचन करें, आत्मनिरीक्षण करें, जो कमियां अनुभव हो जाएं, उन कमियों को दूर करने का प्रयत्न करें तो क्षमा धर्म की, सहिष्णुता की आराधना हो सकती है।

सहिष्णुता के विकास का महत्त्वपूर्ण आलबंन है आत्मालोचन, पर्यालोचन, समीक्षा और विमर्श। मैंने क्या किया? मेरी क्या भूल हुई? प्रत्येक प्रसंग में यह

बात समझ में आ जाए कि इस घटना में मैं कहां हूं। कहां मेरी भूल हुई है या नहीं हुई है। नहीं हुई है तो अच्छी बात है। हुई है तो उसको स्वीकार कर उसका परिष्कार करना है। अगर इतना-सा भाव बन जाए तो सहिष्णुता की चेतना जागृत हो सकती है, उसका विकास हो सकता है। किंतु हम जब तक दूसरों के ही प्रमाद को देखते रहेंगे तब तक कभी भी सहिष्णुता का विकास नहीं होगा।

मैं सहन करूंगा, मेरी सहिष्णुता बढ़ेगी तो एकांततः निर्जरा होगी, मेरा आत्मशोधन होगा- यह चेतना जागती है तो आदमी सहिष्णुता का विकास कर सकता है।

मेरा व्यक्तित्व भी अच्छा बनेगा, मेरी उपादेयता भी अधिक होगी और मेरा एक अनुकरणीय रूप बनेगा। इस चिंतन के साथ अगर हम समग्र आराधना करें और सहिष्णुता के सर्वाराधक बनें तो अध्यात्म का सूत्र समाज के क्षेत्र में भी बहुत महत्त्वपूर्ण हो सकता है। जहां-जहां नेतृत्व और व्यक्तित्व की व्याख्या है उसके साथ अगर यह सर्वाराधक की बात और जुड़ जाए, तो समाज में शांति और समृद्धि का अवतरण हो सकता है।

6

सहिष्णुता और सकारात्मक दृष्टिकोण

कोई भी आचार और व्यवहार तब निर्मित होता है जब उसका दृष्टिकोण बन जाता है। पहले दर्शन और फिर आचार। दृष्टिकोण का निर्माण नहीं होता है तो उसका आचरण भी संभव नहीं होता। सहिष्णुता के लिए सबसे पहला आवश्यक प्रयोग है सकारात्मक दृष्टिकोण का निर्माण। नकारात्मक दृष्टिकोण का निर्माण होने पर व्यक्ति स्वयं को नहीं देखता, दूसरे को देखता है। जब तक दूसरे को देखता है तब तक सकारात्मक दृष्टिकोण नहीं बनता। अपने आपको देखना सीखें, अपनी विशेषताओं को भी देखना सीखें और साथ-साथ कमियों को देखना भी सीखें।

बहुत कठिन है अपने आपको देखना। एक सन्यासी दूर यात्रा पर जा रहा था। राजा ने कहा- महाराज! आप दूर जा रहे हैं। दूसरे देशों में जा रहे हैं तो मेरे लिए कुछ लेते आना। सन्यासी ने कहा- अच्छी बात है। सन्यासी काफी घूमा, अनेक देशों में गया, बाजारों में गया, अनेक वस्तुएं देखी। जो भी देखा उसे लगा- यह तो मेरे राजा के पास है। मेरे शहर में भी है, नगर में भी है। कोई नई चीज नहीं मिली। वापस आया। राजा से मिला।

राजा ने कहा- 'आपकी यात्रा सुखद हुई?'

सन्यासी बोला- 'बहुत अच्छी रही।'

'कहां-कहां गये? क्या-क्या देखा?'

'बहुत देशों को देखा। हजारों लोगों से मिला।'

'मेरे लिए क्या लाए हो?'

'महाराज! आपके लिए लाने योग्य कोई वस्तु बाजार में मुझे नहीं मिली।'

'कुछ तो लाए हो?'

'हां, कुछ तो लाया हूं।'

सन्यासी ने अपना झोला राजा के हाथ में दे दिया। राजा ने झोले में हाथ डाला। वहां मात्र एक छोटा-सा दर्पण था।

राजा ने कहा- 'यह क्या लाए हो?'

'महाराज! दुनिया में सबसे बढ़िया वस्तु यही है। इससे बढ़िया दुनिया में कोई वस्तु नहीं है।'

'यह कैसे बढ़िया है?'

सन्यासी बोला- 'महाराज! आपने सबको देखा है, स्वयं को कभी नहीं देखा। यह एक ही वस्तु ऐसी है जिसमें आदमी अपने मुंह को देख सकता है, अपने आपको देख सकता है।'

राजा खुश हो गया।

महत्त्व की बात यह है कि आदमी अपने मुंह को देख सके। शीशे में आप अपना मुंह देख सकते हैं। उससे आकार-प्रकार का पता लग जाएगा, चमड़ी का, रंग का पता लग जाएगा, पर उसके भीतर क्या है उसका पता नहीं लगेगा। हमें ऐसे दर्पण की जरूरत है जिसमें आदमी झांक कर अपने भीतर को देख सके केवल बाहर नहीं, भीतर तक प्रवेश कर सके। दर्पण प्रायः बहुत लोग देखते हैं, पर ऐसे दर्पण की जरूरत है जिसमें अपने आपको देखा जा सके और वह दर्पण है चिंतन का, सकारात्मक दृष्टिकोण का। चिंतन में आदमी अपने आपको समझ सकता है। जब आदमी सोचता है तो अपने आपको समझने का मौका मिलता है। सकारात्मक दृष्टिकोण, सम्यक् दृष्टिकोण, सम्यक् दर्शन एक सुंदर दर्पण है। यह जिसके पास है वह अपने आपको देख सकता है और उसे पता लगता है कि मैं कहां हूं और मैं कैसा हूं? शायद दूसरा नहीं समझ सकता।

सकारात्मक दृष्टिकोण के दर्पण में देखने वाला अपने आपको समझ सकता है। सकारात्मक दृष्टिकोण को कुछ शब्दों में अथवा कुछ सूत्रों में गुम्फित करें तो उसका पहला सूत्र यह होगा कि मैं अकेला जी नहीं सकता। यह पहली बात है, सहिष्णुता बाद में फलित होती है। सबसे पहले इस दृष्टिकोण को निर्माण करना है कि मैं अकेला जी नहीं सकता। न बूढ़ा अकेला जी सकता, न बच्चा अकेला जी सकता। बच्चा मां पर निर्भर है, बूढ़ा अपने पुत्रों पर निर्भर है। कोई भी व्यक्ति अकेला जी नहीं सकता। क्या एक युवक अकेला जी सकता है? वह भी नहीं जा सकता। मनुष्य के भीतर अनेक वृत्तियां हैं। उनको समाधान देने के लिए उसे दूसरे की जरूरत है। दूसरे के बिना काम भी नहीं चलता है। जब देखता है कि एक आदमी मेरे साथ अच्छा प्रेम कर रहा है तो जीवन में सरसता आती है, अकेले में वह सरसता नहीं आती। जब यह देखता है कि दूसरा मुझसे बड़ा है और वात्सल्यपूर्ण व्यवहार करता है तो जीवन में सरसता आती है अन्यथा मुरझाया रहता है। प्रत्येक व्यक्ति को दूसरे की अपेक्षा रहती है। इसलिए पहला

सूत्र यह बनाएं कि मैं अकेला जी नहीं सकता। इस सच्चाई का अनुभव करें और इस सचाई को खूब जमाए रखे कि मैं अकेला जी नहीं सकता, मुझे दूसरे के साथ जीना है। यह एक नीति का सूत्र बन गया। यह हर आदमी की नियति है कि वह अकेला जी नहीं सकता। मुझे दूसरों के साथ जीना है यह एक नियति है। नियति एक सचाई है। इस सचाई को स्वीकार करने वाला सकारात्मक दृष्टिकोण का विकास कर लेता है।

सकारात्मक दृष्टिकोण का दूसरा सूत्र है- मैं शांति के साथ जीना चाहता हूं। लड़ाई-झगड़ा, कलह, कदाग्रह, परस्पर आग्रह, विग्रह में मैं जीना नहीं चाहता, मैं शांति के साथ जीना चाहता हूं।

सकारात्मक दृष्टिकोण का तीसरा सूत्र है- सापेक्षता का दृष्टिकोण। मैं निरपेक्ष रहकर शांतिपूर्ण जीवन नहीं जी सकता। एक पिता पुत्र को कहे कि मुझे तुमसे कोई मतलब नहीं, घर से कोई मतलब नहीं, न मुझे कमाई से मतलब है, फिर परिवार कैसे चलेगा? उसे सापेक्ष दृष्टि से सोचना होगा कि मुझे परिवार को चलाना है, मुझे भी काम करना है और साथ-साथ में परिवार के सदस्यों की भी मुझे चिंता करनी है। यह सापेक्ष दृष्टिकोण है। निरपेक्ष दृष्टिकोण वाला कभी शांतिपूर्ण जीवन नहीं जी सकता। यह सापेक्षता शांतिपूर्ण जीवन की सच्चाई है।

सहन करने के लिए जरूरी है सापेक्ष दृष्टिकोण का निर्माण। व्यक्ति परिवार या समुदाय के साथ है और निरपेक्ष है कि मुझे किसी से कोई मतलब नहीं है, वह अच्छा जीवन नहीं जी सकता। जब यह समझ में आ जाए कि इनके बिना मेरा काम नहीं चलेगा। मुझे काम अच्छी तरह चलाना है तो इनका सहयोग लेना जरूरी है। यह सहयोग का भाव सापेक्ष दृष्टिकोण का निर्माण करता है। मुझे इसकी अपेक्षा है, इसके बिना शांतिपूर्ण जीवन नहीं हो सकता। इतनी बात स्पष्ट रहे और फिर यह धारणा बन जाए, संस्कार बन जाए कि मैं इनके बिना नहीं रह सकता। इनका सहयोग मेरे लिए नितांत जरूरी है, यह सापेक्ष दृष्टिकोण है।

सकारात्मक दृष्टिकोण का चौथा सूत्र है- निरपेक्ष दृष्टिकोण का परिहार। निरपेक्ष दृष्टिकोण वाला शांति का जीवन नहीं जी सकता। यह सचाई भी सामने रहनी चाहिए। जिसका दृष्टिकोण निरपेक्ष है, वह परिवार और समाज में शांति का संचार नहीं कर सकता। मुझे बेटे से मतलब नहीं, बहू से मतलब नहीं, पत्नी से, भाई से मतलब नहीं, किसी से मतलब नहीं, मैं अकेला रहूंगा। यह चिंतन समाज की भूमिका में सम्मत नहीं हो सकता। हिमालय की गुफा में कोई रह सकता है किंतु समुदाय में अकेला नहीं रह सकता। जहां सबके साथ जीना है वहां निरपेक्ष दृष्टिकोण नहीं चल सकता। अनेकांत का प्रयोग है सापेक्ष दृष्टिकोण।

निरपेक्ष दृष्टिकोण से केवल अस्तित्व की व्याख्या कर सकते हैं। अस्तित्व निरपेक्ष हो सकता है पर कोई भी व्यक्ति निरपेक्ष नहीं हो सकता। कोई भी वस्तु, चाहे मनुष्य हो, चाहे पशु हो निरपेक्ष होकर नहीं रह सकता। उसे एक काम में नहीं, सौ काम में अपेक्षा रहती है। इसीलिए निरपेक्ष दृष्टिकोण वाला शांतिपूर्ण जीवन नहीं जी सकता।

घर का मुखिया यह कहे कि मुझे किसी की अपेक्षा नहीं है तो परिवार में समस्या हो जाती है। मैंने अनेक बार उसको समझाया कि कम से कम व्यवहार का अतिक्रमण मत करो। यह व्यवहार का अतिक्रमण तुम्हें शांति नहीं देगा और परिवार को भी शांति नहीं देगा।

हमारे सामुदायिक जीवन में निरपेक्ष दृष्टिकोण नहीं चल सकता। सबसे बड़ी समस्या है निरपेक्ष दृष्टिकोण। इसलिए हम शांतिपूर्ण जीवन जीने के लिए निरपेक्ष दृष्टिकोण से बचें।

सकारात्मक दृष्टिकोण का पांचवां सूत्र है- मुझे अपनी सुख-सुविधा पर ध्यान देना है, किंतु साथ-साथ में दूसरे की सुख-सुविधा पर भी ध्यान देना है। बहुत लोग अपनी सुख-सुविधा पर बहुत ध्यान देते हैं। एक अग्रणी है दूसरे सहवर्ती हैं। एक घर का मुखिया है दूसरे उसके परिवार के सदस्य हैं। जो मुखिया है वह अपनी सुख-सुविधा पर ध्यान केन्द्रित करता है कि सब मेरी सेवा करें, मेरी आवश्यकताओं की पूर्ति करें, किंतु साथ वालों की सुख-सुविधा पर ध्यान नहीं दिया जाता, उनके विकास पर ध्यान नहीं दिया जाता, उनके आगे बढ़ने पर ध्यान नहीं दिया जाता। यह सबसे बड़ा नकारात्मक दृष्टिकोण है। यह सामूहिक जीवन में अशांति पैदा करने वाला और समस्या पैदा करने वाला होता है। हर व्यक्ति जो अपनी सुख-सुविधा पर ध्यान दे, उसे दूसरे की सुख-सुविधा पर भी ध्यान देना चाहिए।

सब जीव जीना चाहते हैं, मरना कोई नहीं चाहता। सब सुख-सुविधा चाहते हैं, कष्ट कोई नहीं चाहता। अगर मैं सुख सुविधा चाहता हूं तो दूसरा भी चाहता है। मैं अपने लिए सारा उपभोग करूं और उनकी सुख सुविधा पर ध्यान ही न दूं तो शांतिपूर्ण सहअस्तित्व कैसे होगा?

जहां शांति का जीवन है, वहीं सहिष्णुता को विकसित होने का मौका मिलता है, सहन करने की शक्ति बढ़ती है।

सकारात्मक दृष्टिकोण का छठा सूत्र है- मैं चाहता हूं दूसरे लोग मेरी प्रकृति को सहन करें तो मुझे भी दूसरे की प्रकृति को सहन करने का अभ्यास करना है। केवल दूसरों के लिए नियम बना दूं कि सब मुझे सहन करो। दूसरों को सहन

करने का प्रसंग हो तब यह बात गौण हो जाती है। एक आदमी यह चाहे कि दूसरे मुझे सहन करें तो साथ-साथ वह यह भी सोचे कि मैं भी इनको सहन करूं। एक साधु को किसी दूसरे साधु के सहयोग की अपेक्षा है। उस समय वह सीधा कहे कि तुम मेरा यह काम कर दो। सामने वाले को यह निर्देश अप्रिय लगता है। वह कह देता है कि अभी मेरे पास समय नहीं है। मैं तुम्हारा काम कैसे करूं? इस संदर्भ में आगमकार ने बहुत सुंदर निर्देश दिया- आदेश की भाषा में मत बोलो। उससे कहो- मेरा एक काम है। मुझे तुम्हारे सहयोग की अपेक्षा है। क्या तुम मेरा सहयोग कर सकते हो? बड़ी कृपा होगी अगर मेरा सहयोग करोगे। वह कहेगा- जरूर करूंगा। काम समान है। एक कठोर भाषा का प्रयोग करता है और एक कौशल के साथ मृदुता से अपनी बात को रखता है। मधुर भाषा से प्रभावित होकर जिसके पास समय नहीं है, वह भी सहयोग देने के लिए तैयार हो जाएगा। क्योंकि वचन भी वशीकरण मंत्र है। मंत्र शास्त्र में वशीकरण का प्रयोग चलता है। किसी व्यक्ति ने वशीकरण मंत्र साधा या नहीं साधा, किंतु जिसने मृदु भाषा को समझ लिया और जो उसका प्रयोग करता है, उसका निश्चित ही वशीकरण मंत्र सिद्ध हो गया। फिर उसकी बात का कोई अतिक्रमण नहीं करता। जो रूखी भाषा में बोलता है, कठोर भाषा में बोलता है आदेश की भाषा में बोलता है, तत्काल मन में तर्क पैदा हो जाता है, प्रतिक्रिया होती है, व्यक्ति उसको सहन नहीं कर पाता।

सकारात्मक दृष्टिकोण के इन छः बिंदुओं पर हम ध्यान दें तो हमारी सहन करने की शक्ति और अधिक विकसित हो सकती है और उसका व्यावहारिक रूप भी सामने आ सकता है। सहिष्णुता का व्यावहारिक रूप न बने, केवल सहन करने की शक्ति का सिद्धांत बने तब तक विकास नहीं हो सकता। इन छह सूत्रों का चिंतन और अवधारणा हृदयंगम हो जाए तो सकारात्मक दृष्टिकोण पुष्ट होता है। जिसका दृष्टिकोण सकारात्मक बन गया, वह व्यक्ति सहन करने में समर्थ होता है और दूसरों को भी समर्थ बना सकता है।

सहिष्णुता का विकास हुआ या नहीं हुआ, उसके लिए कुछ व्यावहारिक प्रयोग भी हैं, जिनसे पता लगता है कि सहिष्णुता का विकास हो रहा है। जो किसी के द्वारा सीख या उपालंभ दिये जाने पर, त्रुटि बतलाने पर 'तहत्' शब्द का उच्चारण करता है उसमें सहिष्णुता का विकास हुआ है। यह सहिष्णुता के विकास का पहला बिंदु है।

पिता ने पुत्र को सीख दी, भाई ने भाई को सीख दी, सास ने बहू को सीख दी या धर्मसंघ की दृष्टि से देखें तो अपने सहवर्ती को या दीक्षा पर्याय में जो

ज्येष्ठ है उसने छोटे को सीख दी। एक सीख देने का प्रसंग है और दूसरा त्रुटि होने पर उपालंभ देने का प्रसंग है। किसी से भूल हो गई, त्रुटि हो गई, तुमने ऐसा काम क्यों किया। उस समय आप जो कह रहे हैं, वह ठीक है अथवा 'तहत्' शब्द का उच्चारण करता है तो मानना चाहिए कि सहिष्णुता आत्मसात् हो रही है। अगर सहिष्णुता नहीं है तो उस समय ठीक है, यह शब्द नहीं निकलेगा, उसमें भिन्न प्रतिक्रिया हो जाएगी।

पिता ने पुत्र को उपालंभ दिया कि तुम बहुत घूमते रहते हो। अब घर से बाहर कहीं नहीं जाना है। पलंग पर बैठ गया, पर मन में तीव्र प्रतिक्रिया हुई। स्कूल का समय हुआ। पुत्र पिता ने कहा- क्या कर रहे हो? स्कूल नहीं जाना है? पुत्र बोला- आपने ही कहा था कि घर से बाहर कहीं नहीं जाना है।

यह प्रतिक्रियात्मक व्यवहार है। जो व्यक्ति सीख और उपालंभ देने पर उसे सम्यक् ग्रहण करता है, उस समय यह कहता कि आपने जो कहा, वह ठीक है तो मानना चाहिए- इससे व्यक्ति में सहिष्णुता का विकास हो रहा है। उपालंभ के समय दूसरे की कमी देखने का प्रयत्न करता है तो मानना चाहिए- सहिष्णुता की शक्ति का विकास नहीं हो रहा है।

सहिष्णुता के विकास के मूल्यांकन की यह एक कसौटी है। इस कसौटी पर व्यक्ति स्वयं को कसता रहे तो सहिष्णुता के संवर्धन की साधना पुष्ट होती रहेगी।

7

सहिष्णुताः विकास के प्रयोग

सहिष्णुता का अर्थ है सहन करना और असहिष्णुता का अर्थ है सहन न करना। सब लोग मानते हैं कि सहिष्णुता आवश्यक है और चाहते हैं कि सहिष्णुता का विकास हो। विकास चाहने वालों का नहीं होता, यह तो एक समस्या है। इस पर विचार करना चाहिए कि कहां अवरोध है? कहां बाधा है? सहिष्णुता का विकास क्यों नहीं हो रहा है?

सहिष्णुता एक भावात्मक शक्ति है। भाव इन्द्रिय चेतना और मन से परे होता है। मन भाव से संचालित होता है और इन्द्रियां भी भाव से संचालित होती हैं। भाव सबसे ऊपर है। हम उसके बाधक तत्त्वों पर विचार करें।

सबसे पहले शारीरिक दृष्टि से विचार करें। जिस व्यक्ति का लीवर ठीक काम नहीं करता, वह चिड़चिड़ा हो जाता है। लीवर ठीक काम करता है तो स्वभाव भी अच्छा रहता है। हमारे शरीर के अवयवों के साथ हमारा स्वभाव जुड़ा हुआ है। लीवर का फंक्शन यदि सही नहीं होता है तो असहिष्णुता आ जाती है। जब आंते ठीक काम नहीं करती, तब व्यक्ति उदास, बैचेन हो जाता है, उसकी सहन करने की शक्ति कम हो जाती है। जो व्यक्ति सहिष्णुता का विकास करना चाहे उसे अपने शारीरिक स्वास्थ्य पर भी ध्यान देना जरूरी है। जब सहन करने की शक्ति कम लगे तो सोचना चाहिए कि कहीं मेरे शरीर के अवयवों में कोई विकृति तो नहीं हुई है, कोई दोष तो नहीं आया है?

तत्त्व शास्त्रीय दृष्टि से विचार करें। तत्व विद्या भारत की महत्त्वपूर्ण विद्या रही है। उसमें पांच तत्व माने गए हैं- पृथ्वी, जल, अग्नि, वायु और आकाश। अग्नि तत्व अधिक बढ़ जाता है तो सहन करने की शक्ति कम हो जाती है। इसलिए उस व्यक्ति को भोजन पर ध्यान देना चाहिए। उसे वह भोजन नहीं करना चाहिए, जिससे अग्नि तत्व का उद्दीपन हो, जिससे सहन करने की शक्ति घट जाए और वासना बढ़ जाए। आहार का विवेक आवश्यक है जिससे शरीर में अतिरिक्त गर्मी न बढ़े। अतिरिक्त गर्मी बढ़ने से समस्याएं पैदा होती हैं। वायु तत्त्व बढ़ गया तो भी सहन करने की शक्ति बहुत कमजोर हो जाती है। आहार में वायु और अग्नि का संतुलन होना चाहिए। अग्नि तत्व को बढ़ाने वाला आहार न हो

और वायु तत्त्व की अति करने वाला आहार न हो, संतुलित आहार हो। ज्यादा, मिर्च ज्यादा मसाले, ज्यादा नमक, लहसुन आदि के प्रयोग भी समस्याएं पैदा करते हैं।

स्वभाव और आहार का संबंध, स्वभाव और तत्त्व का संबंध, स्वभाव और हार्मोन का संबंध- इन सारे कारक तत्त्वों को समझकर सहिष्णुता पर अच्छा विचार कर सकते हैं। सहिष्णुता केवल उपदेश से नहीं बढ़ेगी। 'सहन करने की शक्ति का विकास करो'- यह वक्ता ने कहा और श्रोता ने मान लिया, इतने मात्र से बात पूरी नहीं होगी। सहिष्णुता का विकास करना है तो इन कारक तत्त्वों का अनुशीलन अपेक्षित है। यदि आहार का विवेक नहीं है, जैविक रसायनों की जानकारी नहीं है, स्वभाव की उद्‌दीपना के कारणों की जानकारी नहीं है तो उसका विकास नहीं हो सकता।

तत्व विद्या के अनुसार हमारी पांच अंगुलियां हैं- कनिष्ठा जल तत्त्व, अनामिका पृथ्वी तत्त्व, मध्यमा आकाश तत्व, तर्जनी वायु तत्त्व और अंगुष्ठ अग्नि तत्त्व की प्रतीक है। इनके योग से भी असहिष्णुता को कम किया जा सकता है। जब यह लगे कि सहन करने की शक्ति कम है तब हम यह प्रयोग करें। जल तत्त्व अग्नि तत्त्व को शांत करने वाला है, उत्तेजना को शांत करने वाला है। अगर इसका आधा-पौन घंटा प्रयोग करें तो सहिष्णुता की शक्ति में काफी अंतर आ सकता है, गर्मी भी कम हो सकती है। लोग कहते हैं दिमाग गर्म हो गया, अब मैं सहन नहीं कर सकता। दिमाग ठंडा क्यों नहीं रहा? कारण स्पष्ट है कि अग्नि तत्त्व बढ़ गया, दिमाग गर्म हो गया। गर्म दिमाग में ही उत्तेजना होती है इसलिए हर दृष्टि से यह उचित माना गया कि दिमाग ठण्डा रहे। सामान्य कहावत भी चलती है कि पैर गर्म रहे और दिमाग ठण्डा। दवा लेने वालों को विचार करना चाहिए कि ऐसी दवा जो बहुत गर्म होती है, जो स्वभाव को बिगाड़ती है, दिमाग को गर्म करती है और जिससे आवेश, उत्तेजना और वासनाएं बढ़ती हैं, उससे परहेज करना चाहिए। कभी कोई असावधानी होती है तो समस्या पैदा हो जाती है। जब ऐसा प्रतीत हो कि यह समस्या है तो तत्काल उसे छोड़ देना चाहिए।

एक वस्तु पर विचार करने के लिए कितने पहलुओं से सोचना होता है। परिवर्तन सरल काम नहीं है। भाव की उत्पत्ति जटिल है तो परिवर्तन का कार्य सरल कैसे होगा? उत्पत्ति में जटिलता है और परिवर्तन में भी जटिल समस्याएं हैं। सब समस्याओं पर विचार कर कार्य करें तो सब कछ ठीक होता है। हमें सबसे ज्यादा ध्यान देना है गले से लेकर सिर तक। यह स्थान महत्त्वपूर्ण है। गला मन का स्थान है। उससे ऊपर का स्थान भावों का स्थान है, भावों का केन्द्र है।

एक आदमी उदास बैठा है। दूसरे ने देखा कि यह आदमी उदास है। किसी ने पैर देखा, उसे क्या पता लगेगा? किसी ने हाथ देखा उसे क्या पता लगेगा? किसी ने मुंह देखा तो पता लग गया। आदमी कहता है उदास कैसे हो? यह पता किससे लगा? न हाथ से लगा, न पैर से, न पेट से, न गले से लगा, किन्तु मुंह देखने से लगा।

भावों का दर्पण है हमारा मुंह। क्रोध का भाव, अहंकार का भाव, माया का भाव, कपट का भाव, लोभ का भाव, घृणा का भाव- इन सारे भावों की पहचान केवल मुंह देखने से होती है। मुंह से पता लगता है, इंद्रियों से पता चलता है। इसका अर्थ हुआ है कि जैसे शरीर में चैतन्य केन्द्र हैं वैसे ही भावों के चैतन्य केन्द्र भी हैं। वे शरीर के ऊपरी भाग में हैं, नीचे नहीं हैं। इंद्रियों का स्थान भी मुंह में है। एक आदमी में हर्ष है देखते ही पता लग जाएगा। आंख को देखो, दांत को देखो, मुंह को देखो, पता लग जाएगा। आंख को देखो, मुंह को देखो, पता लग जाएगा कि कितना हर्षोत्फुल्ल है। शोक में है उसका भी पता लग जाएगा। हम इसे बाहरी लक्षण से पकड़ सकते हैं कि भाव का मुख्य केन्द्र है गले से ऊपर का भाग, जहां भावों का प्रतिबिम्ब दिखाई देता है।

जो व्यक्ति दर्शनकेन्द्र, ज्योतिकेन्द्र, शांतिकेन्द्र और ज्ञानकेन्द्र इन चार केन्द्र पर ध्यान का प्रयोग करता है, उसमें अनेक सकारात्मक भाव जन्म लेते हैं। सहिष्णुता का भाव भी उसमें जन्म ले सकता है। नीचे के केन्द्र उसके लिए जिम्मेदार नहीं हैं। अगर हम मेडिकल साइंस की दृष्टि से विचार करें तो भाव का मुख्य केन्द्र है हाइपोथेलेमस, जहां भाव जन्म लेते हैं। हाइपोथेलेसम से जुड़ी हुई ग्रंथियां हैं, पीनियल और पिट्यूटैरी, जो सब ग्रंथियों पर अपना नियंत्रण रखती हैं। पीनियल ग्लैण्ड के बारे में बहुत कम जानकारी हो पाई है। प्रेक्षाध्यान के संदर्भ में अनुभव किया कि यह ग्रंथि हमारी भावधारा से बहुत जुड़ी हुई है। दर्शनकेन्द्र, ज्योति- केन्द्र, शांतिकेन्द्र ये सब पिट्यूटैरी और पीनियल ग्रंथि को प्रभावित करते हैं और ज्ञानकेन्द्र हाइपोथेलेमस को प्रभावित करता है। जिस गुण का हमें विकास करना है उसके लिए इन केन्द्रों पर ध्यान करें या सुझाव दें, तो उसमें परिवर्तन की संभावना प्रबल हो जाती है। हम दर्शनकेन्द्र पर ध्यान करते हैं तो उससे पिट्यूटैरी ग्रंथि प्रभावित होती है, एक परिवर्तन होता है। हमारा भावात्मक परिवर्तन, आदतों को बदलना, स्वभाव को बदलना, आदतों में काट-छांट करना और नई आदतों का प्रत्यारोपण करना- ये सारे कार्य आज्ञा चक्र, प्रेक्षाध्यान की भाषा में दर्शन केन्द्र से प्रारंभ होते हैं।

कायोत्सर्ग की मुद्रा में बैठ गए। शरीर को बिल्कुल ढीला छोड़ दिया। कंठ का भी कायोत्सर्ग कर लिया, कंठ को बिलकुल शिथिल कर दिया। कंठ का

शिथिलीकरण बहुत जरूरी है। पूरे शरीर का कायोत्सर्ग करते हैं वैसे ही कंठ का कायोत्सर्ग भी किया जाता है। कंठ पर ध्यान केन्द्रित किया और कंठ को बिल्कुल ढीला छोड़ दिया। इसका अर्थ है मन को शिथिल कर दिया और मौन भी कर लिया, वचन भी शिथिल हो गया।

मौन का एक अर्थ है न बोलना। मौन का दूसरा अर्थ है स्वर यंत्र को शिथिल कर देना। न बोलना स्थूल मौन है। इसे उपचार से मौन कहते हैं। बोलने में जो शक्ति खर्च होती है वह तो मौन नहीं होती इसलिए पूरा लाभ नहीं होता। पूरा मौन कब होता है? जब स्वर यंत्र शिथिल हो जाता है तब पूर्ण मौन होता है। एक आदमी मौन कर रहा है, साथ-साथ खूब सोच रहा है, उसका स्वर यंत्र काम कर रहा है, भाषा काम कर रही तब पूरा मौन नहीं होता। जिसको काष्ठ मौन कहते हैं यानी परमकोटि का मौन, वह है स्वर यंत्र को निष्क्रिय कर देना।

पूरे शरीर का कायोत्सर्ग और कंठ का कायोत्सर्ग कर लिया। इससे मन की शिथिलता हो गई, वचन की शिथिलता हो गई और काया की शिथिलता भी हो गई। इस स्थिति में दोनों भृकुटियों के बीच जो दर्शनकेन्द्र का स्थल है वहां ध्यान जमाएं। पहले एक मिनट धारणा में लगाएं, उस स्थान पर मन को टिंकाएं। जब तक ध्यान को एक बिन्दु पर केन्द्रित नहीं करेंगे, मन ज्यादा चंचल रहेगा।

पतञ्जलि ने कहा- चित्त को एक स्थान पर बांध दो। जैसे बछड़े को खूंटे पर बांधा जाता है। चित्त को एक केन्द्र पर केन्द्रित करने के बाद दीर्घश्वास के साथ संकल्प करो कि सहिष्णुता की शक्ति का विकास हो रहा है। तीन बार इसको दोहराओ। इस संकल्प को दर्शन केन्द्र के भीतर ले जाओ। फिर बोलो मत, भीतर देखो, गहराई से देखो और यह अनुभव करो कि सहिष्णुता की शक्ति का विकास हो रहा है। यह संकल्प भीतर लिखा हुआ है। इसे धीरे-धीरे पढ़ते रहो, जैसे छोटा बच्चा अ, आ, इ, ई धीरे-धीरे पढ़ता है। उस संकल्प को भीतर सूक्ष्म बना दो। जैसे-जैसे संकल्प सूक्ष्म बनेगा वैसे-वैसे हमारे भीतर प्रवेश होगा।

जो व्यक्ति सहिष्णुता की शक्ति बढ़ाना चाहता है वह पांच मिनट, दस मिनट अभ्यास करते-करते आधा घंटा तक दर्शन केन्द्र पर प्रयोग करे। तीन महीने तक निरंतर प्रयोग करे। फिर वह अनुभव करेगा कि प्रयोग से सचमुच सहिष्णुता का विकास हो रहा है। प्रयोग के बिना केवल वाचिक आंदोलन से अथवा वाचिक मंथन से उसका विकास नहीं होता है। यह प्रयोग एड्रिनल ग्रंथि को भी प्रभावित करता है, एड्रिनल के स्राव को भी कम करता है और उत्तेजना को भी कम करता है। इस प्रयोग से सारी स्थितियां बदलती है। दर्शन केन्द्र का ध्यान शक्ति विकास के लिए और सहिष्णुता के विकास के लिए बहुत महत्त्वपूर्ण प्रयोग है।

दर्शन केन्द्र, ज्योतिकेन्द्र, शांतिकेन्द्र और ज्ञानकेन्द्र- ये चार मुख्य केन्द्र हैं, जहां ध्यान कर हमारे नकारात्मक भावों- असहिष्णुता, अहंकार, छल, कपट, लोभ, अतिलोभ, घृणा, भय, अतिभय, वासना, अतिवासना का परिष्कार किया जा सकता है। परिष्कार करने के ये साधन हैं। ध्यान का एक महत्त्वपूर्ण प्रयोग सहिष्णुता की अनुप्रेक्षा, जो बहुत प्रचलित है। उसका भी हम प्रयोग कर सकते हैं।

असहिष्णुता के कारण व्यक्ति सही काम नहीं करता। एक लड़के में सहन करने की शक्ति नहीं थी, बार-बार गुस्सा करता, लड़ाई-झगड़ा करता। जहां ज्यादा उत्तेजना होती है वहां शरीर के अवयव खराब हो जाते हैं। पिता ने बहुत समझाया किंतु उस पर कुछ भी असर नहीं हुआ। एक दिन पिता भी गुस्से में आ गया और बोला- आदत को बदलो, नहीं बदलेगा तो चांटा खाएगा। लड़का बोला- पिताजी! वैद्यजी ने मना किया है कि दूध के सिवाय कुछ भी नहीं खाना है। मैं चांटा कैसे खाऊंगा?

सारी सोच नकारात्मक हो जाती है। वह ठीक बात को सोच नहीं पातां

सहन करने की शक्ति का विकास करने के लिए फिर एक बार सारी स्थिति को देखें, सोचें- हमें किन-किन बातों पर ध्यान देना है। चैतन्यकेन्द्र प्रेक्षा का प्रयोग करना है, सहिष्णुता की अनुप्रेक्षा का प्रयोग करना है और आहार का विवेक करना है। जो लोग धर्म की बड़ी-बड़ी बातें करते हैं, आहार के बारे में कुछ नहीं जानते, वे लोग साधना की गहराई में नहीं जा सकते। उनकी साधना मात्र व्यावहारिक होती है, भावात्मक नहीं। केवल द्रव्य क्रिया से जो फल मिलना चाहिए, वह नहीं मिलता। सफलता और सिद्धि का सूत्र है भाव क्रिया। हम भावना और संकल्प के साथ प्रयोग करें, सफलता और सिद्धि का साक्षात्कार होगा।

8

विनम्रता की पृष्ठभूमि

समस्याएं दो प्रकार की होती हैं- बाहरी समस्या और भीतरी समस्या। असहिष्णुता भीतरी समस्या है पर वह अकेली नहीं आती। समस्याओं का भी आपस में समझौता होता है। दो का गठबंधन है। अहंकार और क्रोध का परस्पर बहुत गहरा समझौता है। दोनों परस्पर एक दूसरे को निभा रहे हैं। क्रोध के कारणों पर विचार करें तो उसका बहुत बड़ा कारण है अहंकार। जिस व्यक्ति में अहंकार की मात्रा ज्यादा होती है उसमें क्रोध आने का अधिक प्रसंग रहता है।

परिवार में, संगठन में, समुदाय में, संस्थाओं में अवरोध होता है। अहिंसा यात्रा के दौरान बहुत लोगों से पूछा गया है कि यह अवरोध क्यों है? समस्या क्यों है? एक ही उत्तर मिला-ईगो प्रोब्लेम है, अहंकार की समस्या है। अहंकार मनुष्य की प्रकृति है। प्रकृति इसलिए कि क्रोध, माया, लोभ- ये सब बाद में होते हैं, अहंकार का स्थान पहला है। छोटे से छोटे प्राणी में भी अहंकार होता है।

बहुत प्रसिद्ध कथा है। दो चींटियां आपस में बतिया रही थीं। एक चींटी बोली- हाथी आ रहा है और मन होता है कि हाथी से लड़ाई कर उसे गिरा दें। दूसरी चींटी बोली- इसमें क्या खास बात है। तुम्हारी इच्छा है तो लड़ो। पर एक बात सोच लो कि हम दो हैं और हाथी बेचारा अकेला है। वह लड़कर क्या करेगा?

चींटी में भी अहंकार है कि हम दो हैं और वह अकेला है। हमसे कैसे जीतेगा। एक छोटे प्राणी टिट्टिभ में भी अहंकार है। संस्कृत साहित्य का प्रसंग है कि टिट्टिभ सोता है तो रात को पैर ऊपर रखता है। किसी कवि ने पूछा होगा कि ऐसा क्यों करते हो? सोते समय तो नीचे रहना चाहिए? पैर ऊपर क्यों? उसने उत्तर दिया कि तुम समझते नहीं हो। रात के समय सारी दुनिया सो जाती हैं, सब निश्चिंत रहते हैं, अगर उस समय आकाश गिर जाए तो दुनिया का क्या होगा। मैं पैर इसलिए ऊपर रखता हूं कि आकाश गिरे तो उसको थाम लूं और दुनिया को कोई कष्ट न हो।

मैंने छोटे-छोटे प्राणियों का अध्ययन किया। एक कुत्ता बैलगाड़ी के नीचे चल रहा था। दूसरा कुत्ता मिला, पूछा कि भैया! आज क्या कर रहे हो? ऐसे क्यों

गाड़ी के नीचे चल रहे हो? कुत्ता बोला- अरे, तुम्हें पता नहीं कि मैं चलता हूं तभी तो गाड़ी चल रही है। मेरे भरोसे ही गाड़ी चल रही है। मैं बाहर आ जाऊं तो पता नहीं क्या होगा?

एक कुत्ते में भी अहंकार है। चींटी से लेकर किसी भी प्राणी की समीक्षा करो उसमें भी अहंकार मिलेगा। एक छोटे बच्चे में भी अहंकार है। बच्चा मनवाना चाहता है, मां नहीं मानती। ऐसा रूठता है कि मनाना मुश्किल हो जाता है। छोटे बच्चे में भी अहंकार है, बड़े में भी अहंकार है। एक शिक्षित आदमी में भी अहंकार है और अनपढ़ में भी अहंकार है। आध्यात्मिक दृष्टि से विचार करें तो अहंकार विकृति है। पर व्यवहार के क्षेत्र में देखें तो ऐसा लगता है कि अहंकार मनुष्य की एक प्रकृति बना हुआ है, स्वभाव बना हुआ है। इसी का एक परिष्कृत रूप बना स्वाभिमान।

अहंकार ने कितनी समस्याएं पैदा की हैं। क्रोध ने मनुष्य जाति को विभक्त नहीं किया। क्रोध के आधार पर मनुष्य का विभाजन नहीं हुआ। अहंकार के आधार पर मनुष्य जाति का विभाजन हुआ है। अहंकार के आठ स्थान बतलाए गए हैं। आठ का निर्देश है, आठ सौ भी हो सकते हैं, पर आठों ही बड़े महत्त्वूपर्ण हैं।

एक है जाति का अहंकार। सारा जातिवाद उसी पर पनपा है। एक अपने को ऊंची जाति का मानता है और दूसरे आदमी को नीची ज़ाति का मानता है। एक का विभाजन हो गया। मनुष्य जाति बंट गई, एक ऊंची जाति का दूसरा नीची जाति का। जाति के आधार पर जातिवाद का बवंडर खड़ा हो गया। जातिवाद ने हिंदुस्तान को बहुत हानि पहुंचाई है, आज भी पहुंचा रहा है। शायद राजस्थान में अब इतना जातिवाद का प्रवाह नहीं रहा, किंतु बिहार जैसे प्रांत में आज भी कोई दलित या हरिजन जाति का दूल्हा घोड़ी पर चढ़कर जाता है तो सामंत लोग नीचे उतार देते हैं। वह घोड़ी पर नहीं चढ़ सकता, यह सारा अहंकार है। अहंकार ने समस्या पैदा की है। अहंकार ने समाज को जोड़ा नहीं, तोड़ा है। अगर अहंकार की समस्या का समाधान होता तो शायद हिंदुस्तान अखण्ड रह जाता। आज उसके टुकड़े-टुकड़े हो गये। उसके पीछे कारण है अहंकार की समस्या। जाति का अहंकार मनुंष्य को विभक्त कर देता है, टुकड़ों में बांट देता है।

दूसरा है- कुल का अहंकार। एक नीचे कुल का, दूसरा ऊंचे कुल का। हमारे समाज के प्रबुद्ध लोगों ने भी अहंकार के कारण कुल को लेकर ओसवाल को बांटना शुरू कर दिया। पता नहीं इतना अहंकार कहां से आया। दसा और बीसा- ये शब्द कुल के अहंकार से जन्में हैं। दोनों में दूरी है एक में बड़प्पन

की भावना है और दूसरे में हीन भावना। दसा और बीसा का संघर्ष अनेक बार सामने आता है। इससे आगे पांचा, ढाया और सवाया नहीं किया, यह भी कम बात नहीं है। आदमी को इतना बांट दिया कि आज भी एक समाज के सब लोग एक साथ नहीं बैठ सकते, भोजन नहीं कर सकते। कारण है कि यह अमुक है वह अमुक्र है। इस वैज्ञानिक और बौद्धिक युग में भी जातिवाद का भूत सवार होने का कारण स्पष्ट है और वह है अहंकार। अहंकार का सारा विस्तार दिखाई दे रहा है।

तीसरा है रूप का अहंकार। एक आदमी बहुत सुंदर है, उसे अपने सौंदर्य का गर्व होता है। वह व्यर्थ है। व्यर्थ इसलिए है कि जिस व्यक्ति को आज से पचास-साठ वर्ष पहले मैंने देखा कि कितना सुंदर है, आज देखता हूं कि कितना कुरूप है। उसके क्या हो गया, पहचाना नहीं जा सकता कि यह वही व्यक्ति है। फिर किस बात का अहंकार करें यह तो नष्ट होने वाली चीज है। आज विद्यमान है, पता नहीं थोड़े समय के बाद क्या हो।

सनत्कुमार चक्रवर्ती को अपने रूप का अहंकार था। कोई बूढ़ा आदमी ब्राह्मण के रूप में आया। आकर प्रहरी से बोला- मैं चक्रवर्ती से मिलना चाहता हूं, दर्शन करना चाहता हूं। वह बोला- अभी तो समय नहीं है। राज्यसभा में जाएंगे उस समय दर्शन कर लेना। बोला- मैं तो उनके दर्शनों के लिए बहुत आतुर हूं। तुम मेरी भावना चक्रवर्ती तक पहुंचा दो। वह कोई दयालु आदमी था। चक्रवर्ती के पास भावना पहुंचा दी- 'महाराज! कोई आदमी आया है, बहुत बूढ़ा है और वह कहता है कि मैं चक्रवर्ती के रूप को देखने आया हूं। मैं चला तब जवान था और चलते-चलते बूढ़ा हो गया। इतनी दूर से आया हूं।' यह सुना तो चक्रवर्ती का दिल पसीज गया। कहा- उसे आने दो। वह आया, रूप को देखा, स्तब्ध रह गया और बोला- ऐसा रूप मैंने कभी नहीं देखा। कितना बढ़िया, कैसा महान रूप है।

जब-जब आदमी अपनी प्रशंसा सुनता है, तब तब उसके अहंकार को पनपने का मौका मिलता है। साधक को बहुत ज्यादा प्रशंसा नहीं सुननी चाहिए। वह प्रशंसा और स्तुति ज्यादा सुनता है तो समस्या पैदा होती है। इसलिए मेरा यह मत है कि यथार्थ का निरूपण करना चाहिए। प्रशंसा की बात ज्यादा नहीं आनी चाहिए।

एक बार विनोबाजी को महात्मा गांधी का पत्र मिला। उन्होंने पढ़ा और फाड़कर फेंक दिया। सबको बड़ा आश्चर्य हुआ। बोले- महात्मा गांधी का पत्र मिला और फाड़ कर फेंक दिया। कार्यकर्त्ताओं ने पूछा- आपने यह क्या किया?

महात्मा गांधी का पत्र आपने फाड़कर फेंक दिया? बोले- काम का नहीं, निकम्मा पत्र है। यह सुनकर और आश्चर्य हुआ कि महात्मा गांधी का पत्र है और निकम्मा पत्र! कार्यकर्त्ताओं ने पत्र को जोड़ा, पढ़ा तो बोले- यह तो बहुत काम का है। विनोबाजी ने कहा- नहीं, यह निकम्मा है। इसमें गांधीजी ने मेरी प्रशंसा कर दी, मैं वैसा नहीं हूं। यह मुझे आगे ले जाने वाला नहीं, पीछे ले जाने वाला है, इसलिए मैंने फाड़कर फेंक दिया।

साधक वह होता है, जो प्रशंसा से दूर रहे। साधु बन जाने पर भी यह भावना रहे कि यह पुस्तक छपे, यह लेख छपे, मेरा नाम आए, तो समझना चाहिए कि साधुता में कमी है। अभी साधुता में पूरा पका नहीं है। कच्चाई रह गई। सबके लिए जरूरी है काम करना। कार्य का विज्ञापन हो सकता है पर व्यक्ति का विज्ञापन नहीं होना चाहिए। मुझे यह भी बहुत अटपटा लगता है कि थोड़ा कुछ होने पर भी आचार्य का फोटो छाप देते हैं। मैंने पहले भी अनेक बार कहा- यथासंभव हमारा फोटो तो छापा ही न जाए। हर पैम्फ़लेट, हर किसी पत्र में फोटो छाप देते हैं। फोटो के साथ विडंबना हो गई। कहां फोटो का उपयोग करना चाहिए, वह एक अलग बात है। पर बात-बात में फोटो ही फोटो, इसका मतलब है कि उसका मूल्य और कम कर दिया। मूल्यवत्ता हर बात में नहीं आती। कहीं कोई बहुत बड़ा काम है, कहीं कोई प्रसंग है तो फोटो दे दिया। समाचार पत्रों में ज्यादा फोटो देना, छपाना यह साधक के लिए अच्छा नहीं है और साधुता के लिए भी अच्छा नहीं है। इससे कहीं न कहीं थोड़ी बाधा पैदा हो सकती है। फोटो, विज्ञापन आदि का भी संयम होना चाहिए और विवेकपूर्वक काम करना चाहिए।

आदमी जब अपनी प्रशंसा सुनता है तो अहंकार आ जाता है। जब ब्राह्मण ने कहा- अलौकिक, अद्भुत रूप है। मैं चलते-चलते बूढ़ा हो गया, मुझे इसकी चिंता नहीं है। आज मेरी चिंता समाप्त हो गई और मेरा आना सार्थक हो गया। इस बात को सुन कर अहंकार का नाग फुफकारने लगा। चक्रवर्ती बोला- अरे ब्राह्मण! अभी क्या देखता है? अभी तो मैंने स्नान भी नहीं किया है, सज्जा भी नहीं की है। सारी सज्जा अभी बाकी है। जब मैं स्नान कर सज्जित, अलंकृत होकर राज्यसभा में बैठूंगा तब उस समय देखना कि रूप कैसा होता है। अहंकार प्रबल हो गया। घंटा-दो घंटा के बाद चक्रवर्ती सज्जित होकर राज्यसभा में गया और कहा- उस ब्राह्मण को बुलाओ। ब्राह्मण आया और देखा तो नाक भौंह सिकोड़ लिया।

चक्रवर्ती- 'कैसा मूर्ख है? पहले इतनी प्रशंसा की और अब नाक, भौंह सिकोड़ रहा है।'

ब्राह्मण- 'वह पानी नहीं रहा। महाराज! आपका सौंदर्य नष्ट हो गया। आपका रूप भी नष्ट हो गया।'

चक्रवर्ती- 'कैसे हो गया?'

ब्राह्मण- 'पीकदानी मंगाओ जरा थूको।'

पीकदानी में थूका, देखा, कीड़े बुलाबुला रहे हैं।

ब्राह्मण- 'महाराज! अब वह रूप कहां है, अब तो आपके शरीर में सौलह बड़े भयंकर रोग पैदा हो गए।'

वह कोई ब्राह्मण नहीं दिव्य आत्मा थी। किसी प्रयोजनवश इस रूप में आकर उसने कहा होगा। चक्रवर्ती ने अनुभव किया कि अहंकार ने समस्या पैदा कर दी है।

यह सही बात है कि जितने नकारात्मक भाव-क्रोध, अहंकार, लोभ आदि हैं, ये सब शरीर में विकृति पैदा करते हैं। सारे रोग शारीरिक नहीं होते। भावात्मक रोग ज्यादा होते हैं, मानसिक रोग ज्यादा होते हैं। वे ही शरीर में पैदा होते हैं। अहंकार के कारण चक्रवर्ती सनत्कुमार के भावात्मक रोग पैदा हो गया, शरीर में भयंकर बीमारियां पैदा हो गई।

अहंकार एक भारी समस्या है। मैं बहुत बार कहता हूं छोटी अवस्था में इतना अहंकार क्यों? अवस्था छोटी है, बौद्धिक विकास कम है, पर अहंकार आकाश को छूने लग जाता है। अहंकार आदमी को असहिष्णु बनाता है।

बल का अहंकार भी अच्छा नहीं है। मैंने ऐसे लोगों को भी देखा जो बल का अहंकार करते थे। एक समय के बाद उनका अहंकार काफूर हो गया। अवस्था के साथ स्थितियां बदलती है। शरीर का बल कमजोर होता है।

बल का अहंकार नहीं करना चाहिए। अभी है दस वर्ष का, बाद में क्या होगा? शरीर की, मन की स्थिति क्या होगी? कुछ कहा नहीं जा सकता। इसलिए बल का भी कोई अहंकार न हो।

ऐश्वर्य का भी अहंकार होता है। मेरे पास इतना वैभव है। मैं जो चाहता हूं मुझे मिल जाता है। मेरे पास कितनी अच्छी साध्वियां, रमणियां हैं और कितना काम हम करते हैं। इसका भी अहंकार होता है। पर यह अहंकार भी टिकने वाला नहीं है, समस्या पैदा करने वाला है।

ज्ञान और श्रुत का भी अहंकार होता है, बुद्धि का भी अहंकार होता है। मैं बैठता हूं और एक घंटे में सौ श्लोक याद कर लेता हूं।

चार प्रकार की बुद्धि होती है- औत्पत्तिकी, वैनयिकी, कार्मिकी, पारणामिकी। मेरी बुद्धि कितनी अच्छी है कि तत्काल मैं समझ लेता हूं। यह मनोभाव अहंकार

का निमित्त बनता है। श्रुत भी अहंकार का निमित्त बनता है मैंने कितनी पढ़ाई की है।

लाभ का भी अहंकार होता है कि मैं जाता हूं तो खाली हाथ नहीं आता। किसी ने कहा- तुम पढ़ो। उसको अपने लाभ का अहंकार था। मैं जो चाहता हूं वह मुझे मिल जाता है। फिर पढ़ने की क्या जरूरत है। अहंकार की भाषा में बोलने लगा-

'झोली पाया, पत्तर पाया, पाया गुरु का भेव।
खाली जावां भरकर आवां, कहा करे गुरुदेव॥

शक्ति का भी अहंकार होता है कि मैं शक्तिशाली हूं। सत्ता का भी अहंकार होता है। पहले कुछ नहीं था, सत्ता मिली, अहंकार में आ गया। यह भी देखा कि सत्ता में नीचे आया, सारा अहंकार चूर हो गया।

सैकड़ों वस्तुएं हैं जिनके कारण मनुष्य अहंकार में जाता है या वे वस्तुएं अहंकार पैदा करने का कारण बनती हैं।

बहुत बड़ी साधना है अहंकार का विलय। संत परंपरा में जैन संत, बौद्ध संत और वैदिक परंपरा के संत रहे हैं। उनकी अहंकार विलय की परंपरा रही है। उनका अपना कुछ भी नहीं है। संत तुकड़ोजी बहुत प्रसिद्ध संत थे। राष्ट्रपति राजेन्द्र बाबू के साथ उनका काफी संपर्क था। जब आचार्य तुलसी से मिले तो देखा कि कितने विनम्र संत हैं। किसी ने कह दिया कि आप में बहुत अधिक विनम्रता है। वे कहते- 'अरे! यह तो तुकड़ों दास है सबका, फिर अहंकार कहां से आएगा।' अपने आपको तुकड़ो दास कहते थे। यह परंपरा आगे भी बढ़ी है। एक संत जा रहा है। किसी ने कहा- ठहर जाओ, तो वह ठहर जाएगा। यह आदेश मानने की जरूरत नहीं थी, पर विनम्रता को यहां तक ले गए कि कोई मना कर दे तो काम नहीं करना। कुछ लोगों ने यहां तक विकास किया था। एक साधक व्यक्ति की पहली कसौटी है कि उसमें मार्दव का विकास कितना हुआ है? विनम्रता का कितना विकास हुआ है? अहंकार का प्रतीक है खंभा। गुरु से अहंकारी व्यक्ति शिक्षा नहीं ले सकता अर्थात् अकड़ कर रहने वाला शिक्षा ग्रहण नहीं कर सकता।

अहंकार विलय, मृदुता का व्यवहार, मार्दवपूर्ण व्यवहार हो। जो व्यक्ति शांति से जीना चाहे और दूसरों को जोड़ना चाहे, दूसरों के साथ मिलकर काम करना चाहे और यह चाहे कि यह मेरे साथ मिल सके हम एक हो सकें, जुड़ सकें और परस्पर में कटुतापूर्ण व्यवहार न हो, उन्हें अहंकार को मिटाने पर पहले ध्यान देना चाहिए। अहंकार प्रबल है तो साधना भी बहुत सार्थक नहीं होगी, सहिष्णुता

भी नहीं पकेगी। क्रोध को उपशांत रखना है तो पहले इस पर ध्यान दें कि अहंकार पर विजय करना है विनम्र और मृदु व्यवहार का विकास करना है।

विनम्रता एक पृष्ठभूमि है। अहंकार की शिला पर कभी कमल का फूल नहीं खिल सकता। यदि विनम्रता के कमल पुष्प को विकसित करना है तो हमें ऊर्वरा भूमि देखनी होगी, पानी देखना होगा, तालाब देखना होगा, शीतलता और मृदुता देखनी होगी। इन सारे संदर्भों पर विचार करें तो विनम्रता की पृष्ठभूमि को समझ सकेंगे।

9

विनय के प्रयोग

प्रत्येक चिंतनशील व्यक्ति विकास करना चाहता है। जैसा है वैसा नहीं रहना चाहता। विकास, गति, प्रगति, उन्नति- ये सारे बहुत प्रिय शब्द हैं। विकास वही व्यक्ति कर सकता है, जिसमें ग्रहणशीलता होती है, जो हर बात में अच्छाई को ग्रहण करता है। वह व्यक्ति विकास नहीं कर सकता, जो रूढ़ होता है। बस अब मुझे कहीं जाने की जरूरत नहीं है। मुझे तुम सलाह मत दो, मुझे किसी की सलाह की जरूरत नहीं है। इस प्रकार जिसमें चिंतन की रूढ़ता आ जाती है, वह व्यक्ति विकास नहीं कर सकता। विनय का मूल स्वभाव है ग्रहणशीलता है। विनीत व्यक्ति हर अच्छाई को ग्रहण करता है, उसमें कहीं अवरोध नहीं आता, उसमें अकड़न नहीं होती। अविनय के लिए अच्छे शब्द हैं उद्दण्डता और उच्छृंखलता है। वहां ग्रहणशीलता के दरवाजे बंद रहते हैं। व्यक्ति किसी की बात को सुनना भी नहीं चाहता।

मैं सब कुछ जानता हूं- यह सचाई की भाषा नहीं हो सकती, यह अहंकार की भाषा है। अहंकार में व्यक्ति ऐसा प्रयोग कर लेता है कि मैं सब जानता हूं मुझे क्या बताते हो। यह उद्दण्डता या स्तम्भता है। जो खंभें की भांति हो गया, उसने गतिशीलता को समाप्त कर दिया। जो गतिशील होता है वह आगे बढ़ता है, जो कुछ नया-नया देखता है, उससे ग्रहण करता है। विनम्रता को सीमित अर्थ में न मानें। विनम्रता का इतना ही अर्थ नहीं है कि हाथ जोड़ लिया, कुछ मीठी बात बोल दी, सिर झुका दिया। अगर विनम्रता इतनी छोटी है तो उसका बहुत ज्यादा मूल्य नहीं है। यह केवल औपचारिक नहीं है। विनम्रता है मन की, वाणी की और शरीर की प्रवृत्तियों की। उससे ऋजुता आती है, सरलता आती है, कहीं भी अवरोध नहीं आता।

विनम्रता का स्वरूप व्यापक है। स्थानांग सूत्र में विनय के सात प्रकार बतलाए गए हैं, जो विनम्रता का व्यापक दृष्टिकोण प्रस्तुत करते हैं-

ज्ञान विनय, दर्शन विनय, चरित्र विनय, मन विनय, वचन विनय, कार्य विनय और लोकोपचार विनय।

ज्ञान विनय

ज्ञान के प्रति विनम्र होना। यह एक अर्थ हो सकता है किंतु अगर इसकी आत्मा तक हम पहुंचने का प्रयत्न करें, तात्पर्य को जानने का प्रयत्न करें तो ज्ञान विनय का अर्थ है कहीं पर भी ज्ञान की सीमा को न बांधा जाना। ज्ञान अनंत है इसलिए ज्ञान का अहंकार न होना भी ज्ञान विनय है। ज्ञान को व्यापक स्वरूप में रखना, ज्ञान के प्रति हमारा विनम्र व्यवहार है। कभी भी यह अहंकार पैदा न हो कि मैं सब कुछ जानता हूं। यह ज्ञान का विनय है। ज्ञान असीम है। जब हम उसे सीमा में बांधते हैं तब ज्ञान का अविनय हो जाता है। ज्ञान को भी सीमा में न बांधें। आचार्य तुलसी बहुत बार कहते थे- 'हमने सबको सुधारने का ठेका नहीं लिया, हम ठेकेदार नहीं हैं, हम विनम्रता से बताते हैं कि मार्ग अच्छा है जो चलना चाहे वह इस पर चले। हमारी ओर से इतना ही विनम्र प्रयत्न हो सकता है।' हम एकदम कायापलट कर देंगे, सारी दुनिया को बदल देंगे, प्रेक्षाध्यान से सब बदल जाएंगे, जीवन विज्ञान से सब बदल जाएंगे- इस प्रकार की अहंकारयुक्त भाषा भी ज्ञान का अविनय है। हमें ज्ञान के प्रति बहुत विनम्र रहना चाहिए।

दर्शन विनय

दृष्टिकोण के प्रति भी विनम्र रहना। मेरा दृष्टिकोण सही है, तुम्हारा गलत है। यह दृष्टिकोण का अविनय है। हम यह कह सकते हैं कि मेरा यह दृष्टिकोण है आपको क्या लगता है आप बताएं। अच्छा होगा तो मैं उसे स्वीकार करूंगा। यह दर्शन के प्रति विनम्रता है। एक सीमा बांध ली कि मेरा ही ठीक है, यह आग्रह दर्शन का अविनय है। अहंकार आग्रह पैदा करता है इससे व्यक्ति आग्रही बन जाता है। आग्रह ज्ञान के कारण नहीं बनता, दृष्टिकोण के कारण नहीं बनता, अहंकार के कारण बनता है। आग्रह के कारण व्यक्ति को प्रतीत होता है कि मैं जो सोचता हूं वह ठीक है, मैं जो करता हूं वह ठीक है, मैं जैसे चलता हूं वह ठीक है, मैं जैसे खाता हूं वह ठीक है। हर बात में आग्रह हो जाता है और वह आग्रह समस्या पैदा करता है, पारस्परिक कटुता भी पैदा करता है। किसी व्यक्ति में यह आग्रह न हो कि मैं जो करता हूं वही ठीक है। जहां भय का अतिक्रमण होता है अपेक्षा का अतिक्रमण होता है और आग्रह की भाषा आती है, वहां परस्पर विवाद खड़ा हो जाता है।

चरित्र विनय

आचरण के प्रति विनम्र होना। हर आदमी जो स्वयं आचरण करता है, उसको अच्छा मानता है। यह ठीक बात है कि उसे अपने आप पर विश्वास है और उसे

वह अच्छा मानता है। किंतु उसके आधार पर दूसरे व्यक्तियों द्वारा किये जाने वाले आचरण को गलत मानता है और उसके प्रति उद्दण्ड व्यवहार करता है, यह अशोभनीय बात है, विनम्रता की मर्यादा का अतिक्रमण है। प्रायः एक मनोवृत्ति होती है कि व्यक्ति दूसरे के व्यवहार को पसंद नहीं करता। शायद इसीलिए सांप्रदायिक झगड़े होते हैं। हिन्दू लोग दिवाली मनाते हैं, होली मनाते हैं तो शायद इतर लोगों को पसंद नहीं आती। मुसलमानों का ताजिया है तो किसी दूसरे को पसंद नहीं आता। यह चरित्र का अविनय है। वहां भी अहंकार बोलता है।

तपस्या करने वालों को भी बहुत सावधान रहना चाहिए। यह प्राचीन परंपरा रही है- उपवास, बेला, तेला तक लोगों को बता दिया जाए, उससे आगे जो तपस्या करते हैं, उसे नहीं बताना चाहिए। बड़ी तपस्या को प्रकाशित नहीं करना चाहिए। यह बहुत सुचिन्तित परंपरा प्रतीत होती है। तपस्या है आत्मशोधन के लिए और वह भी अहंकार का कारण बन जाती है।

मन विनय

मानिसक विनम्रता, मन में भी अहंकार नहीं होना चाहिए। चिंतन में अहंकार न हो कि मेरा चिंतन कितना विशिष्ट है। मैं सोचता हूं वह ठीक होता है, यह सोचना भी अविनय है। इसीलिए सामुदायिकता की व्यवस्था की गई। अकेला व्यक्ति समाधान नहीं कर सकता। पांच-दस लोगं बैठकर सामूहिक चिंतन करें तो कुछ अच्छा समाधान हो सकता है।

मन विनय का अर्थ है कि चिंतन में भी अहंकार न हो। स्मृति में भी अहंकार न हो। मेरी स्मृति इतनी अच्छी है कि मैं एक बार जो याद कर लेता हूं जीवन भर नहीं भूलता। यह स्मृति का अहंकार है। कल्पना में भी अहंकार न हो। मैं जो कल्पना करता हूं बिल्कुल ठीक बैठती है और भविष्य में अच्छा परिणाम आता है। यह कल्पना का अहंकार है। अच्छी बात है अच्छा चिंतन, अच्छी स्मृति और अच्छी कल्पना। किंतु उसके साथ अहंकार का गंदा पानी न मिले, यह जरूरी है। नहीं तो वह सबको गंदला बना देगा।

वचन विनय

वाचिक विनम्रता, वचन में भी अहंकार नहीं बोलना चाहिए। वचन में भी अहंकार होता है। मन और वचन दोनों परस्पर जुड़े हुए हैं। जब मरीचि को पता चला कि मैं तीर्थंकर बनूंगा, उस समय मन में भी अहंकार और वाणी में भी अहंकार बोल उठा कि मेरे दादा तीर्थंकर हैं, मेरे पिता चक्रवर्ती हैं, मैं वासुदेव बनूंगा और तीर्थंकर भी बनूंगा। इस बात को लेकर वह ऐसा उछला कि उसने तपस्या को भी नीचा कर दिया। मन और वाणी में भी अहंकार प्रकट हो गया।

एक तपस्वी बहुत बड़ी तपस्या करता था। एक बार नारदजी आए। तपस्वी ने पूछा- 'कहां जा रहे हो?'

नारद- 'ब्रह्मा के पास जा रहा हूं।'

तपस्वी- 'अच्छा है, मेरे बारे में भी पूछ लेना कि मुझे बैकुंठ कब मिलने वाला है।'

नारदजी वापस आए। तपस्वी ने कहा- 'क्या आपने मेरा प्रश्न पूछा?'

नारद- 'पूछ लिया।'

तपस्वी- 'ब्रह्माजी ने क्या उत्तर दिया?'

नारद- 'तुम्हारे लिए बैकुंठ का दरवाजा बंद है।'

तपस्वी- 'इतनी तपस्या करने वाले के लिए भी दरवाजा बंद है। कारण क्या है?'

नारद- 'कारण यह बतलाया कि तू तपस्या तो करता है पर साथ साथ अहंकार बहुत करता है।'

तपस्वी- 'सच्ची बात है, मैं तप का भी अहंकार करता हूं। मेरे जैसा कोई दूसरा तपस्वी नहीं है। बहुत अच्छा किया। आज नारदजी ने सच्चाई बतला दी, मुझे मेरे अहंकार का भान हो गया, अब मैं अहंकार नहीं करूंगा।'

कहते हैं इतने में विमान आया और तपस्वी को बिठाकर बैकुंठ ले गया। नारदजी क्षुब्ध हो गए। ब्रह्माजी के पास पहुंचे, बोले- आपने मुझे झूठी बात क्यों बतलाई। आपने मुझे कहा- उसके लिए बैकुंठ का दरवाजा बंद है और आपने ही उसके लिए विमान भेज दिया, मुझे झूठा कर दिया। ब्रह्माजी बोले- झूठ नहीं कहा। पहले वह अहंकारी था इसलिए बैकुंठ का दरवाजा उसके लिए बंद था। अब उसे अपने अहंकार का भान हो गया। जिसको अपने अहंकार का भान होता है उसके लिए बैकुंठ का दरवाजा खुल जाता है।

यह पौराणिक घटना है। इसके आधार पर हम मर्म तक पहुंचने का प्रयत्न करें। हमें यह भान होना चाहिए कि मेरे मन में भी अहंकार है। मेरी वाणी में भी अहंकार है। मैं अहंकार की बात बोल देता हूं, मेरी कायिक चेष्टा में भी अहंकार है। जिसको यह भान हो जाए वह व्यक्ति विनम्रता के दरवाजे तक पहुंच सकता है। बैकुंठ के दरवाजे तक कोई पहुंचे या न पहुंचे, विनम्रता के दरवाजे तक पहुंच सकता है। विनम्रता के दरवाजे तक पहुंचता है तो उसका सारा व्यवहार प्रिय हो जाता है। एक व्यक्ति अहंकार की भाषा बोलता है, दूसरे हंसी करते हैं या आक्रोश में आ जाते हैं। जो व्यक्ति विनम्र व्यवहार करता है, वह जनता में सम्मान और आदर को प्राप्त करता है।

काय विनय

कायिक विनम्रता, काया में भी अकड़न न हो। कायिक प्रवृत्ति में भी विनम्रता छलके। कहीं भी कोई खिंचाव, तनाव न हो अन्यथा भाव भी न हो। काया के द्वारा, शारीरिक प्रवृत्तियों के द्वारा बहुत कुछ विकृति पैदा की जा सकती है। विज्ञान की नई विद्या विकसित हुई है बॉडी लैंग्वेज। बोलने की जरूरत नहीं है। बॉडी लैंग्वेज के अनुसार आप अपने भाव शरीर की चेष्टाओं से कह सकते हैं। इस पर काफी साहित्य भी लिखा गया है। हमारी कायिक प्रवृत्तियां भी उद्दण्डतापूर्ण न हों, उच्छृंखलतापूर्ण न हों। हमारा काया के प्रति भी विनम्र भाव बना रहे। उसमें भी अहंकार न हो।

अहंकार किसी को अच्छा नहीं लगता। समानता सबको अच्छी लगती है। धर्माचार्यों में भी बैठने की बड़ी समस्या होती है कि कौन ऊंचा बैठे, कौन नीचे बैठे। कोई कैसे ही बैठे, हमें उसमें कोई आपत्ति नहीं होनी चाहिए। अपनी-अपनी सुविधा है, अपनी व्यवस्थाएं, मर्यादाएं होती हैं। हमारा कायिक व्यवहार भी विनम्र होना चाहिए।

अहंकार तोड़ता है, विनम्रता जोड़ती है। चार व्यक्ति साथ रहते हैं। एक व्यक्ति में अहंकार है तो वह सबमें अलगाव कर देगा। अगर विनम्र व्यवहार है तो सबको साथ जोड़ लेगा।

विनम्र व्यवहार का यह एक अच्छा वर्गीकरण है। हमारे मन में भी विनम्रता है, वाणी में भी विनम्रता है और कायिक चेष्टाओं में भी विनम्रता है। विनय को बहुत व्यापक आकाश मिल गया। केवल हाथ जोड़ना, सिर झुकाना- इतना मात्र विनय नहीं है। विनय का अर्थ है अहंकार का विनयन करना, अभिमान को दूर करना। कोई भी प्रवृत्ति जिससे ऐसा लगे कि इससे अहंकार आ रहा है, उसे दूर कर दो। यह विनम्रता सबके लिए वरदान बन सकती है।

व्यक्ति चिंतन में छोटा है, स्थिति में भी छोटा है, उसमें अहंकार ज्यादा है। न ज्ञान का विकास, न कोई बुद्धि का विकास, न कोई विशिष्टता फिर अहंकार किस बात का। आखिर समाधान मिलता है कि अहंकार मनुष्य की प्रकृति है। वह अपने आपको श्रेष्ठ साबित करना चाहता है, श्रेष्ठ मानता है और अपनी श्रेष्ठता की मान्यता के आधार पर दूसरों की बात सुनना पसंद नहीं करता।

एक अहंकार अपने अस्तित्व की सूचना देने वाला होता है। वह दोषपूर्ण नहीं माना जाता। यह प्रकृति का गुण है। सांख्यदर्शन के अनुसार चौबीस तत्वों में एक अहंकार भी है। मन में एक अभिमानजनित अहंकार है जो कषाय की उत्तेजना के कारण होता है। अपने आपको बड़ा प्रमाणित करने की मनोवृत्ति वाला अहंकार

साधना में विकृति पैदा करता है, सामुदायिक जीवन को बाधित करता है और पारिवारिक जीवन में भी समस्याएं पैदा करता है। वह अहंकार समस्या न बने, उसके लिए विनम्रता का विकास जरूरी है।

लोकोपचार विनय

यह हमारा व्यावहारिक विनय है। शिष्टता, कृतज्ञता, शिष्ट व्यवहार ये सब इसके अंग हैं। जैसे कोई आया खड़ा हो गया, अगवानी करने चला गया- यह सारा लोकोपचार विनय है। यह अहंकार शून्य भी हो सकता है और इसके पीछे अहंकार की भूमिका भी हो सकती है। इसमें औपचारिकता भी हो सकती है, कृत्रिम भी हो सकता है और इसके अनेक प्रकार भी हो सकते हैं।

ज्ञान विनय, दर्शन विनय, चरित्र विनय, तप विनय, मन विनय, वचन विनय, काय विनय-छह प्रकार के हमारे आंतरिक विनय है। लोकोपचार व्यावहारिक विनय है।

साधक के सामने प्रश्न है कि अहंकार का विलय कैसे हो? अहंकार का विलय करने के लिए हमें विनय के प्रयोगों पर ध्यान देना होगा। इससे समस्या का स्थायी समाधान हो सकता है।

10

कम हो सकता है अहंकार

दो विद्यार्थी आपस में बात कर रहे थे। एक ने पूछा- 'बताओ, दिल्ली दूर है या चांद?'

दूसरा बोला- 'दिल्ली दूर है।'

उसने पूछा- 'कैसे?'

दूसरे ने कहा- 'कारण साफ है कि चांद तो दिखाई देता है। दिल्ली दिखाई नहीं देती।'

जो दिखाई दे, वह निकट हो जाता है, जो दिखाई न दे, वह दूर हो जाता है। हम इस रूपक को एक सच्चाई के साथ जोड़ें कि मृदुता अच्छी है या अंधकार? कोमलता अच्छी है या कठोरता? दोनों में अच्छी कौन? बहुत लोगों की धारणा है कठोरता अच्छी है। कठोरता से कहते हैं तो काम हो जाता है। मृदुता से कहते हैं, तो काम नहीं होता। एक धारणा बनी हुई है। प्रशासन के लोग प्रायः यही मानते हैं कि हम क्रोध के आवेश में या अहंकार की भाषा में कहें तो कर्मचारी मान लेते हैं। मीठी-मीठी बात कहें तो वे मानते भी नहीं हैं। किंतु व्यापक अनुभव यह है कि मृदुता के साथ, कोमलता के साथ, मिठास के साथ कही जाने वाली बात गले उतर जाती है और कठोरता से कही जाने वाली बात प्रतिक्रिया पैदा कर बाहर ही रह जाती है।

हम केवल प्रवृत्ति पर ही नहीं, परिणाम पर भी विचार करें। एक व्यक्ति किसी के साथ कठोर व्यवहार करता है। एक बार वह विवशता और अधीनता के कारण मान लेता है, किंतु वापस उसकी प्रतिक्रिया होती है। प्रतिक्रिया विचित्र होती है। कभी कटु शब्दों में व्यक्त होती है, कभी इससे आगे बढ़ जाती है और कभी-कभी प्राणलेवा भी बन जाती है। अनेक अधीनस्थ व्यक्तियों ने अपने बॉस की हत्या कर डाली। कारण है प्रतिक्रियात्मक हिंसा। बॉस ने अपने कर्मचारी के साथ इतना कठोर व्यवहार किया कि वह सहन नहीं कर सका और प्रतिक्रिया में अपने स्वामी को, मालिक को समाप्त कर दिया।

हमें परिणाम पर विचार करना चाहिए। मृदु भाषा अथवा मृदु वचन विनम्रता का बहुत बड़ा सूत्र है। हमारी वाणी में मधुरता हो, शिष्टता भी हो, शालीनता भी हो और कहने के तरीके का विकास भी हो, यह बहुत जरूरी है।

प्रत्येक व्यक्ति संकल्प करे कि मैं एक मास तक कटु शब्दों का प्रयोग नहीं करूंगा। संकल्प से जागरुकता बढ़ती है और वह प्रयत्न करता है कि मेरे मुंह से कोई भी कटु शब्द न निकले। पहले एक मास तक सघन अभ्यास हो फिर दो मास का, चार मास का, एक वर्ष का संकल्प करें। एक वर्ष तक अभ्यास कर लिया तो फिर वह उसके जीवन भर का व्रत बन जाएगा। संकल्प के प्रयोग के साथ कुछ साहित्य भी पढ़ें कि मृदुता के द्वारा कैसे-कैसे कार्य सिद्ध होता है। अगर कोई व्यक्ति कहीं नौकरी के लिए जाता है और जाकर अकड़ में बोलता है तो पहले दिन ही उसकी छुट्टी हो जाएगी। अगर वह वही बात मृदुता से कहता है, विनम्रता से कहता है तो उसको नौकरी पर रख लिया जाता है।

पुराने जमाने की बात है। एक धनी सेठ के पास ठाकुर आया। उसे नौकरी की जरूरत थी। सेठ ने पूछा- क्यों आए हो? मैं आपकी सेवा में रहना चाहता हूं। उसने मधुरता के साथ बात की। सेठ को आदमी की आवश्यकता नहीं थी किन्तु वह उसकी वाणी की मधुरता से मुग्ध हो गया और उसे नौकरी पर रख लिया। उसने पूछा- 'सेठजी! क्या काम करूं?' सेठ ने कहा- 'और कोई काम नहीं है। आप मुझे पानी पिला दिया करें।' काम सौंप दिया। ठाकुर का इतना मधुर व्यवहार था, वाणी इतनी मधुर थी कि सेठ छोड़ता ही नहीं था, निरंतर अपने साथ रखता है। एक बार सेठ यात्रा पर जा रहा था, साथ में ठाकुर भी था। पुराने लोग जब यात्रा पर जाते तो पानी की झारी साथ रखते थे। रास्ते में पानी पूरा खत्म हो गया। गर्मी का मौसम था। पानी की जरूरत थी।

ठाकुर साहब ने कहा- 'सेठजी! मैं थोड़ी देर गांव में जाकर आता हूं।'

'क्यों?'

ठाकुर- 'पानी की जरूरत है। कुआं सामने दिखाई दे रहा है, मैं शीघ्र पुन: आ जाऊंगा।'

वह कुएं के पास गया। लोगों ने पूछा- 'कहां जा रहे हो?'

ठाकुर- 'पानी लेने जा रहा हूं।'

लोगों ने कहा- 'भूल मत करना। इस कुएं पर जो भी गया है, वह वापस नहीं आया है। यहां मृत्यु निश्चित है। तुम यहां मत जाना।'

ठाकुर- 'मुझे जरूरत है। मैं राजपूत हूं डरता नहीं हूं। मौत आएगी तो सामना करूंगा।'

मनाही करते-करते वह चला गया। कुएं से पानी निकाला, इतने में ही एक प्रेतात्मा सामने आकर खड़ी हो गई। बोली- 'यहां से पानी ले रहे हो। क्या तुम जानते हो यहां से पानी लेने वाला मेरे प्रश्नों का उत्तर न दे तब तक जा नहीं सकता।'

ठाकुर ने मृदु स्वर में पूछा- 'दिव्यात्मन्! आपके प्रश्न क्या हैं?'

देव- 'मेरे दो प्रश्न है। पहला प्रश्न यह है कि मैं कैसा लग रहा हूं?'

ठाकुर- 'देव! जैसे इन्द्र अपने आसन पर सुशोभित होता है वैसे ही आप अपने आसन पर सुशोभित हो रहे हैं।'

देवता प्रसन्न हो गया। दूसरा प्रश्न पूछा- 'हाथ में शस्त्र कैसा लग रहा है?'

ठाकुर- 'जैसे इंद्र के हाथ में वज्र है वैसे ही आपके हाथ में वज्र है।'

दोनों प्रश्नों का उत्तर सुनकर प्रेत खुश हो गया, कहा- 'तुम्हारी मधुर वाणी पर मैं बहुत अधिक मुग्ध हूं। मैं तुम्हें वरदान देना चाहता हूं, मांगो।'

ठाकुर- 'मुझे वरदान की जरूरत नहीं है, फिर भी मैं एक वरदान मांग लेता हूं कि यहां कोई पानी लेने आता है आप उसे मारना बंद कर दो। आप उसे क्यों मारते हो?'

देव- 'कोई भी पानी लेने आता है उसे मैं यही दो प्रश्न पूछता हूं। मैं कैसा लगता हूं? आने वाला कहता है- चुड़ैल, भद्दा लग रहा है, हाथ में हड्डियों का भद्दा शस्त्र है, ऐसा उत्तर मिलता है। मैं उसकी हत्या कर देता हूं।'

ठाकुर- 'दिव्य आत्मन्! मैं आपसे यही वरदान मांगता हूं कि अब कोई भी कुएं पर पानी लेने आए तो आप उसे दर्शन न दिया करें।'

ठाकुर पानी लेकर गांव में आ गया। गांव वालों ने आश्चर्य से पूछा- 'वहां जाकर सकुशल कैसे आ गए।'

ठाकुर ने कहा- 'तुम अपने अज्ञान से मरते हो। कटु वचन का प्रयोग करते हो, इसलिए मरते हो। अगर मीठा बोलना सीख जाओ तो मरने की कोई बात नहीं है। उसने सारी बात सुनाई और कहा- अब आप सब निश्चिंत होकर पानी भरकर ला सकते हो। न तुम्हें वह देवता दर्शन देगा, न कुछ पूछेगा और न तुम्हारी हत्या होगी।'

यह वाणी का जादू है। जो मधुर बोलना जानता है, वह सबको अपने वश में कर लेता है। यह वास्तव में वशीकरण मंत्र है। हम इसका अभ्यास करें, संकल्प करें- चाहे कोई भी स्थिति आ जाए मैं कटु वचन का प्रयोग नहीं करूंगा। दूसरा व्यक्ति भले ही कटु वचन कहे, कुछ भी कहे पर मैं कटु वचन नहीं बोलूंगा। एक दिन का अभ्यास करें, दो दिन का अभ्यास करें और फिर निरंतर अभ्यास करें। यह भावना का प्रयोग है, संकल्प का प्रयोग है। अभ्यास का मतलब है- बार-बार उसकी आवृत्ति करना। जब हम बार-बार आवृति करते हैं तो हमारा अभ्यास होता है। एक अभ्यास यह होता है कि कोई कड़ी बात कहे तो उसे एक की जगह दो सुनाना। यह गलत धारणा है कि कोई एक बात कहे तो मैं ऐसी

दो बातें सुनाऊंगा फिर वह कभी कुछ भी नहीं कहेगा। इस गलत धारणा के कारण संबंध कटु हो जाते हैं फिर सारे संबंध ही टूट जाते हैं। इस धारणा को बदलें। सम्यक् दृष्टिकोण का निर्माण करें कि एक व्यक्ति कटु वचन कहता है तो मैं मधुरता का प्रयोग करूंगा। कटु वचन कहने वाला एक दिन कहेगा, चार दिन कहेगा, बाद में वह नहीं कहेगा। अग्नि की चिनगारियां घास पर गिरती हैं तो आग लग जाती है। बालू रेत पर गिरती हैं तो यह अपने आप बुझ जाती है। दो व्यक्तियों में कलह, कटुता होती है। यदि एक व्यक्ति मधुरता का प्रयोग करने वाला हो तो वह आग भभकेगी नहीं, अपने आप शांत हो जाएगी। धीरे-धीरे अपने आप वातावरण भी बदल जाएगा।

जब सेठ की पुत्री कटु बोलती थी तब ससुराल का सारा वातावरण तनाव से भरा रहता था। जब उसने मधुर बोलना सीख लिया तब घर का वातावरण बदल गया। पहली बार जब ससुराल से पीहर गई तो पिता ने पूछा- 'तुम्हारा ससुर कैसा है?'

पुत्री ने कहा- 'क्या पूछते हैं? डाकी है।'

पिता- 'पति कैसा है?'

पुत्री- 'पति तो यमदूत है।'

जब व्यवहार में परिवर्तन हो गया मधुर रस घुल गया तब उसका स्वर बदल गया। कुछ समय बाद पिता ने फिर पूछा- 'तुम्हारा ससुर कैसा है?'

पुत्री ने कहा- 'क्या पूछते हैं, आप से भी ज्यादा अच्छा है।'

पिता- 'पति कैसा है?'

पुत्री- 'पति तो बना बनाया देवता है।'

यह एक व्यक्ति की अनुभूति है। उस युवती ने पहले ससुर को डाकी बतलाया और पति को यमदूत। उसी ने जब अपना व्यवहार परिवर्तन कर लिया तो ससुर को पिता से भी अच्छा बता दिया और पति को देवता बना लिया। यह अनुभूति का अंतर क्यों? आदमी के व्यवहार के आधार पर अंकन का भी अंतर होता है। अपना व्यवहार अच्छा नहीं था तो उसे सब खराब लग रहे थे। अपना व्यवहार उपशांत हो गया तो सब अच्छा लगने लग गया। इस तथ्य पर हम विचार करें और संकल्प का प्रयोग करें, तो निश्चित ही वातावरण सकारात्मक बन जाएगा।

परितर्वन के लिए अनुप्रेक्षा का प्रयोग अचूक उपाय है। अनुप्रेक्षा से बहुत परिवर्तन होता है, यह आगम सिद्ध तथ्य है। अनुप्रेक्षा के बारे में जो उत्तराध्ययन में बतलाया गया है, वह बड़ा महत्त्वपूर्ण सूत्र है। कोई भी कर्म उदय में आने

वाला है उसका विपाक यदि तीव्र है तो वह तीव्रता के साथ उदय में आएगा। किंतु अनुप्रेक्षा का प्रयोग करने पर उसका अनुभव मंद हो जाएगा। अहंकार का उदय होने वाला है, कर्म उदय में आ रहा है। उस समय अहंकार के कारण ऐसा व्यवहार करता है जो दूसरों में प्रतिक्रिया पैदा कर देता है और दूसरों के लिए अप्रिय भी बन जाता है। विनम्रता की, मधुरता की अनुप्रेक्षा का अभ्यास करने से जो तीव्र उदय में आने वाला कर्म था उसको मंद बना दिया। उसके अनुभव को, विपाक को मंद बना दिया, अब कोई समस्या पैदा नहीं कर रहा है। कर्म का तीव्र उदय समस्या पैदा करता है और मंद होता है तो कर्म उदय में आता है, चला जाता है, कोई समस्या पैदा नहीं करता। कर्म प्रदेशोदय में रहते हैं, कोई समरूप पैदा नहीं होती। विपाकोदय में आते हैं तो बहुत समस्या पैदा करते हैं।

तीव्र को मंद बनाने की प्रक्रिया का प्रयोग हमें सीखना चाहिए। हम तीव्र को मंद कैसे करें? क्रोध तीव्र है, अहंकार तीव्र है, माया-कपट का भाव तीव्र है, लोभ तीव्र है- ये सब समस्या पैदा करने वाले हैं। जब अनुप्रेक्षा के प्रयोग द्वारा इन्हें मंद बना देते हैं तो उनकी तीव्रता नष्ट हो जाती है। आदमी सीधा करेला नहीं खा सकता। कड़वाहट को कम कर दिया जाए तो अच्छी तरह खा सकता है। अगर कोई पारद को सीधा खा जाए तो मृत्यु हो जाती है। पारद का जब शोधन कर देते हैं तो पारद अमृत बन जाता है। आयुर्वेद में पारद का बड़ा महत्व है। सारे रसायन पारद के आधार पर बनते हैं। पारद शक्ति देने वाला है, पर कब? जब पारद का शोधन हो जाए। क्या हम ऐसा कर सकते हैं कि क्रोध का भी शोधन करें ज़िससे क्रोध की तीव्रता समाप्त हो जाए? अहंकार का विशोधन कर लें, उसकी तीव्रता समाप्त हो जाए। उसके शोधन का सबसे शक्तिशाली उपाय है विनम्रता की अनुप्रेक्षा, मृदुता की अनुप्रेक्षा।

हमारे शरीर में कंठ का स्थान काफी महत्त्वपूर्ण है। एक शरीर के नीचे का भाग है जिसे धड़ कहते हैं और एक ऊपर का भाग है मस्तिष्क। इन दोनों भागों को जोड़ने वाला है गला। गले में बहुत सारी शक्तियां होती हैं। यहां एक चैतन्य केन्द्र है, जिसका नाम है विशुद्धि केन्द्र। यह विशुद्धि केन्द्र कषाय या आवेश की उत्तेजना को कम करने वाला है। यहां चयापचय की क्रिया होती है। इसका मन के साथ भी बहुत गहरा संबंध है। विशुद्धि केन्द्र पर संकल्पपूर्वक ध्यान करें तो अहंकार को शांत कर सकते हैं। उसकी तीव्रता को कम करने का यह बहुत बड़ा साधन है।

ध्यान करने वाले ध्यान की विधि को अवश्य जानें। ध्यान करने से पूर्व दो बातों का चिंतन करें। सबसे पहले लक्ष्य का निर्धारण करें। लक्ष्य का निर्धारण

किये बिना ध्यान करेंगे तो ध्यान की ऊर्जा बिखर जाएगी, केन्द्रित नहीं होगी। मैं ध्यान क्यों कर रहा हूं? चित्त शुद्धि के लिए प्रेक्षाध्यान का प्रयोग कर रहा हूं। मैं क्रोध की तीव्रता को कम करने के लिए ध्यान कर रहा हूं। इस लक्ष्य के साथ ध्यान करेंगे तो ध्यान की सारी शक्ति उसमें लग जाएगी। कोई भी संकल्प नहीं लिया, सीधे ध्यान मैं बैठे तो सारी ऊर्जा बिखर जाएगी, समस्या पैदा कर देगी। सिंचाई करने वाला लक्ष्य बनाता है कि इतने किलोमीटर तक खेतों की सिंचाई करनी है। उसके लिए वह छोटी प्रणालियां बनाता है। कोई उद्देश्य नहीं बनाया और ऐसे ही कोरा पानी छोड़ दिया तो वह पानी उपयोगिता की बजाय समस्या पैदा करने वाला हो जाएगा। सबसे पहली बात है लक्ष्य बनाएं।

दूसरी बात है कि जो लक्ष्य बनाया है उसके प्रति जागरूकता बढ़ाएं। लक्ष्य बना लिया और जागरूकता नहीं है, ध्यान इधर-उधर जा रहा है तो भी ध्यान का पूरा लाभ नहीं होगा। एक किसान खेत में ट्रांजिस्टर सुन रहा था। घंटा भर सुनता रहा। आंख ही नहीं खोली। घंटा भर बाद आंख खुली, देखा तो खेत की नालियां टूटी हुई हैं और पानी चारों तरफ बिखर रहा है। गुस्से में आया। हाथ में लाठी ली और ट्रांजिस्टर को पीटना शुरू कर दिया।

लक्ष्य के प्रति जागरूकता नहीं होती है तो फिर गुस्सा आता है, दूसरे पर निकलता है। लक्ष्य का निर्धारण करें और लक्ष्य के प्रति जागरूकता बढ़ाएं फिर प्रणालिकाएं बनाएं। कहां सिंचाई करनी है? किसकी तीव्रता को मिटाना है? अहंकार की तीव्रता को मिटाना है, यह संकल्प कर लिया, लक्ष्य बना लिया। विशुद्धि केन्द्र पर ध्यान करें। पहले धारणा करें, दो-चार मिनट तक मन को टिका दें, कुछ भी न सोचें। जब स्थान निश्चित हो गया, मन टिक गया, फिर विनम्रता की अनुप्रेक्षा का प्रयोग करें तो अहंकार की तीव्रता को कम करने का रास्ता हमारे हाथ में आ जाएगा।

अनुप्रेक्षा के साथ कंठ का कायोत्सर्ग भी करें। वह अधिक लाभप्रद होगा। कायोत्सर्ग पूरे शरीर का होता है। किंतु एक-एक अवयव का भी कायोत्सर्ग होता है। जो व्यक्ति कंठ को शिथिल करना जानता है उसका मन भी बहुत अच्छा एकाग्र होता है। क्योंकि यह स्वर यंत्र का स्थान है और यही सारी चंचलता पैदा करने वाला है। चाहे बोलें या न बोलें, किंतु स्वरयंत्र भाषा का कार्य कर रहा है। अनेक परीक्षणों के बाद वैज्ञानिकों ने इस तथ्य को प्रस्तुंत किया है कि एक आदमी सपना लेता है तो भी स्वर यंत्र सक्रिय हो जाता है। भाषा का कोई भी प्रयोग स्वरयंत्र की सक्रियता के बिना नहीं होता। न बोलना- यह मौन तो बहुत स्थूल बात है। स्वर यंत्र को शिथिल कर देना, कंठ का कायोत्सर्ग करना यह

वास्तविक मौन है। एक व्यक्ति मौन करता है फिर भी उसका कायोत्सर्ग करना यह वास्तविक मौन है। एक व्यक्ति मौन करता है फिर भी उसका स्वरयंत्र काम कर रहा है, भाषा काम कर रही है, तनाव भी पैदा हो रहा है। फिर उससे कायोत्सर्ग का लाभ कहां हुआ? मौन का लाभ कहां हुआ? मौन करने वाले भी ध्यान करें, कंठ का कायोत्सर्ग करें तो ध्यान भी हो जाएगा, मौन भी हो जाएगा। केवल वाचिक मौन कर लिया और दुनिया भर की भी की बातें सोचते रहें अथवा लिखकर बताते रहें, उससे शक्ति का व्यय होता है। कंठ का कायोत्सर्ग आवेश को शांत करने का, अहंकार को शांत करने का बड़ा सुंदर उपाय है।

अहंकार की अभिव्यक्ति कहां होती है? अकड़न सारी गले में पैदा होती है, कंठ में पैदा होती है। विनम्र और मधुर बनना है तो कंठ को ही लचीला बनाना होगा। विशुद्धि केन्द्र का ध्यान इसके लिए बहुत उत्तम उपाय है। यह अहंकार का विलय अथवा अहंकार की तीव्रता को कम करता है। यहां विलय का तात्पर्य है कि उसकी तीव्रता को कम कर दिया। तीव्रता कम हो गई तो शांति हो गई। तीव्रता को कम करना कड़वाहट को कम करना है, उसकी धुलाई करना है। इसके लिए जरूरी कायोत्सर्ग, दीर्घश्वास का प्रयोग, विशुद्धि केन्द्र पर ध्यान का संकल्प। लक्ष्य के प्रति जागरूकता और अनुप्रेक्षा के अभ्यास। इसके द्वारा उद्दण्डता, उच्छृंखलता, अहंकार की भाषा, कड़वी भाषा, उद्दण्ड भाषा इन सबका परिष्कार किया जा सकता है, इनकी तीव्रता को कम किया जा सकता है।

परिवर्तन का महत्त्वपूर्ण सूत्र है- वृत्ति परिष्कार के लिए कोई लक्ष्य बनाएं। लक्ष्य बनाकर जिस वृत्ति का परिष्कार करना है उसकी प्रक्रिया का सतत अभ्यास और अनुप्रेक्षा का क्रम चले तो हम एक संतुलित व्यक्तित्व का निर्माण कर सकते हैं तथा शिष्ट आचार, शिष्ट व्यवहार और शिष्ट वाणी की दिशा में नया प्रस्थान कर सकते हैं।

11

स्वभाव को पहचानें

दार्शनिक दृष्टि से सब मनुष्य समान हैं। आत्मा सबमें है इसलिए आत्मा की दृष्टि से समान हैं। पांच इन्द्रियां हैं, मस्तिष्क है, दो हाथ हैं, दो पैर हैं, कोई भी चौपाया नहीं है, सब दो पाये हैं, दो पैरों से चलने वाले हैं, दो हाथों से काम करने वाले हैं। कहा गया है मनुष्य जाति एक है।

हम प्रकृति की दृष्टि से विचार करें तो सब मनुष्य एक नहीं हैं। आकृति का भेद है, वह गौण बात है, पर जो शरीर की रचना है, उसमें कोई अंतर नहीं है। कान, नाक, आंख आदि सब अवयव सबको प्राप्त हैं। इससे मनुष्य जाति की एकता प्रतीत होती है किंतु प्रकृति की विचित्रता के कारण मनुष्य की जाति को एक कहना भी कठिन है।

अगर पांच व्यक्तियों को इकट्ठा किया जाए और उनकी प्रकृति का विश्लेषण किया जाए तो एक पूर्व में जाता है, एक पश्चिम में, एक उत्तर में, एक दक्षिण में और एक अधर में ही लटकता है। इतना अंतर होता है प्रकृति की दृष्टि से। प्रकृति मिलती नहीं है। जितने झगड़े होते हैं उनका वर्गीकरण किया जाए और एक-एक झगड़े का हेतु खोजा जाए तो निष्कर्ष आएगा- व्यावहारिक जीवन के झगड़ों में प्रकृति सबसे बड़ा हेतु है। प्रकृति की भिन्नता के कारण परस्पर कलह कदाग्रह होते हैं। किसी से कहा- तुम कटु वचन का प्रयोग मत करो। मधुर बोला करो। उसने कहा- मैं क्या करूं, मेरी प्रकृति ऐसी है। बात समाप्त हो गई। आगे कहने का कोई अवकाश ही नहीं है। मेरी प्रकृति ऐसी है मैं क्या करूं- यह उत्तर भी यदा-कदा, यत्र-तत्र सुनने को मिल जाता है। प्रकृति की विचित्रता काफी संघर्ष पैदा करती है और पारस्परिक जीवन में कटुता भी पैदा करती है।

प्रकृति से जुड़ी हुई है रुचि, जो स्वभाव का एक अंग है। रुचि की भिन्नता है। रुचियां भी अलग-अलग हैं। मनुष्य की कितनी रुचियां हैं, कहा नहीं जा सकता। युग के साथ रुचियां बदलती रहती हैं। आज से पचास साल पहले मीठा खाने की रुचि ज्यादा थी और आज नमकीन खाने की रुचि ज्यादा हो गई।

प्रकृति भेद और रुचि भेद जहां होता है वहां विग्रह होता है, सामंजस्य नहीं हो सकता। सामंजस्य के लिए जरूरी है प्रकृति को समझकर चलना। प्रकृति को बदलना और प्रकृति को समझकर चलना दो बाते हैं।

पहली बात है प्रकृति को समझकर चलना। पांच-दस लोग साथ में रहते हैं, सबकी भिन्न-भिन्न प्रकृतियां हैं। साथ में रहना और फिर लड़ाई-झगड़ा न होना, यह एक अच्छे जीवन का लक्षण है। उसका एक हेतु है प्रकृति को समझना। मेरी प्रकृति कुछ और है, दूसरे की प्रकृति कुछ और है तो उसे समझना होगा। मौसम बदल रहा है, थोड़ी ठंड शुरू हो गई। एक साधु भीतर सोता है, दूसरा बाहर सोता है। जो भीतर सो रहा है वह कहता है- बाहर सोना अच्छा नहीं है। बाहर सो रहा है वह कहता है- भीतर सोना अच्छा नहीं है। भीतर गर्मी है, बाहर खुली हवा है। दोनों की प्रकृतियां भिन्न हैं। एक की उष्ण प्रकृति है और एक की शीत प्रकृति। प्रकृति में मौसम का भी असर आता है और शरीर के रसायनों का भी। जो पित्त प्रधान है उसकी प्रकृति गर्म होगी। जो कफ प्रधान है उसकी प्रकृति मधुर होगी, शांत होगी। जो वायु प्रधान है उसकी प्रकृति चंचल होगी। एक की प्रकृति में चंचलता है, एक की प्रकृति में उग्रता है, गर्मी है और एक की प्रकृति में शांति है। ये तीनों भीतर के कारण हैं।

भीतर के वात, पित्त और कफ सबको प्रभावित कर रहे हैं इसलिए प्रकृति का भेद होना जरूरी है। जिसकी पित्त प्रकृति है वह गर्म चीज खाना पसंद नहीं करता। उष्ण खाना उसके हित में नहीं होता। घर में रसोई बनती है, गर्म प्रकृति वाला कहता है मैं मिर्च नहीं खा सकता, मुझे गर्मी होती है। दूसरा कहता है- मैं ले आया यह तो खाना ही होगा। यहां प्रकृति का द्वंद शुरू हो जाता है और थोड़ा विग्रह भी शुरू हो जाता है। इस स्थिति में रसोई बनाने वाले को यह समझना होता है कि अगर इसको खाने में हितकर नहीं लगता तो फिर मुझे बनाते समय ध्यान देना होगा कि किसके लिए क्या होना चाहिए। एक को करेला बहुत अच्छा लगता है और एक को करेला बहुत कड़वा लगता है। रुचि और प्रकृति का जो भेद है इसे समझकर न चलें तो फिर लड़ने को बहुत अवकाश है। क्योंकि लड़ाई बाहर से नहीं आती, न लड़ाई के लिए बाहर जाने की जरूरत है। थोड़ा-सा टेढ़ा बोला कि लड़ाई तैयार।

महत्त्वपूर्ण सूत्र है- दूसरे की प्रकृति को समझकर काम करो, केवल अपनी प्रकृति का आग्रह मत करो, दूसरे की प्रकृति का भी ध्यान रखो तो तुम्हारा सामंजस्य हो सकेगा। दूसरे की प्रकृति का ध्यान नहीं रखोगे तो सामंजस्य संभव नहीं है।

दूसरी बात है प्रकृति को बदलने की। कम से कम जो लोग साधना के क्षेत्र में हैं, उन्हें प्राथमिकता से यह प्रशिक्षण मिलना चाहिए कि प्रकृति बदली जा सकती है। जो प्रकृति को बदलने के साधन हैं उनको जानें, उनका अभ्यास करें और अपनी प्रकृति का परिवर्तन करें, यह अपेक्षित है। जो साधना के क्षेत्र में लगे हुए हैं, गृहस्थ हैं, उनके लिए भी जरूरी है कि प्रकृति में परिवर्तन आए। प्रकृति बदलती है तो घर का वातावरण भी बदल जाता है। घर में एक व्यक्ति उद्दण्ड प्रकृति का होता है तो सारा घर अस्त-व्यस्त हो जाता है। वह प्रकृति को बदल लेता है तो घर ठीक हो जाता है। हमारे सामने अनेक गृहस्थों के अनुभव आए हैं। एक भाई ने बताया- मेरी पुत्रवधू की बड़ी जटिल प्रकृति थी, किंतु प्रेक्षाध्यान शिविर में आने के बाद इतना अंतर आ गया, जिसकी मैं कल्पना भी नहीं कर सकता। ध्यान और अनुप्रेक्षा के द्वारा परिवर्तन आता है, यह असंदिग्ध बात है। प्रयोग से प्रकृति बदलती है।

प्रकृति न बदलने का कारण भी हम खोजें। प्रकृति की जटिलता में नकारात्मक भाव काम करता है, वह मोहनीय कर्म का उदय भाव है। प्रकृति की स्वस्थता में क्षायोपशमिक भाव काम करता है, वह मोहनीय कर्म का क्षायोपशम भाव है। हमें बदलने का प्रयत्न करना चाहिए। जहां भी विग्रह हो, सामंजस्य न हो, वहां प्रकृति के परिष्कार की बात सोचनी चाहिए। दो भाई हैं, प्रकृति नहीं मिलती और दो चूल्हे बन गए, यह सरल काम है पर उससे लाभ क्या हुआ? पारस्परिक संबंधों में कटुता आ जाती है। दो हैं और परस्पर में ठीक सामंजस्य नहीं है तो यह संकल्प करें कि हमें अपनी-अपनी आदतों को बदलना है, आदत बदलने पर सामंजस्य रह सकता है और अच्छा भी हो सकता है।

एक समय था भारत में संयुक्त परिवार की प्रणाली बहुत प्रचलित थी। आज वह टूट रही है। पश्चिम के देशों में संयुक्त परिवार की प्रणाली नहीं थी। आज वे अनुभव कर रहे हैं कि संयुक्त परिवार की प्रणाली होनी चाहिए। उसमें लाभ बहुत हैं।

एक भाई ने कहा- 'हम चार भाई हैं, एक कहीं जाता है, दूसरा कहीं जाता है हमें कठिनाई नहीं है। सब काम संभालने वाले हैं।'

एक भाई ने बताया- 'मैं क्या करूं, समय कैसे लगाऊं? अकेला हूं, कहीं पर भी जाऊं तब दुकान बंद करके जाना पड़ता है।'

संयुक्त परिवार सामूहिक जीवन का एक प्रयोग था, साथ रहने का एक अच्छा प्रयोग था, अब उसमें कठिनाई आ गई।

असामंजस्य का कारण है- असहिष्णुता, अहंकार, मृदुता और विनम्रता का अभाव। जहां विनम्रता का अभाव है और जहां असहिष्णुता होती है, वहां कोई

साथ रह नहीं सकता। सामंजस्य के लिए जरूरी है सहिष्णुता और विनम्रता। ये दोनों होते हैं तो प्रकृति को बदलने की बात भी आती है।

स्वभाव को बदलने के लिए अनुप्रेक्षा के प्रयोग बड़े महत्त्वपूर्ण होते हैं। अनुप्रेक्षा से व्यक्ति बदल सकता है। हम संकल्प शक्ति का प्रयोग करें। संकल्प के द्वारा एक नई प्रकृति का निर्माण करें और पुरानी प्रकृति का परिवर्तन करें। संकल्प बहुत बड़ी शक्ति है। 'मैं नहीं खाऊंगा'- यह त्याग की चेतना हमारी संकल्प शक्ति है। अभी कुछ भाई गुजरात से आए। उन्होंने बताया कि आप जब सूरत आए तो अमुक व्यक्ति को यह संकल्प कराया था कि तुम नशीली वस्तुओं का सेवन नहीं करोगे। वह उसका पालन कर रहा है। जब व्यक्ति के भीतर संकल्प की शक्ति जागती है तो कठिन लगने वाली बात सरल और कभी-कभी असंभव लगने वाली बात भी संभव बन जाती है। हम संकल्प शक्ति का प्रयोग करें कि मुझे अपनी प्रकृति को बदलना है। अगर संकल्प की चेतना जाग जाए तो एक दिन में भी परिवर्तन हो सकता है। अभ्यास करें तो हो सकता है दस-बीस दिन में बदल जाए। पर सबसे पहले यह निष्ठा पैदा हो कि प्रकृति को बदला जा सकता है और मैं अपनी प्रकृति को बदल सकता हूं।

जयाचार्य ने प्रकृति के दो विभाग कर दिये- खोड़ीली प्रकृति और चोखी प्रकृति। इस पर दो बड़े-बड़े गीत बनाए। बहुत महत्त्वपूर्ण वैज्ञानिक विश्लेषण किया है। खोड़ीली प्रकृति वाला किसी की बात को सहन नहीं कर सकता। जरा-सा प्रतिकूल कहते ही वह तनाव में आ जाता है, कुछ समझ नहीं पाता और क्या से क्या कर लेता है। अच्छी प्रकृति वाला हर बात को सम्यक् ग्रहण करता है। प्रकृति अच्छी नहीं होती है तो बड़ी समस्या पैदा होती है। कुछ लोग अपनी प्रकृति के कारण दूसरे को भी कठिनाई पहुंचाते हैं। प्रकृति का परिवर्तन करने का संकल्प हमारे मन में जाग जाए और यह भावना प्रबल बन जाए कि मुझे अपनी प्रकृति को बदलना है और इसलिए बदलना है कि सामंजस्य के साथ जी सकें, शांतिपूर्ण सहवास के साथ जी सकें, सामुदायिक चेतना का विकास कर सकें। जो संकल्प नहीं करता और यह अनुभव भी नहीं करता कि मेरी प्रकृति अच्छी नहीं है वहां बदलने की बात ही नहीं है। जिसको बदलना है सबसे पहले यह अनुभव होना जरूरी है कि मेरी प्रकृति के तत्व अच्छे नहीं है। ये मुझे बाधा पहुंचा रहे हैं, इसलिए इनको बदलना जरूरी है। पहले ज्ञान हो, ज्ञान के बाद भान हो जाए कि वास्तव में यह स्वभाव अच्छा नहीं है फिर यह संकल्प हो कि मुझे इसको बदलना है। बदलने के लिए दीर्घ श्वास के साथ संकल्प करें और वह संकल्प सोने से पांच दस मिनट पहले करें। नींद में भी वह संकल्प

बराबर चलता रहे। इससे वह संकल्प अधिक शक्तिशाली होता है, उसकी क्षमता बहुत बढ़ जाती है और परिवर्तन की संभावना प्रबल हो जाती है।

संकल्प का भी एक समय होता है। चंचलता है, मन स्थिर नहीं है, एकाग्रता नहीं है या तनाव है, उस स्थिति में संकल्प करें तो वह संकल्प फलवान नहीं बनता। मन शांत है, एकाग्र है, इस स्थिति में दीर्घ श्वास के साथ संकल्प को जोड़ दें। नींद में भी आपका संकल्प चलता रहेगा। उसकी जितनी आवृत्ति होगी वह पुष्ट होता जाएगा। आयुर्वेद का सिद्धांत है- जितनी आवृत्ति दी जाती है उतनी ही पुष्टि और शक्ति बढ़ती है। अध्यात्म का शब्द है भावना का प्रयोग करना यानी पुट देते रहना। बहुत सारे वैद्य बतलाते हैं कि इसको नींबूरस की भावना दी हुई है, इसको अमुक की भावना दी गई है। भावना देने से उसकी शक्ति में धरती आसमान जितना अंतर आ जाता है। वैसे ही भावना का प्रयोग करें। बार-बार संकल्प को दोहराएं, बार-बार उस पर अनुचिंतन करें तो संकल्प की शक्ति बढ़ जाएगी और उसमें परिवर्तन की क्षमता भी आ जाएगी।

सामंजस्य के लिए सबसे पहले जरूरी है प्रकृति की समझ, पहचान और प्रकृति का परिवर्तन। प्रकृति पर ध्यान केन्द्रित करें तो सामंजस्य का मार्ग प्रशस्त होगा और हम बिना आग्रह-विग्रह समुदाय में शांति के साथ रह सकेंगे।

12

सामंजस्य की कसौटियां

सामंजस्य के लिए शरीर का अध्ययन करना बहुत जरूरी है। यदि शरीर का अध्ययन करें तो सामंजस्य की बात अपने आप समझ में आ जाए, उसकी विस्तार से चर्चा करना आवश्यक नहीं है।

हमारा पूरा शरीर एक तंत्र है। सब तंत्र मिलकर कार्य का संचालन और संपादन करते हैं। एक-एक अवयव पर ध्यान दें। अगर गुर्दे न हों तो रक्त की सफाई नहीं हो सकती। हृदय न हो तो रक्त का शोधन नहीं हो सकता। आंतें न हो तो पाचन गड़बड़ा जाता है। फेफड़ा न हो तो आदमी श्वास भी नहीं ले सकता। सारे अवयव मिलकर काम करते हैं, उनमें सामंजस्य है। दो हाथ हैं। एक हाथ कम काम करता है तो दूसरा हाथ उसकी पूर्ति करता है। यह बहुत बड़ा सामंजस्य है। एक आंख कम काम करती है तो दूसरी आंख उसका दायित्व संभाल लेती है। यह उनका स्वाभाविक विभाजन है और ये सब मिलकर काम करते हैं। एक आदमी भोजन करता है, वह अन्न नलिका से नीचे जाता है। जाने के बाद पाचन और रेचन तक की जो सारी क्रियाएं हैं, सब अवयव मिलजुल कर करते हैं। तिल्ली, छोटी आंत, बड़ी आंत, हृदय, गुर्दे सब अपना-अपना काम करते हैं। श्वसन तंत्र, रक्त परिसंचरण आदि की निर्धारित व्यवस्थाएं हैं। सारे स्नायु अपना काम करते हैं। रीढ़ की हड्डी का अपना काम है और मस्तिष्क का अपना काम। शरीर में अनेक कार्य हैं, उन सबका संपादन और संचालन व्यवस्थित हो रहा है। यह मैनेजमेंट का सुंदर उदाहरण है।

आज का युग मैनेजमेंट का युग है। चारों ओर इसकी बहुत चर्चा हो रही है। प्रबंधन का पहला सूत्र है- कार्य का विभाजन। एक व्यक्ति सब काम नहीं कर सकता। अगर शरीर में एक ही अवयव काम करने वाला होता है, उस पर सारा भार पड़ता है तो वह सहन भी नहीं कर सकता। शरीर रचना की व्यवस्था इतनी सुंदर है कि उसे शासन प्रणाली के साथ भी जोड़ा जा सकता है और कार्य प्रणाली के साथ भी जोड़ा जा सकता है। किसी भी एक सामंजस्यपूर्ण प्रणाली के साथ उसका संबंध किया जा सकता है। सामजंस्य की पहली कसौटी है कार्य का सम्यक् विभाजन हो।

हम दूसरा उदाहरण रसोई का लें। महिलाएं रसोई बनाती हैं। साग बनाते समय उसमें नमक, मिर्च, जीरा, धनिया, हल्दी, मसाला आदि-आदि चीजें सामंजस्य के साथ डालती हैं। सबका एक साथ सामंजस्य होने पर वह स्वादिष्ट बन जाता है। अगर हल्दी की जगह नमक उतनी मात्रा में डाल दें या नमक की जगह जीरा, धनिया ज्यादा डाल दें तो फिर असामंजस्य होता है। जहां अनेक व्यक्ति, अनेक साधन, अनेक तंत्र मिलकर काम करते हैं, वहां उनकी पारस्परिक समझ होती है। एक दूसरे के कार्य में बाधा नहीं डालते और एक दूसरे के कार्य का दायित्व आपस में बांट लेते हैं, मिलजुल कर काम करते हैं। यह है सामंजस्य।

साधना करने वाले व्यक्ति के लिए सैल्फ मेनेजमेंट का सूत्र है। उसके लिए कार्य का विभाजन बहुत आवश्यक है। उदाहरण लें कि चार साध्वियां या चार रमणियां यात्रा करती हैं। शांतिपूर्ण सहवास के लिए जरूरी है कि योजना बना लें और प्रबंधन का प्रयोग करें। सबसे पहले कार्य का विभाजन करें कि किसका क्या काम है? कौन प्रवचन देगा? कौन जनता के साथ संपर्क रखेगा? कौन शिक्षा का काम संभालेगा? जितने भी कार्य हैं पहले कार्य की सूची बन जाए, फिर उस सूची के आधार पर कार्य का विभाजन हो कि कौन व्यक्ति क्या करेगा। यह हो जाए तो फिर व्यवस्था भी अच्छी बनती है। परस्पर एक दूसरे को कहने, सुनने का अवसर नहीं आता और कभी वातावरण में तनाव भी नहीं आता। बहुत आवश्यक है कार्य का सम्यक् विभाजन।

सामंजस्य की दूसरी कसौटी है- कार्य का विभाग क्षमता के आधार पर करें। किस व्यक्ति में किस बात की क्षमता है? किसी में व्याख्यान देने की क्षमता है, किसी में जनता को पढ़ाने की क्षमता है, किसी में विद्यार्थियों को पढ़ाने की क्षमता है, किसी में गाने की क्षमता है। सबकी क्षमताएं समान नहीं होती। क्षमताओं के आधार पर कार्य विभाजन होगा। एक व्यक्ति सब काम नहीं कर सकता। यह बड़ा महत्त्वपूर्ण सूत्र है।

एक महिला रसोई बनाती है। वही साग-सब्जी लाए, वही पैसे की व्यवस्था करे, वही रोटी पकाए, वही सारा काम करे, यह अच्छा नहीं होता। परिवार में भी कार्य का विभाजन है। पुरुष क्या करेगा? स्त्री क्या करेगी? अगर योग्यता के आधार पर विभाजन होता है तो वह अच्छा चलेगा। कार्य का विभाजन न हो तो समस्या पैदा होती है। बहुत सारी स्त्रियां नौकरी पर भी जाती हैं, आर्थिक दृष्टि से यह अपेक्षित हो सकता है, पर इस चिंतन का दूसरा पहलू यह है कि माताएं छोटे बच्चों को कहीं छोड़कर सर्विस में जाती हैं तो उन बच्चों की स्थिति थोड़ी दयनीय बन जाती हैं। उनके संस्कारों में अंतर आता है। कुछ बच्चे आवारा हो

जाते हैं, उच्छृंखल हो जाते हैं। माता के साथ जितना बच्चे को रहना चाहिए, उतने समय वह रहे तो बच्चा मां की बात को अच्छी तरह स्वीकार करता है और उसका विकास भी अच्छा होता है।

जर्मनी में इस विषय पर चिंतन हो रहा है कि माताओं को सर्विस नहीं करनी चाहिए। क्योंकि बच्चे आवारा हो रहे हैं। वहां इसके लिए आंदोलन चल रहा है कि स्त्रियों को घर में रहना चाहिए, बच्चों को संभालना चाहिए, बच्चों के चरित्र का निर्माण करना चाहिए। यह हम निश्चित मानें कि कार्य का विभाजन बहुत जरूरी है। बच्चों का लालन पालन मां करती है, मां पर ज्यादा दायित्व है।

एक बार हम बीकानेर में थे। महाराष्ट्र से एक भाई आया। उसकी गोद में एक बच्चा था। आकर रोने लग गया। मैंने कहा- क्या बात हुई? बच्चा क्यों रो रहा है? भाई ने कहा- दुर्घटना में स्त्री का देहांत हो गया। अब दो छोटे बच्चे हैं, मैं उन्हें कैसे संभालूं? यह तो स्त्रियों का काम है। मैं दुकान का काम करूं या इनको संभालूं? वह इस प्रकार करुणापूर्ण वाणी में बोल रहा था। मैंने अनुभव किया कि प्रबंधन बहुत जरूरी है। यह पारिवारिक व्यवस्था है। एक व्यक्ति पर ही सारा भार आ जाए तो वह कार्य कभी अच्छा हो नहीं सकता। सामंजस्य के लिए बहुत जरूरी है कि कार्य का सम्यक् विभाग करें। जहां कार्य का सम्यक् विभाग होता है, वहां परस्पर कलह की संभावना कम हो जाती है।

सामंजस्य की तीसरी कसौटी है- दूसरे की अपेक्षा का ध्यान देना। अनेक व्यक्ति साथ में रहते हैं। किसी-किसी में स्वार्थ की वृत्ति ज्यादा बढ़ जाती है। जो मुखिया है, बड़ा है अगर उसकी भी स्वार्थ चेतना जाग गई, तो वह अपनी सुविधा पर ज्यादा ध्यान देता है, दूसरे की सुविधा को गौण कर देता है। वहां समस्या पैदा हो जाती है। हमें यहां दर्शन के सिद्धांत का प्रयोग करना चाहिए। दार्शनिक भाषा में हम बोलते हैं सब जीवन समान हैं। किंतु व्यवहार की भाषा में इसका उपयोग कम होता है। अगर मुझे किसी व्यक्ति या वस्तु की जरूरत है तो मेरे साथ रहने वाले को भी जरूरत है। मैं अपनी सुविधा पर सारा ध्यान केन्द्रित कर दूं और दूसरों की सुविधा की उपेक्षा कर दूं तो वहां फिर सामंजस्य नहीं बैठ सकता, प्रतिक्रिया हो जाएगी। जहां प्रतिक्रिया है वहां फिर सामंजस्य नहीं हो सकता।

सबकी सुविधा पर ध्यान देना जरूरी है। जो प्रमुख है उसे शारीरिक सेवा की अपेक्षा है। वह अपेक्षा रखता है कि मेरा सहवर्ती सारे काम करे। सहवर्ती है, छोटा है उसको बीमारी हो गई, उसको भी अपेक्षा है कि सब मेरी सेवा करें, वहां फिर उसकी उपेक्षा हो जाती है। छोटे की उपेक्षा हो वहां सामंजस्य नहीं बैठ

सकता। आवश्यकता यह है कि जितनी सुविधा स्वयं को चाहिए उतनी सुविधा दूसरे को भी मिले तो फिर सामंजस्य में कोई कठिनाई नहीं होती। दूसरे की कठिनाई पर हमारा ध्यान न जाए तो संगठन भी मजबूत नहीं रहता और एकात्मकता भी नहीं बनती।

यह एक सामंजस्य का बहुत बड़ा सूत्र है। अपनी सुविधा है तो सब मौज में है। किसी को कुछ भी हो जाए कोई चिंता की बात नहीं, वहां फिर स्वार्थ को पनपने का मौका मिलता है। जहां स्वार्थ पनपेगा वहां फिर सामंजस्य नहीं रह सकेगा, यह प्रतिक्रिया होगी कि यह मौज कर रहा है हमें कष्ट दे रहा है। यह उल्टी प्रतिक्रिया हो जाती है। हमें दूसरे की अपेक्षा और सुविधा को ध्यान में रखकर अपने आग्रह को छोड़ देना चाहिए।

हमें भी ध्यान देना होता है दूसरे की अपेक्षा का। जब कभी प्रवचन में बहुत देरी हो जाती है तब सोचता हूं- साधु भिक्षा के लिए जाते हैं, पैर जलते हैं। मन में कम्पन होता है कि उन्हें कष्ट दिया जा रहा है। प्राय: समय की सीमा निर्धारित रखते हैं कि इतने समय से ज्यादा प्रवचन न चले, पर कई बार विलम्ब हो जाता है। हमें साधु-साध्वियों और गृहस्थों की अपेक्षा को भी समझना होगा। अगर इस ओर ध्यान न जाए तो परस्पर में तनाव शुरू हो जाता है, सामंजस्य भंग होता है। सबकी अपेक्षा को मिलाकर एक अपेक्षा का निर्माण करना और सबके स्वार्थों को मिलाकर एक स्वार्थ का निर्माण करना, यही सामंजस्य का सूत्र है।

सामंजस्य की चौथी कसौटी है- अनाग्रह। केवल अपने स्वार्थ और अपनी अपेक्षा को पूरा करने की बात होती है वहां फिर आग्रह हो जाता है, समस्या पैदा होती है। जहां आग्रह की बात नहीं, सामंजस्य की बात है, वहां समस्या समाप्त हो जाती है। हम भी यात्रा करते हैं। यात्रा में सामंजस्य करते हैं। सामंजस्य के लिए जरूरी है कि अपना कोई आग्रह न हो।

एक नए रसोइए का इन्टरव्यू लिया और रख लिया। रखने के बाद मालिक ने कहा- बाजार में जाओ, साग-सब्जी ले आओ रसोइया बोला- मैं नया हूं, जानता नहीं हूं, कैसे जाऊं? आलसी था, स्वार्थी था। मालिक ने कहा- लो, मैं सारा सामान ले आया। अब तुम रसोई बना लो। रसोइया बोला- मालिक! मैं जानता नहीं हूं, कैसे बनाऊं? मालिक ने रसोई बनाई, खाने बैठा तो बोला आओ तुम भी खा लो। बोला- आ रहा हूं। दो बार मनाही कर दी, बार-बार मना करना अच्छा नहीं होता। इस प्रकार की मनोवृत्ति वाले लोग साथ में ज्यादा टिक नहीं पाते। दूसरे दिन उसकी छुट्टी हो गई कि निकम्मा आदमी है, कुछ भी नहीं करता। एक दूसरे की उपेक्षा और एक दूसरे की सुविधा पर ध्यान देते हैं तो साथ रह सकते हैं।

सामंजस्य की पांचवी कसौटी है- सेवाभाव, सहयोग का भाव। सेवाभाव न हो तो फिर सामंजस्य नहीं रह पाता। स्वयं बीमार पड़ता है तब दूसरों की सेवा लेना चाहता है। दूसरा कोई बीमार पड़ता है तो पास में जाकर पूछता भी नहीं है तो फिर सामंजस्य नहीं रह सकता। सामंजस्य के लिए जरूरी है सेवा की भावना हो और एक दूसरे का सहयोग करने की भावना हो। सहयोग के बिना हमारा काम चल नहीं सकता। हमें एक दूसरे का सहयोग करना है।

सामंजस्य की छठी कसौटी है- समझौतावादी मनोवृत्ति। कुछ लोग अड़ियल प्रकृतिवाले होते हैं, किसी बात पर समझौता करना पसंद नहीं करते, उनमें सामंजस्य नहीं हो सकता। सामंजस्यवादी मनोवृत्ति अनेकांत का व्यावहारिक प्रयोग है। अनेकांत दर्शन का दार्शनिक दृष्टि से मूल्य है किंतु व्यावहारिक दृष्टि से भी उसका मूल्य कम नहीं है। बहुत बड़ा महत्त्व है। मैंने एक पुस्तक लिखी 'अनेकांत है तीसरा नेत्र'। उसका अंग्रेजी अनुवाद विद्वानों के पास पहुंचा तो उन्होंने बताया कि एक नवीन कोण से अनेकांत को प्रस्तुत किया गया है। उन्होंने समझने का प्रयत्न किया। अनेकांत कोरा दार्शनिक सत्य नहीं, व्यावहारिक सत्य भी है। जब तक हम अनेकांत का प्रयोग नहीं करेंगे, समझौता नहीं होगा। अड़ियल मनोवृत्ति वाला किसी के साथ सामंजस्य नहीं बिठा सकता।

समझौता सबको करना पड़ता है। महायुद्ध होते हैं तो भी आखिर समझौता होता है। न्यायालय में केस होते हैं तो पहले ही कहते हैं कि आपस में समझौता कर लो। लड़ाई को मिटाने का सबसे अच्छा उपाय है समझौता। संधि कर लो, समझौता कर लो। जो यह करना नहीं जानता, वहां विग्रह, लड़ाई-झगड़ा, कलह, पारस्परिक कटुता का वातावरण बन जाता है। समझौता करें- कुछ तुम झुको, कुछ मैं। हम दोनों झुक कर समस्या का समाधान कर लेंगे।

सामंजस्य के इन छह सूत्रों का अनुपालन करें, कसौटी करें कि मैं कहां तक पहुंचा हूं। सामंजस्य के द्वारा व्यावहारिक जीवन सरस और आनंदमय हो सकता है।

13

तब हो सकता है शांतिपूर्ण सहवास

प्राचीन साहित्य में अनेक प्रकार की कलाएं बतलाई गई हैं। स्त्रियों के लिए चौसठ और पुरुष के लिए बहत्तर कलाओं का निर्देश हैं। कला एक चमत्कार है। बड़ी विचित्र होती हैं कलाएं। एक व्यक्ति एक काम करता है और उसके साथ कला शब्द जुड़ जाता है तो उसका सौंदर्य शतगुणित हो जाता है। उन सब कलाओं में श्रेष्ठ कला है जीने की कला। कहा गया है-

जो सब कलाओं को जानता है, धर्म की कला को नहीं जानता, उसके लिए शेष सारी कलाएं व्यर्थ हैं। धर्म की कला को हम जीने की कला कह सकते हैं। मरने की भी कला होती है।

आज हम जीने की कला पर चिंतन करें। हमें मनुष्य का जीवन मिला है। इसे बहुत दुर्लभ माना गया है। असंख्य निहारिकाओं के बीच मनुष्य जैसा विकासशील और विकसित प्राणी दुनिया में कोई नहीं है, उसका सबसे बड़ा स्थान है। ऐसा मानते हैं कि देवता का स्थान बहुत ऊंचा है। वे जो मन में सोचते हैं वह काम हो जाता है। यह भी कहा गया- देवता भी चाहते हैं कि मनुष्य बनकर आत्मा का कल्याण करें। आखिर मनुष्य ही सबसे बड़ा है। ऐसा दुर्लभ मनुष्य जीवन पाकर कैसे जीना चाहिए और कैसे इस जीवन का उपयोग करना चाहिए- जो इस कला को नहीं जानता, उसके लिए शेष सारी कलाएं बहुत काम की नहीं रहती।

जीने की कला का एक सूत्र है शांति से जीना। जिसमें हिंसा का भाव है वह शांति से नहीं जी सकता। शांति से जीवन जीने का अर्थ होता है शांत सहवास। शांत सहवास का तात्पर्य है- साथ में रहते हैं और बड़ी शांति के साथ रहते हैं। कोई भी एक दूसरे को बाधा नहीं पहुंचाता है, समस्या पैदा नहीं करता। जहां सब अपनी-अपनी सीमा में रहते हैं, सबको अपनी सीमा का बोध होता है, वहां शांत सहवास बना रहता है। जहां लड़ाई झगड़ा होता है वहां शांतिपूर्ण सहवास नहीं हो सकता। यदि यह पूछा जाए कि इस दुनिया में सर्वोत्तम संपत्ति क्या है?

हीरा, माणिक आदि सर्वोत्कृष्ट वैभव के प्रतीक हैं, यह नहीं माना जा सकता। जिनके पास अपार धन हैं वे लोग भी बड़ा दुःखी जीवन जीते हैं, उनके जीवन में शांति नहीं है। धन का संबंध सुविधा के साथ है, शांति के साथ नहीं है। धन से सुविधा मिल सकती है, शांति नहीं मिल सकती।

शांत सहवास कब हो सकता है? जब सहिष्णुता का विकास होता है, विनम्रता का विकास होता है, सामंजस्य का विकास होता है तब शांत सहवास होता है। सहिष्णुता के बिना विनम्रता का विकास नहीं हो सकता। जब सहिष्णुता और विनम्रता दोनों का विकास होता है तब सामंजस्य का विकास होता है। जब सहिष्णुता, विनम्रता और सामंजस्य इन तीनों का विकास होता है तब शांतिपूर्ण सहवास का वातावरण बनता है।

असहिष्णु व्यक्तियों का सहवास शांति का नहीं हो सकता। एक ऑफिसर बड़ा गुस्सैल था। परिवार वालों ने बताया कि इस एक व्यक्ति के गुस्से के कारण हम सब त्रस्त रहते हैं, भयभीत रहते हैं और घर में अशांति रहती है। सहिष्णुता के बिना विनम्रता कभी संभव नहीं है? विनम्रता के बिना सामंजस्य सभव नहीं है और सामंजस्य के बिना शांत सहवास संभव नहीं है। जहां उद्दण्डता है, उच्छृंखलता है, वहां अशांति बनी रहती है। जिस परिवार में, जिस संगठन में ये तीनों बाते हैं- सहन करने की शक्ति है, विनम्रता की शक्ति है और सामंजस्य की शक्ति है, वहां शांतिपूर्ण सहवास हो सकता है।

सामंजस्य के लिए एक गुण और अपेक्षित है वह है आवेश पर नियंत्रण का अभ्यास। आवेश पर नियंत्रण बहुत कठिन बात है। हर व्यक्ति के अपने-अपने आवेश होते हैं। कषाय के आवेश किसी में मंद हैं, किसी में मध्यम हैं, किसी में तीव्र हैं। यह इमोशन की समस्या सर्वत्र रहती है। इसमें तारतम्य भी रहता है।

एक व्यक्ति की बात परिवार का दूसरा सदस्य मानने को तैयार नहीं है और वह जो कहता है उसका उल्टा ही होता है। क्योंकि इमोशन की समस्या सर्वत्र रहती है। उसके कारण जीवन की मान्यताएं भी अलग हो जाती हैं, धारणाएं भी अलग बन जाती हैं और उनका समीकरण होना भी मुश्किल होता है। कहीं प्रकृति की विचित्रता बाधा डाल देती है, कहीं भावात्मक धारणाएं बाधा डाल देती हैं।

एक पुरानी कथा है। पति बहुत भद्र था। पत्नी स्वच्छंद थी। वह सदा पति की इच्छा के विपरीत कार्य करती। पति कहता- यह काम करो, पत्नी कभी नहीं करती। पति कहता- यह मत करो तो वह जरूर करती। पत्नी के स्वभाव की जटिलता से पति बड़ा परेशान था, घरवाले भी परेशान थे। आखिर जब ऐसी स्थिति होती है तो उसके प्रति विरक्ति भी हो जाती है। वह रहे तो ठीक और

न रहे तो भी अच्छा, यह बात भी मन में आ जाती है। पति ने सोचा- बड़ी समस्या है क्या करें। पर्व का दिन आया, सोचा- आज पर्व का दिन है, सब लोग नदी में स्नान करने जाएंगे, आज अच्छा अवसर है।

पति ने कहा- 'आज पर्व का दिन है। हजारों लोग नदी में स्नान करने जाएंगे। तुम भी जाओ तो बढ़िया कपड़े पहनकर जाना, नहीं तो अच्छा नहीं लगेगा।'

पत्नी- 'नहीं, बिल्कुल नहीं पहनूंगी।'

पति- 'कोई बात नहीं पर थोड़ा गहना पहनकर जाना।'

पत्नी- 'नहीं, जो हैं वे भी उतार दूंगी।'

पति- 'जैसी तुम्हारी इच्छा.हो पहनकर जाना पर यह ध्यान रखना कि किनारे पर ही स्नान कर लेना, आगे मत जाना।'

पत्नी- 'क्यों नहीं जाऊंगी? मैं जरूर जाऊंगी।'

ऐसी प्रकृति के लोग भी होते हैं और उनकी विचित्र मान्यताएं भी होती हैं। उनके आवेशों का समीकरण कैसे किया जाए? बड़ा कठिन प्रश्न है। वह सामान्य वस्त्र पहन कर गई। गहने घर पर छोड़ दिए। नदी के किनारे स्नान नहीं किया। गहराई में गई और पानी के प्रवाह में समा गई।

हम दूसरे पहलू से विचार करें। ऐसे लोग सौ में दस-बीस प्रतिशत होते हैं। अस्सी प्रतिशत लोग अच्छे होते है।, जिनकी प्रकृति जटिल नहीं होती, जिनकी मान्यताएं गलत नहीं होतीं। ऐसे लोगों की संख्या ज्यादा है। कम से कम पचहत्तर-अस्सी प्रतिशत लोगों के लिए अवश्य प्रयत्न करना चाहिए जो अपने आवेश पर नियंत्रण करें, आवेश पर नियंत्रण का अभ्यास करें। एक दिन में आवेश पर नियंत्रण नहीं होता, न दस दिवसीय प्रेक्षाध्यान शिविर में होता है। उसमें केवल रास्ता मिल जाता है, अभ्यास की पद्धति मिल जाती है, क्रम बन जाता है और फिर अभ्यास करते करते आवेश पर नियंत्रण हो जाता है।

हमने ऐसे लोगों को देखा कि पिता का आवेश शांत है, पुत्र भी बहुत विनीत है। पूरा परिवार जैसे उनके वश में है, सब उनके अधीन होकर चलते हैं। ऐसे पिता को भी देखा जिसका आवेश शांत नहीं है। पुत्र कहता है, मेरा पिता तो निकम्मा है। कारण यही है कि आवेश पर नियंत्रण नहीं है। एक अवस्था के बाद तो और अधिक नियंत्रण होना चाहिए। चालीस वर्ष के बाद अवस्था ढलती जाती है, उस स्थिति में यदि मेरा अपने आवेशों पर नियंत्रण नहीं होगा, तो अच्छा नहीं है। इधर कर्मजा शक्ति कम होती जा रही है फिर मुझे कौन पूछेगा? गुस्से में, आंवेश में रहा तो लोग और अधिक दूर हो जाएंगे। हर आदमी को भविष्य दर्शन करना चाहिए। आज जो तीस-चालीस वर्ष का है, उसे अपने सामने सत्तर-अस्सी

वर्ष रखना चाहिए। आज मैं हूं उसके बाद क्या होगा, यह भी याद रखना चाहिए। अगर सत्तर-अस्सी का हो गया, उससे आगे क्या होगा। उस पर भी विचार करना चाहिए। अवस्था की बढ़त और मृत्यु दोनों को सामने रखकर अपने कार्यक्रम का निर्धारण करें, आवेश पर नियंत्रण करने का अभ्यास करें तो अच्छा शांत सहवास हो सकता है।

शांत सहवास का एक सूत्र है सापेक्ष दृष्टिकोण का विकास। शांत सहवास तब रह सकता है जब हमारी दृष्टि सापेक्ष होती है। हम अपेक्षा को समझते हैं कि कौन व्यक्ति किस अपेक्षा से क्या कर रहा है। मेरी भी अपेक्षा है, उसकी भी अपेक्षा है। मैं दूसरे की अपेक्षा को नहीं नकारूंगा, गौण नहीं करूंगा। इस सापेक्ष दृष्टि का विकास होने पर शांत सहवास रहता है। जो व्यक्ति निरपेक्ष दृष्टि वाला होता है वह कहता है कि मैं नहीं बदल सकता, मेरी प्रकृति जैसी है, वैसी रहेगी, तुम्हें बदलना है तुम ध्यान दो। जहां इतना निरपेक्ष दृष्टिकोण होता है, वहां शांत सहवास नहीं हो सकता। पति और पत्नी दोनों को शांतिपूर्ण जीवन जीना है तो दोनों को ही सापेक्षता का अनुभव करना है। पति यह सोचे कि पत्नी के बिना मेरा काम नहीं चलता। पत्नी यह सोचे कि पति के बिना मेरा काम नहीं चलता, यह सापेक्ष दृष्टिकोण है। एक दूसरे को एक दूसरे की अपेक्षा है। जब रोटी का समय है तब पत्नी की अपेक्षा है और जब पैसा लेने-देने का समय है तब पति की अपेक्षा है। दोनों की अपेक्षा है। यह सापेक्ष दृष्टिकोण है।

यह जीवन की समरसता और शांति का बहुत बड़ा सूत्र है- हमें एक दूसरे की अपेक्षा है इसलिए हम एक दूसरे की अवज्ञा नहीं करेंगे। अग्रणी को सहवर्ती की अपेक्षा है और सहवर्ती को अग्रणी की अपेक्षा है। एक साध्वी, रमणी या साधु में भिक्षा लाने का सामर्थ्य है और एक में प्रवचन देने की क्षमता है। प्रवचन की क्षमता है और वह अगर भिक्षा नहीं लाता तो कोई कठिनाई नहीं है। भिक्षा लाने वाला है यदि प्रवचन नहीं करता, तो कोई कठिनाई नहीं है। हमारा परस्पर सामंजस्य है। हम उस अपेक्षा को समझकर काम करें। एक दूसरे की अपेक्षा है, निरपेक्ष नहीं हैं, बस यह धारणा बन जाए तो फिर शांत सहवास के लिए बहुत अच्छा मौका मिलता है।

शांतिपूर्ण सहवास का एक सूत्र है तटस्थ मनोवृत्ति का विकास। जहां पक्षपात होता है वहां शांत सहवास नहीं हो सकता। जहां शांत सहवास होता है वहां पक्षपात नहीं हो सकता। एक सहवर्ती साधु को लगे कि अग्रणी का अमुक के प्रति झुकाव है, मेरे प्रति नहीं है, वहां शांत सहवास खण्डित होना शुरू हो जाता है। समस्या दोनों तरफ से है। झुकाव होने के भी कई कारण हैं। एक व्यक्ति में

अधिक योग्यता है, क्षमता है। एक में कम योग्यता है। जिसमें जैसी योग्यता है उससे वही काम लिया जा सकता है। जिसमें योग्यता नहीं है उससे वह काम नहीं लिया जा सकता। इसे पक्षपात नहीं मानना चाहिए। पक्षपात की परिभाषा हम करें कि जो मौलिक अधिकार हैं, मौलिक वृत्तियां हैं, मौलिक भाव हैं और जीवन की मौलिक अपेक्षाएं हैं, उनकी पूर्ति में अंतर रहता है तो पक्षपात की बात हो सकती है। पिता के दो पुत्र हैं। एक का दिमाग बहुत अच्छा है और एक का दिमाग अविकसित है। वहां यह सोचे कि इससे इतना काम लिया जा रहा है, हमसे नहीं लिया जा रहा है। यह चिंतन सही नहीं है। हमें मौलिकता के आधार पर परिभाषा निश्चित करनी होगी। जीवन की मूलभूत अपेक्षाएं, आवश्कताएं, मूलभूत अधिकार आदि का कहीं हनन नहीं होना चाहिए। उनका हनन होता है तो फिर वहां पक्षपात की बात आ जाती है।

एक पिता के पास चार करोड़ रुपये हैं। तीन बेटों को एक-एक करोड़ दे दिया और एक को कहा- तुम्हारे संतान नहीं है, तुम्हें कुछ नहीं दूंगा। यह पक्षपात हो सकता है, क्योंकि अधिकार समान हैं। अगर विभाग हो तो चारों का समान होना चाहिए। किसी एक को संपत्ति का विभाग न देना पक्षपात माना जा सकता है। यह पक्षपात पारिवारिक समस्या पैदा करता है और सामूहिक समस्या भी पैदा करता है। यह धर्मक्षेत्र में भी हो सकता है। इसलिए व्यवस्था की गई कि चार साधु हैं। वे भिक्षा के लिए गए, उन्हें एक रोटी मिली। उसके चार खण्ड हो जाएंगे। यह नहीं होगा कि बड़ा है वह आधी खा ले, दूसरों को थोड़ा-थोड़ा दे। संविभाग होना चाहिए। ऐसा नहीं होता है तो पक्षपात हो जाएगा। बहुत स्पष्ट रहे कि जो हमारे मौलिक अधिकार, जीवन की मौलिक अपेक्षाएं, उनमें सबके साथ समान व्यवहार हो। एक बीमार हुआ, उसके लिए सारी व्यवस्था कर दी। दूसरा बीमार हुआ, ध्यान ही नहीं दिया। यह पक्षपात है। जो समान अपेक्षाएं हैं, वे सबको उपलब्ध होनी चाहिए। उसका अतिक्रमण पक्षपात है। जो योग्यता के आधार पर कार्य करता है उसमें पक्षपात नहीं होता। एक अच्छा वक्ता है, उसे कहा-तुम प्रवचन करो। आज बहुत अच्छे-अच्छे विद्वान आने वाले हैं। दूसरा सोचेगा कि यह पक्षपात कर दिया, उसको प्रवचन करने के लिए कहा, मुझे नहीं कहा। यह योग्यता के आधार पर कार्य का विभाजन है। एक अच्छा गायक है उसे कहा कि आज तुम मंगलाचरण करो। दूसरा सोचेगा कि इन्हीं को अवसर मिलता है, मुझे मंगलाचरण का अवसर ही नहीं मिलता, बड़े कार्यक्रमों में गाने का अवसर ही नहीं मिलता। यह पक्षपात नहीं है। यहां निर्णय का आधार योग्यता है।

हमें पक्षपात की बात को सम्यक् समझ लेना चाहिए। जिसको जो अधिकार प्राप्त है, उसका बराबर सम्यक् नियोजन करना और जो व्यक्तिगत विशेषताएं हैं, उनके आधार पर कार्य का विभाजन करना। एक है व्यवस्था का विभाजन, एक है कार्य का विभाजन। व्यवस्था में जो मौलिक बातें है सबकी समान होंगी। विशेष कार्य का विभाजन योग्यता के आधार पर होगा। एक अच्छा लेखक है, उसे कहा गया है कि तुम इस विषय में पुस्तक लिखो। दूसरा सोचता है इसको कह दिया, मुझे नहीं कहा। यह पक्षपात नहीं है। यह क्षमता के आधार पर होता है, इसके बिना काम ही नहीं चलता।

अग्रणी व्यक्ति स्वयं सोचें कि मैं यह काम कर रहा हूं। रागात्मक, द्वेषात्मक वृत्ति के कारण पक्षपात का विकिरण हो रहा है या औचित्य के आधार पर कर रहा हूं। अगर औचित्य के आधार पर है तब तो बिल्कुल ठीक है। वहां अगर रागात्मक, द्वेषात्मक वृत्ति आए तो वह अच्छा नहीं है। जयाचार्य और आचार्य तुलसी ने इस पर बहुत अच्छा विश्लेषण किया है। उन्होंने योग्यता को कसौटी माना। परिवार में चार लड़के हैं। एक भोला है, एक बहुत होशियार है। पिता होशियार को दुकान की चाबी सौंप देता है, भोले को नहीं। उसके मन में आएगा कि बाप पक्षपात कर रहा है। यह पक्षपात नहीं है, योग्यता का सम्यक् नियोजन है।

शांत सहवास का एक सूत्र है स्वार्थों के समीकरण का प्रयोग। केवल अपने स्वार्थ की पूर्ति नहीं, सबके स्वार्थों को मिलाकर कार्य का निर्धारण करना। इस अवस्था में शांत सहवास हो सकता है।

शांत सहवास के बाधक तत्त्व और साधक तत्व दोनों पर हमने विचार किया। हम साधक तत्त्वों का विकास करें और शांति के साथ जीने की कला का निर्माण करें तो जीवन का आनंद आएगा। मनुष्य जैसा दुर्लभ शरीर मिला, नाड़ी तंत्र, मस्तिष्क, सब कुछ शक्तिशाली मिला फिर भी कोई व्यक्ति रोते-रोते जीता है तो वह शायद पशुओं से भी नीचे का जीवन जीता है। हमें वैसा जीवन नहीं जीना है, यह संकल्प प्रबल बने। इस संकल्प की प्रबलता शांति की सृष्टि कर सकती है।

14

सामुदायिक चेतना

एक गांव के पड़ोसी परिवारों में पांच-दस जुड़वा बच्चों का जन्म हो गया। प्रश्न हुआ- आजकल जुड़वां बच्चे क्यों ज़न्म लेते हैं? एक समझदार आदमी ने कहा- आज की दुनिया में भय बहुत है, आतंक बहुत है, चारों ओर डर ही डर है इसलिए अकेला बच्चा आने से डरता है, दो मिलकर आते हैं उपनिषद का सूत्र है- जहां दूसरा है वहां डर होता है।

एक और दो इन दो शब्दों के आधार पर बहुत मीमांसा हुई है। एक अकेला व्यक्ति है। अनेक का अर्थ होता है समाज, समुदाय। दोनों में संघर्ष भी है, दोनों सापेक्ष भी है, एक दूसरे के बिना काम नहीं चलता।

हम व्यक्ति को सब कुछ मानकर समाज को और समाज को सब कुछ मानकर व्यक्ति को गौण नहीं कर सकते। दोनों की सापेक्षता से समीचीन सिद्धांत बनता है। व्यक्ति की अपनी वैयक्तिक विशेषताएं हैं, उनक्रो सामुदायिक नहीं कहा जा सकता। जैसे ज्ञान व्यक्ति की अपनी विशेषता है, वह सामाजिक नहीं हो सकता। संवेदन व्यक्ति की विशेषता है, वह सामुदायिक नहीं होता। किसी के पैर में चोट लग गई, हाथ में चोट लग गई, शरीर में चोट लग गई, दूसरा सहानुभूति प्रकट कर सकता है पर वेदना को नहीं बांट सकता। क्योंकि संवेदन अपना-अपना होता है, उसका विनिमय नहीं होता।

एक विद्यार्थी ने डॉक्टर से कहा- 'डॉक्टर साहब! पट्टी दाएं हाथ में मत बांधो।'

डॉक्टर- 'चोट दाएं में लगी है तो दाएं हाथ में ही पट्टी बाधूंगा।'

विद्यार्थी- 'नहीं, बाएं हाथ पर बांध दो।'

डॉक्टर- 'कैसी मूर्खता की बात करते हो, चोट दाएं हाथ पर लगी है, पट्टी बंधवाना चाहते हो बाएं हाथ पर।'

विद्यार्थी- 'डॉक्टर साहब! मैं ठीक कहता हूं। इस पर पट्टी बांधेंगे तो मुझे बहुत कष्ट सहना पड़ेगा। क्योंकि जब मैं स्कूल जाऊंगा, मेरे साथी मिलेंगे और वे हाथ को झकझोर कर पूछेंगे कि तुम्हारे क्या हुआ तो हाथ में बहुत पीड़ा हो जाएगी। दाएं हाथ को हिलाएंगे तो मुझे कोई कष्ट नहीं होगा, सहानुभूति होगी।'

बीमार को कोई कष्ट है, दूसरे सहानुभूति प्रकट कर सकते हैं पर वेदना का विभाग नहीं कर सकते। अनाथी मुनि का प्रसंग विश्रुत है। आंख में बहुत भारी वेदना हो गई। बहुत बड़ा धनी परिवार था पर अनाथी मुनि की वेदना को कम नहीं कर सका। उन्होंने स्वयं कहा- सब कुछ था पर मेरी वेदना को कोई ले नहीं सका। यह नितान्त वैयक्तिक है। ज्ञान वैयक्तिक, संवेदना वैयक्तिक, अनुभव वैयक्तिक और कुछ बातें वैयक्तिक होती हैं किंतु पदार्थ वैयक्तिक नहीं होता, वस्तु वैयक्तिक नहीं होती। इसलिए समाज शास्त्र का एक सूत्र है कि संपत्ति सारे समाज की होती है।

भ्रष्टाचार, आतंकवाद और बेरोजगारी का संबंध पदार्थ के साथ है। सारी समस्याएं पदार्थ से जुड़ी हुई हैं। एक व्यक्ति जब अपेक्षा से अधिक इकट्ठा कर लेता है तब सबकी आंख उस पर केन्द्रित हो जाती है। यही समस्या आगे चलकर विकराल बन जाती है। यदि समाज व्यवस्था के साथ यह प्रकल्प होता कि संपत्ति पर व्यक्ति का नहीं, समाज का अधिकार होगा तो आज यह समस्या देखने को नहीं मिलती।

वर्तमान में व्यक्तिवादी चेतना अधिक काम कर रही है। धर्म में यही सिखाया जाता है कि व्यक्ति अकेला आता है, अकेला कर्म करता है, अकेला उसका फल भोगता है। ये सारी बातें व्यक्तिवाद की धारणा को पुष्ट करने वाली हैं। सब कुछ व्यक्तिगत है, अपना-अपना है। अध्यात्म और धर्म की अनुभूति का सूत्र है- मैं अकेला हूं ऐसा अनुभव करो और वह सच्चाई भी है। हर सच्चाई की सीमा होती है और हर सच्चाई सापेक्ष होती है। उसकी सीमा है- साधना, त्याग और संयम के क्षेत्र में मैं अकेला हूं किंतु सामाजिक जीवन में मैं अकेला नहीं हूं। यह चिंतन समस्या का समाधान करने वाला है। मैं अकेला हूं यह बात अध्यात्म की भूमिका वाला साधक कह सकता है। आचार्य कुन्दकुद की भाषा में-

ज्ञान दर्शन से युक्त मेरी आत्मा शाश्वत है। शेष जो बाह्य भाव हैं, वे सब संयोग जनित हैं।

एक समन्वय किया है संयोग और वास्तविकता का। वास्तविकता यह है कि आत्मा अकेली है, कोई दूसरा उसका साथी नहीं है। किंतु सामाजिक जीवन संयोगों का जीवन है। कोई साधु बनता है वह घर का त्याग करता है, पदार्थ का त्याग करता है, धन का त्याग करता है। पर उससे भी बड़ी बात है कि वह संयोगों का त्याग करता है। उत्तराध्ययन के पहले अध्ययन में साधु के तीन लक्षण बताए गए हैं-

संजोगा विप्पमुक्कस्स, अणगारस्स भिक्खुणो।

पहला लक्षण है संयोग से मुक्त होना। माता-पिता, भाई-बहिन अथवा पति-पत्नी आदि सारे संयोग हैं। साधु इन सब संयोगों से मुक्त होता है। अपना सुख, अपनी सुविधा, अपना भोग, अपना धन, अपना मकान- ये सारे संयोग हैं, इन सब संयोगों से मुक्त होना साधुता का पहला लक्षण है। एक मुनि सोचता है- जितने भी संयोग हैं उनका एक दिन निश्चित ही वियोग होने वाला है। इसलिए मुझे इनमें आसक्त नहीं होना है, लिप्त नहीं होना है। संयोग मुक्त चेतना की जागृति होने पर पदार्थ के प्रति आसक्ति भी कम हो जाती है, अन्यथा पदार्थ के प्रति आसक्ति प्रबल होती है।

प्रश्न होता है- समुदाय कब बनता है? जब वह पदार्थ के साथ जुड़ जाता है तब वह समुदाय है। पदार्थ के बिना जीवन नहीं चलता, इसलिए इसमें वैयक्तिकता नहीं है सामुदायिकता है। रोटी, कपड़ा, मकान आदि-आदि जितने पदार्थ हैं उनके बिना किसी का जीवन नहीं चलता, साधु का जीवन भी नहीं चलता। इस अर्थ में साधु भी सामाजिक प्राणी बन जाता है, सामुदायिक बन जाता है।

सामुदायिक चेतना को विश्लेषित करने के लिए हमें दो भूमिकाओं पर सोचना होगा। सामुदायिकता को कोई भी व्यक्ति छोड़ नहीं सकता इसलिए सामुदायिकता बहुत जरूरी है। सामुदायिकता ऐसी भी नहीं होनी चाहिए कि उससे वैयक्तिकता को हानि पहुंचे। दोनों दिशाओं में चलना है और सामुदायिकता का उपयोग करना है। अकेला व्यक्ति जी नहीं सकता, दूसरों का सहयोग लिए बिना कोई काम नहीं हो सकता। छोटा हो चाहे बड़ा, सबको सहयोग की जरूरत होती है। बड़े को तो और ज्यादा सहयोग की जरूरत होती है इसलिए उसे सामुदायिकता का सम्मान करना चाहिए।

हम दर्शन की भाषा में कह सकते हैं कि आत्मा वैयक्तिक है और जीवन सामुदायिक। आत्मा शरीरधारी है। शरीरधारी कोरी वैयक्तिकता की भूमिका पर नहीं जी सकता। उसे समुदाय की भूमिका पर भी विचार करना होता है। अगर कोरी आत्मा की बात होती तो न किसी को प्रवचन देने की जरूरत और न किसी को प्रवचन सुनने की जरूरत। सब अपने-अपने में रहते। किंतु सामुदायिकता है इसलिए जो व्यक्ति जानता है वह दूसरे को बताता है। शिक्षा चलती है, प्रयोग चलता है, पढ़ाई चलती है, व्यवसाय चलता है, सेवा, सहयोग का भाव चलता है। ये सारे सामाजिक तत्त्व हैं, वैयक्तिक नहीं हैं।

सामुदायिकता की भूमिका को समझना आवश्यक है। सहानुभूति, सेवा, सहयोग, सापेक्षता के बिना किसी भी प्राणी का जीवन नहीं चल सकता इसलिए

हमें सामुदायिकता का विकास करना है। जो व्यक्ति स्वार्थी होता है, सामुदायिकता का मूल्यांकन करना नहीं जानता, उसका जीवन अच्छा नहीं हो सकता। एक व्यक्ति कहता है- मैं अपने आप में रहूंगा, मुझे किसी दूसरे की अपेक्षा नहीं है। वह साधना भी नहीं कर सकता। जीवन चलाने के लिए दूसरे का सहयोग लेना आवश्यक है। जो व्यक्ति हिमालय की गुफा में जाकर बैठता है वह भी वहां हवा का सहयोग लेता है, ऑक्सीजन का सहयोग लेता है, नदी के पानी का सहयोग लेता है झरने के पानी का सहयोग लेता है। हवा लेता है, पानी लेता है और वनस्पति का सहारा लेता है। सहारे के बिना शरीर नहीं चल सकता। आत्मा को किसी के सहारे की जरूरत नहीं है, क्योंकि वह वास्तव में अकेली है और शरीर सहारे के बिना चल नहीं सकता। शरीर स्वयं पदार्थ है। वह पदार्थ के बिना नहीं चल सकता। यह स्पष्ट होना चाहिए कि कोई भी शरीरधारी दूसरे का सहयोग लिये बिना जी नहीं सकता। इसलिए सामुदायिक चेतना का जागरण जरूरी है।

व्यक्ति शरीरधारी है पर उसमें सामुदायिक चेतना नहीं है तो वह अवांछनीय व्यक्ति बनेगा, कोई उसको पास में नहीं रखना चाहेगा। हमें वह व्यक्ति चाहिए, जो हमें सहयोग कर सके। 'सहयोग' एक अच्छा शब्द है। इसमें 'योग' और 'सह' दोनों का जुड़ाव है। तुम मेरा काम करो मैं तुम्हारा काम करूंगा- यह सहयोग है। दोनों का एक साथ मिला हुआ योग है। सामुदायिक चेतना का बहुत बड़ा सूत्र है सहयोग। परस्पर में एक दूसरे का सहयोग रहे। ये शब्द बहुत बार सुनते हैं कि मैं अकेला रह गया। सामुदायिक जीवन में अकेला रहना समस्या है और साधना के क्षेत्र में, अध्यात्म की भूमिका में अकेला होना सर्वोत्तम बात है। समाज की भूमिका में अकेला होना अच्छा नहीं है। साधना के क्षेत्र की बात समुदाय के क्षेत्र में न लाएं। कोई बीमार है। कहा गया कि इसकी सेवा करो। उत्तर मिलता है- किसका क्या संबंध है? आत्मा अकेली आती है, अकेली जाती है। मैं किस-किस की सेवा करूंगा? यह साधना के क्षेत्र की व्यक्तिवादी मान्यता का दुरुपयोग हो गया। जब स्वयं बीमार पड़ता है, दूसरों की सेवा लेना चाहता है। उस समय वह यह दुहाई नहीं देता कि आत्मा अकेली है, कौन किसका है? अगर चर्चा करो तो अध्यात्म के उत्कर्ष की भूमिका पर जाकर करो।

एक व्यक्ति ने पूछा- क्या तुम अनैतिक व्यवहार करते हो? उत्तर दिया- हां, मैं क्या करता हूं, सब लोग करते हैं। यह समूहवाद का दुरुपयोग है। सभी करते हैं, मैं अकेला नहीं करता। यह चिंतन स्वार्थ के कारण होता है। सामुदायिक चेतना का पहला व्यवहार है- स्वार्थ की चेतना का सीमाकरण। स्वार्थ इतनी बड़ी प्रेरणा है कि कोई भी आदमी स्वार्थ को नहीं छोड़ सकता। अपना स्वार्थ अच्छी बात

है पर स्वार्थ का सीमाकरण हो। सीमाकरण यह हो कि अपने स्वार्थ की पूर्ति के लिए दूसरे को हानि न पहुंचाएं, दूसरे को चोट न करें, दूसरे के कार्य में बाधा न डालें तो स्वार्थ कोई बुरी बात नहीं है। जहां स्वार्थ का अतिरेक है वहां सामुदायिक चेतना जागृत नहीं हो सकती। सामुदायिक चेतना के लिए जरूरी है स्वार्थ का सीमाकरण। स्वार्थ का सीमाकरण और परस्पर सहयोग का भाव सामुदायिक चेतना का प्राणतत्त्व है। हम इसका मूल्यांकन करें, जीवन में मधुरता का संचार होगा।

15

सामुदायिक चेतनाः सिद्धांत और व्यवहार

वेदांत के अनुसार ब्रह्म एक है। जो दृश्य जगत में हैं वे सब उसी के अंश हैं। जैन दर्शन के अनुसार आत्मा अनंत है किंतु स्वरूप की दृष्टि से सब समान हैं, कोई अंतर नहीं है। आत्मा की एकता अथवा आत्मा की समानता हमारी सामुदायिक चेतना का आधार बनती है।

सामुदायिक चेतना का दार्शनिक आधार है कि हम सब समान हैं। यह जो भेद किया गया है वह औपचारिक है, व्यावहारिक है, स्थूल है। उपयोगिता के लिए भेद कर दिया गया। हिंदुस्तान अखण्ड है। उसमें भेद कर दिया गया कि यह राजस्थान, यह हरियाणा, यह पंजाब, यह मध्यप्रदेश- यह एक उपयोगिता है। एक साथ पूरे देश की व्यवस्था हो नहीं सकती। अलग-अलग भागों में विभक्त कर दिया, व्यवस्था की सुगमता हो गई। वह हमारी उपयोगिता है, वास्तविकता नहीं है। वास्तव में सब आत्माएं समान हैं तो फिर हमारी चेतना भिन्न-भिन्न नहीं हो सकती। सभी की अनुभूति समान है। इसी आधार पर आचार्यों ने यह प्रतिपादन किया- तुम जो स्वयं के लिए चाहते हो, उसी के लिए तुम दूसरों की चाह में बाधा क्यों डालते हो? सब जीव जीना चाहते हैं तो तुम मारना क्यों चाहते हो? व्यवहार की भूमिका पर यह सामुदायिकता का सिद्धांत बहुत व्यापक बना है।

आगम-व्याख्या साहित्य का एक मार्मिक पद्य है। वह संगठन की दृष्टि से बहुत माननीय है-

एक व्यक्ति किसी संघ या संगठन के सदस्य की निंदा करता है तो वह निंदा एक व्यक्ति की नहीं, पूरे संघ की होती है। एक व्यक्ति किसी संघ के सदस्य की विशेषता का उल्लेख करता है, प्रशंसा करता है तो वह प्रशंसा उस व्यक्ति की नहीं, पूरे संघ की होती है। प्राकृत का यह सुंदर सूक्त है- संगठन के किसी एक सदस्य की अवहेलना संघ की अवहेलना है, सबकी अवहेलना है। संघ के किसी एक सदस्य की पूजा पूरे संघ की पूजा है, किसी एक व्यक्ति की नहीं। यह एक बहुत महत्त्वपूर्ण सूत्र है।

हम सामाजिक दृष्टि से विचार करें। पूरा हिंदुस्तान एक राष्ट्र है। उस राष्ट्र में कुछ व्यक्ति बहुत आराम से रहते हैं और कुछ व्यक्तियों को खाने को दाने भी नहीं मिलते। यह अवमानना उन व्यक्तियों की नहीं, पूरे राष्ट्र की अवमानना है। एक व्यक्ति भ्रष्ट आचरण करता है, इसका मतलब है वह पूरे राष्ट्र की अवमानना कर रहा है। एक व्यक्ति राष्ट्र का हित करता है तो वह पूरे राष्ट्र को गौरवान्वित करता है। यह आत्मा की समानता का सिद्धांत है, इसलिए हम एक के आधार पर कोई बात नहीं सोच सकते।

जहां संघ है संगठन है, वहां यदि एक व्यक्ति का बहुत उत्कर्ष होता है तो ईर्ष्या शुरू हो जाएगी, उसे गिराने का प्रयत्न किया जाएगा। इसका कारण सामुदायिक चेतना नहीं है। सामुदायिक चेतना का विकास हो तो गिराने का प्रयत्न नहीं होगा, प्रमोद भावना का प्रसंग आएगा। कितना अच्छा है कि एक व्यक्ति के कारण हमारा पूरा संघ, हमारा पूरा संगठन शक्तिशाली हो जाएगा। सोचने के दोनों कोण हैं- ईर्ष्या का भी प्रसंग है और उत्कर्ष भावना का भी प्रसंग है। जिसमें सामुदायिक चेतना नहीं होती, कोरी वैयक्तिक चेतना काम करती है, वहां ईर्ष्या का भाव प्रबल होता है। जिसमें सामुदायिक चेतना होती है उसका चिंतन स्वस्थ होता है। वह सोचता है- इसका उत्कर्ष हम सबका उत्कर्ष है।

बहुत सारी बीमारियां सामुदायिक चेतना के अभाव में पैदा होती हैं। यदि सामुदायिक चेतना हो तो विषम विभाग की बात ज्यादा चल नहीं सकती। आज हम धर्म संघ की दृष्टि से विचार करें तो धर्मसंघ में जो भी कुछ आए, उसमें सबका हिस्सा है। राष्ट्र की दृष्टि से विचार करें तो राष्ट्र की जो आय है उसमें सबका हिस्सा है। किंतु सामुदायिक चेतना के अभाव में कुछ लोग बहुत ले लेते हैं और कुछ लोग वंचित रह जाते हैं, संविभाग नहीं होता। संविभाग भी सामुदायिक चेतना का ही एक अंग है। मैंने एक व्यक्ति से पूछा- क्या तुम्हें अटपटा नहीं लगता कि एक रेल के डिब्बे में पांच लोग अच्छा भोजन कर रहे हैं और पांच लोग रोटी भी पूरी नहीं खा रहे हैं। मैं इस बात को सुनता हूं तो भी अटपटा लगता है कि वे लोग कैसे खाते हैं।

हमारा दार्शनिक सिद्धांत अगर व्यवहार में होता और सामुदायिक चेतना होती तो कभी ऐसा संभव नहीं होता। सामुदायिक चेतना में व्यक्ति अपनी नहीं सोचता, पूरे समूह की बात सोचता है, सबकी बात सोचता है।

वासुदेव कृष्ण का एक बहुत सुंदर प्रसंग है। प्राचीन काल में भेरियों का बहुत महत्त्व था। एक भेरी थी जो संग्राम के समय काम में आती। कौमुदी की भेरी विशेष उत्सवों पर काम आती। श्री कृष्ण के पास एक भेरी थी शिव का उपशम

करने वाली। बड़ी चमत्कारिक थी। वासुदेव कृष्ण आयुर्वेदशाला में जाते और एक बार भेरी बजाते। परिणामस्वरूप विशाल द्वारिका नगरी की व्याधियां मिट जातीं और छह महीनों तक कोई व्याधि नहीं होती। उस भेरी का प्रभाव था कि छह महीने तक न दवा की जरूरत, न डॉक्टर की जरूरत। यह सामुदायिक चेतना का एक बड़ा उदाहरण है।

जहां सामुदायिक चेतना नहीं होती, वैयक्तिक स्वार्थ होता है, वहां भ्रष्ट आचरण ही होता है। एक दिन एक व्यक्ति ने भेरी रक्षक से कहा कि मुझे चंदन की जरूरत है। गोशीर्ष चंदन बहुत कीमती होता है। उससे बनी हुई भेरियां थीं। उसने कहा- वह मिल नहीं सकता। नहीं, मुझे चाहिए, यह लो लाख रुपये। लोभ में आ गया, चन्दन दे दिया।

यह भ्रष्ट आचरण लोभ के कारण होता है। व्यक्तिगत सुविधा के कारण, व्यक्तिगत लोभ के कारण थोड़ा-सा टुकड़ा काटा, उसको दे दिया। चंदन का दूसरा टुकड़ा लगा दिया। लोगों को पता चला कि यह चंदन मिल सकता है। एक के बाद एक, कभी कोई, कभी कोई कठिनाई को लेकर आता, वह टुकड़े तोड़-तोड़कर दे देता। भेरी में जगह-जगह सामान्य चंदन के टुकड़े जुड़ते गए। छह माह बाद श्रीकृष्ण आयुर्वेदशाला में आए। भेरी हाथ में ली। भेरी की विशेषता थी कि उसकी आवाज पूरी द्वारिका में सुनाई देती थी और आज वह आवाज पूरी आयुर्वेदशाला में भी नहीं सुनाई दी। भेरी नकली टुकड़ों का समूह बन गई।

हम इस पर विचार करें। एक वह श्रीकृष्ण की सामुदायिक चेतना जो पूरे नगर के हजारों-लाखों लोगों के लिए भेरी का वादन करते, सबके अशिव का उपशम हो जाता, व्याधियां समाप्त हो जातीं। एक वह व्यक्तिगत चेतना, स्वार्थ की चेतना, लोभग्रस्त चेतना, सुविधावादी चेतना जो इतनी कीमती भेरी को भी खण्डित कर देती है और उसके महत्त्व को समाप्त कर देती है। दोनों चेतनाओं को देखें तो पता चलेगा कि जो व्यक्तिवादी या लोभ की चेतना है, वह भ्रष्ट आचरण पैदा करती है और सामुदायिक चेतना का ध्वंस करती है। जिसमें सामुदायिक चेतना होती है वह केवल अपना हित नहीं देखता, सबका हित देखता है। यह बहुत कठिन बात है। कठिनाई इसलिए है कि व्यक्ति की एक सीमा है। वह शरीर से बंधा हुआ है। यह उसकी सीमा है। इसलिए सामुदायिक चेतना सहज नहीं है। व्यक्ति सबसे पहले अपने शरीर की बात सोचता है।

भगवान महावीर ने परिग्रह के तीन प्रकार बतलाए। उनमें एक है शरीर का परिग्रह। दूसरा परिग्रह है धन का। साधु-संन्यासी बने हैं, किसी के पास धन नहीं है, एक परिग्रह नहीं है। तीसरा परिग्रह है संस्कारों का। आजकल साधु-संत भी

धन बहुत रखते हैं। उनके पास तीनों प्रकार का परिग्रह है। किंतु दो परिग्रह तो जो पैसा नहीं रखते, उनके साथ भी जुड़े हुए हैं। शरीर का ममत्व और कर्म संस्कारों का संग्रह, ये दोनों परिग्रह जुड़े हुए हैं।

गृहस्थ के सामने परिवार की समस्या है। वह अपने शरीर पर ज्यादा ध्यान देता है और दूसरों को पराया मान लेता है। एक व्यक्ति दुकानदार है, माल बेचता है, मिलावट बहुत करता है। लड़का आया, बोला-पिताजी! आज घर में मसालों की जरूरत है। पिता मौन हो गया। ग्राहक बैठे थे। लड़के को कहा- बैठ जाओ। लड़का बैठ गया। ग्राहक चले गये, तब पिता बोला- बेटा! अपने यहां शुद्ध मसाले नहीं मिलते, सब मिलावटी हैं, तू दूसरी दुकान पर जा। वहां शुद्ध मसाला मिलता है, वहां से ले आ।

दूसरों के लिए मिलावटी मसाला बेचता है और जहां अपना प्रश्न आया, वहां अपनी दुकान से नहीं लेगा, जहां शुद्ध मिलता है वहां से लेगा। यह सामुदायिक चेतना का एक व्यक्तिगत द्वंद है। इसी के आधार पर बहुत सारी समस्याएं पैदा हो रही हैं। बड़ा कठिन है इस घेरे से निकलना। व्यक्तिवाद का घेरा भी है और व्यक्तिवाद की उपयोगिता भी है। केवल व्यक्तिवाद का घेरा अनिष्ट भी पैदा करता है। अपने शरीर का मोह, अपने परिवार का मोह या अपने से जुड़े हुए लोगों का मोह, बस! एक घेरा बन गया, यहां तक सब ठीक करेगा, जहां पराया शब्द आया कि यह दूसरा है, वहां सब कुछ बदल जाएगा। यहां हमारी सारी दार्शनिक धारणाएं खण्डित हो जाती हैं। लोगों ने मान लिया कि व्यवहार में दर्शन चल नहीं सकता, यह व्यवहार का विषय नहीं है। इसीलिए जहां समूह का प्रश्न आता है, वहां वह काम नहीं होता जो होना चाहिए।

कभी-कभी सामूहिक आपत्तियां आती हैं। जहां दूसरों का सहयोग करने की बात आती है, वहां भी व्यक्तिगत चेतना हावी हो जाती है। बड़ा आश्चर्य होता है। बाढ़ की स्थिति है। लोगों को खाने को नहीं मिल रहा है और उनके लिए जो कुछ भी स्वेच्छा से संस्थाएं भेजती हैं, उनके पास नहीं पहुंचता, बीच में ही उसका गबन कर देते हैं। कच्छ में भूकंप आया। लोगों को पीड़ा हुई। कुछ लोगों के लिए वह चोरी-डकैती का अवसर बन गया। कुछ लोग सहयोग कर रहे हैं, कुछ लोग चोरी कर रहे हैं। दोनों प्रकार की वृत्तियां चल रही हैं।

सामुदायिक चेतना कैसे व्यापक बने, इस पर विचार करना है। कैसे हम अपनी वस्तु को दूसरे के उपयोग के लिए अर्पित कर सकें, समर्पण कर सकें।

महामात्य चाणक्य में सामुदायिक चेतना थी। एक प्रसंग है पाटलीपुत्र का, जो आम पटना के नाम से विख्यात है। सर्दी का मौसम शुरू हो गया।

राज्य-प्रशासन ने निवेदन किया- गरीबों के लिए कम्बलों की सुविधा की जाए। यह समस्या त्रैकालिक समस्या है। गरीबी भी रही है और गरीब के लिए काम करने वाले भी रहे हैं, गरीबों को बढ़ाने वाले भी रहे हैं। सब प्रकार के लोग सदा रहे हैं। महामात्य चाणक्य ने घोषणा कर दी कि जो व्यक्ति सहयोग करना चाहे यहां कंबल लाकर जमा करा दे। अनेक लोगों ने सहायता की। कम्बलें आ गईं। हजारों कंबले पड़ी हैं महामात्य चाणक्य की कुटिया के पास। इतने विशाल साम्राज्य का सर्वेसर्वा महामात्य चाणक्य महलों में नहीं रहता था। एक कुटिया में रहता था और कुटिया में साज-सज्जा नहीं, सामान्य स्थिति में रहता था, पास में कुछ नहीं था। शायद गरीबी से भी नीचे की रेखा का जीवन जीने वाला था। गरीबी और सादगी दोनों में कोई अंतर नहीं है।

रात का समय था। चोरों ने देखा- बड़ा अच्छा अवसर है। दो-चार चोर मिले। चोरी करने आए। देखा महामात्य चाणक्य कुटिया में सो रहे हैं। कम्बल ओढ़ा हुआ है, बिल्कुल साधारण कम्बल है। चोरों का दिल बदल गया। यह क्या? इतना बड़ा महामात्य, राज्य का सर्वेसर्वा, इतने बढ़िया कम्बल बाहर पड़े हैं और स्वयं पुराना फटा हुआ कम्बल ओढ़े हुए सो रहा है। उनकी चेतना बदल गई। चोरी नहीं की, वापस चले गए। आज भी अगर संघ, संगठन या राष्ट्र के प्रमुख व्यक्ति ऐसे हों, इतनी सादगी के साथ रहें तो शायद जनता का मन भी बदल सकता है, भ्रष्टाचार भी कम हो सकता है। पर बड़े लोग बड़ी शान-शौकत के साथ रहते हैं। वे दूसरों को बदलना चाहें, यह कभी संभव नहीं होता।

सामुदायिक चेतना का सूत्र है कि जो प्रमुख हैं नेता है, मुखिया है वह कैसे रहता है? उसकी जीवन शैली कैसी है? उसका खान-पान कैसा है? उसका रहन-सहन कैसा है? उसका आचार-विचार कैसा है? यह सामुदायिक चेतना के जागरण का बड़ा साधन बनता है। सिद्धांत भी साधन है पर सिद्धांत की अपेक्षा व्यवहार ज्यादा साधन बनता है। मुखिया का व्यवहार कैसा है- यदि हम इस पर विचार करें तो बहुत नया सूत्र मिलेगा।

हिंदु शास्त्रों में ऐसे अनेक व्यक्ति हुए हैं, जिनमें सामुदायिक चेतना थी। मुस्लिम खलीफाओं में भी सामुदायिक चेतना थी। खलीफा को बेगम ने कहा- अभी कठिनाई है, नौकरानी रख लो। उत्तर मिला- मेरे पास पैसा नहीं है। बेगम ने कहा- आपके पास बहुत बड़ा भण्डार है। उसने कहा- वह मेरा नहीं है, जनता का है। मैं जनता का एक पैसा भी अपने काम में नहीं ले सकता।

अगर यह सामाजिक चेतना जागृत हो जाए तो फिर भ्रष्टाचार जैसा शब्द भी समाप्त हो जाए। सामुदायिक कैसे बनें? सामुदायिक चेतना का विकास कैसे हो?

जो लोग साधना करने वाले हैं उनके पास इस प्रश्न का समाधान है। वहां व्यक्तिवादी मनोवृत्ति का विकास नहीं होता।

प्रसिद्ध राजस्थानी कहावत है- **'मैं पिया मेरा बैल पिया और कुआं चाहे ढह पड़े'**- यह वृत्ति होती है तो समाज अच्छा नहीं चल सकता। समाज के लिए जरूरी है सामुदायिक चेतना का विकास कि मैं भी पीऊं, मेरा बैल भी पीए और सब लोग पीते रहें। इस चेतना का विकास हो तो समाज का बहुत बड़ा परिवर्तन हो सकता है। साधना करने वाले इस चेतना का अवश्य विकास करें। व्यक्तिवादी मनोवृत्ति को सीमित करें। सामुदायिक चेतना का विकास होता है तो साधना के क्षेत्र में ईर्ष्या, स्पर्धा, द्वंद- ये सब समाप्त हो सकते हैं। इनको समाप्त करना एक साधक के लिए बहुत आवश्यक है। इस आवश्यकता की अनुभूति उसकी साधना को प्राणवान बना सकती है।

16

आकर्षण पदार्थ का या चेतना का

मैं परिवर्तन में बहुत विश्वास करता हूं, साथ-साथ ध्रुव में भी बहुत विश्वास करता हूं, अगर कुछ भी ध्रुव नहीं है शाश्वत नहीं है तो केवल अशाश्वत के आधार पर जीवन की व्याख्या नहीं की जा सकती, जीवन जिया भी नहीं जा सकता। हमें ध्रुव और अध्रुव, शाश्वत और अशाश्वत दोनों के बीच रहकर अपनी जीवन शैली का निर्माण करना है। हम शाश्वत को कभी न भूलें। चेतना एक शाश्वत सच्चाई है। चेतना को समझे बिना, उसकी व्याख्या किये बिना हम अशाश्वत तत्वों की व्याख्या करते हैं तो कुछ समझ में नहीं आता।

एक दिन एक व्यक्ति को देखा, बहुत प्रभावशाली था, सत्ता के सिंहासन पर बैठा था और सब कुछ विशिष्ट लग रहा था। उस आसन से नीचे आया तो ऐसा लगा कि क्या हो गया? पदों पर, सत्ता पर या उच्च स्थानों पर बैठे लोगों को सोचना है कि क्या मैं सदा इसी रूप में रहूंगा? सत्ता पर रहूंगा तो ठीक बात है। अगर रूप बदल जाएगा तो उस समय क्या होगा? यह भविष्य दर्शन सामने रहे तो आदमी सदाचारी-संपन्न और सहिष्णु हो सकता है। किंतु पद पर आने के बाद, सत्ता की कुर्सी पर बैठने के बाद भविष्य दर्शन समाप्त हो जाता है, केवल वर्तमान दर्शन शेष रहता है। हम लोग ध्यान में कहते हैं कि वर्तमान में जिओ। निर्विकल्प समाधि में चले जाना यह ध्यान की स्थिति में ठीक है, किंतु इससे व्यवहार नहीं चलता। व्यवहार के लिए त्रैकालिकता को जानना बहुत जरूरी है।

हमें अतीत को भी समझना है, वर्तमान और भविष्य को भी समझना है। इसलिए सूत्र दिया गया था- परिणामदर्शी बनो। केवल प्रवृत्ति को मत देखो, वर्तमान को मत देखो, परिणाम को भी देखो कि इस कार्य का परिणाम क्या होगा? अगर हम परिणाम पर विचार करें तो हमारा कार्यक्रम काफी पवित्र और शुद्ध हो सकता है, सदाचार अपने आप जीवन में आ सकता है। किंतु हम प्रवृत्ति को ही सब कुछ मान लेते हैं, परिणाम पर विचार नहीं करते। यह पदार्थवादी दृष्टिकोण ऐसा है कि आदमी को परिणाम तक नहीं ले जाता। वह प्रवृत्ति में ही उलझा देता है। इस प्रसंग में एक बहुत सुंदर मार्मिक घटना है।

राजा ने घोषणा की कि मुझे प्रधानमंत्री बनाना है। घोषणा के बाद चिंतन करते-करते एक व्यक्ति को नियुक्त कर दिया। वह व्यक्ति साधारण कर्मचारी था, राजा का सेवक था। कोई बड़े स्थान से नहीं आया था। सब मंत्रियों में खलबली मच गई। जहां पदोन्नति का क्रम होता है, वहां समस्या पैदा होती है। केवल सेवक था उसको प्रधानमंत्री के पद पर नियुक्त कर दिया। यह कैसे सहन हो सकता था? यह असहिष्णुता का बहुत बड़ा कारण है। इस प्रकार की घटनाएं असहिष्णुता पैदा करती हैं। मंत्री परिषद् के सदस्य महाराजा के पास आए। एक व्यक्ति बोला- महाराज! आपने यह क्या किया? एक सेवक को प्रधानमंत्री नियुक्त कर दिया। हम सबका शिरोमणि बना दिया। यह कैसे हुआ?

राजा ने कहा- तुम्हारी बात ठीक है पर इसका उत्तर मैं आज नहीं दूंगा। एक सप्ताह के बाद दूंगा। सातवें दिन राजा ने योजना बना ली। नगर के बाहर एक महल था, राजा वहां रह गया और सबको सूचित कर दिया कि जो चार बजे मेरे पास पहुंच जाएगा वह मेरा प्रधानमंत्री होगा।

सबने सुना, सबको संतोष हो गया। बोले- ठीक बात है, बिल्कुल चार बजे पहुंचेंगे। समय से पूर्व कोई दो बजे चला, कोई तीन बजे चला कि मुझे चार बजे पहुंचना है। किंतु जैसे ही उस उद्यान के परिसर में आए सबने देखा- कहीं नृत्य हो रहा है, कहीं संगीत की मधुर स्वर लहरियां चल रही हैं। बाजार बहुत सजाया गया है। श्रेष्ठ खाने की वस्तुओं की सुगंध आ रही है। मन आकृष्ट हो रहा है। सबमें आकर्षण पैदा हो गया। बढ़िया कपड़े, बढ़िया गहने और ऐसी चीजें जिन्हें देव दुर्लभ कहा जा सकता है, सारी उस बाजार में थीं। उन वस्तुओं में इतने लुब्ध हो गए कि चार बजे तक नहीं पहुंच पाए। चार बजे केवल एक व्यक्ति पहुंचा, जिसे प्रधानमंत्री नियुक्त किया गया था। कोई सवा चार बजे पहुंचा, कोई साढ़े चार बजे आ पाया, कोई पांच बजे प्रवेश कर पाया। आखिर सब आ गए।

राजा ने पूछा- 'मैंने चार बजे का समय दिया था। सब लेट आ रहे हो, क्या तुम्हारे पास घड़ी नहीं है?'

'महाराज! घड़ी तो है पर क्या करें उलझ गए।'

'किसमें उलझे?'

'इतना सुंदर बाजार, इतनी दुकानें, इतनी खाद्य वस्तुएं, इतने संगीत, नृत्य- सारा मनमोहक दृश्य। हम उस मोह में फंस गए। समय का भान नहीं रहा।'

राजा ने कहा- 'ठीक चार बजे मेरे पास एक व्यक्ति पहुंचा है और वह पहुंचा है मेरा सेवक।'

सब मौन थे। सबने कहा- 'ठीक है आपने जिसे नियुक्त किया, हमें मान्य है।'

हम इस कथा का विश्लेषण करें। आदमी अपने कर्त्तव्य का पालन क्यों नहीं करता? अपने दायित्व का निर्वाह क्यों नहीं करता? क्या कारण है? जब पदार्थ में मन उलझ जाता है, पदार्थवादी दृष्टिकोण बन जाता है, सुविधावादी दृष्टिकोण बन जाता है, उसका चुंबकीय आकर्षण इतना गहरा बन जाता है कि वह पदार्थ से आगे जाकर चेतना को समझने का, जानने का प्रयत्न ही नहीं करता। इस स्थिति में न कोई नैतिकता का पालन कर सकता है, न सदाचार का पालन कर सकता है और न कोई भ्रष्टाचार को समाप्त कर सकता है। यह बहुत बड़ी उलझन है इसी कारण चेतना की तरफ हमारा ध्यान नहीं जाता, भविष्य की ओर ध्यान नहीं जाता कि भविष्य में क्या होगा। कई मंत्रीपरिषद् के सदस्य भविष्य को भूल गए और वर्तमान में उलझ गए, जो सामने आया उसमें उलझ गए। क्षणिक के लिए बहुत को खो दिया। इसलिए यह सोचो कि सामने बहुत थोड़ा है, आगे बहुत ज्यादा है। आगम शास्त्र में कुछ बातों का निरूपण मिलता है। एक निरूपण यह है कि मनुष्य का सुख, मनुष्य का वैभव कितना है? एक देव के वैभव के सामने मनुष्य का वैभव तुच्छ है। उसको हम भूल जाते हैं।

आचार्य हेमचन्द्र ने भगवान ऋषभ का चरित्र लिखा। उसमें बहुत मार्मिक बात बतलाई। वहां एक प्रसंग आया कि ऋषभ मुनि बन चुके हैं। भरत सब राज्यों पर अधिकार कर रहा है। तब शेष भाइयों ने ऋषभ से पूछा- हम क्या करें? भगवान ने उनको संबोध दिया- 'संबोधि को प्राप्त करो। जब तक संबोधि नहीं है तब तक यह सारा तुम्हें बहुत अच्छा लग रहा है।'

आज संबोधि की जरूरत है। संबोधि के अभाव में समस्याएं पैदा हो रही हैं। भगवान बुद्ध को बोधि मिली और नया दर्शन मिल गया, जीवन को समझने का मौका मिल गया।

आज के हमारे साहित्यकार, पत्रकार, राजनेता, अर्थशास्त्री, समाजशास्त्री आदि-आदि जितने लोग हैं, उनके लिए जरूरी है कि वे जीवन को समझने का भी प्रयत्न करें। केवल पदार्थ को समझने का प्रयत्न करेंगे तो शायद जीवन की उलझनें समाप्त नहीं होंगी। समाधान के लिए हमेशा प्रतिपक्ष चाहिए। प्रतिपक्ष के बिना अकेला पक्ष बहुत अच्छा काम नहीं कर सकता। यह अनेकांत का सिद्धांत है। आप हाथ को देखें। चार अंगुलियां पक्ष में है, सीधी हैं, एक अंगूठा विपरीत दिशा में है। अंगूठा प्रतिपक्ष में हैं, तब हम लिख सकते हैं। अगर अंगूठा और चारों अंगुलियां सीधी होती तो कभी लेखन नहीं कर सकते, साहित्य के बिना अधूरापन रह जाता।

प्रतिपक्ष बहुत जरूरी है। हमने प्रतिपक्ष को विरोधी पक्ष कहकर, विपक्ष कह कर अवमानित कर दिया। वह विरोधी पक्ष नहीं होता, कोई मिटाने वाला पक्ष नहीं

होता, वह टिकाने वाला पक्ष होता है। सामान्य व्यक्तियों ने भी प्रतिपक्ष के सिद्धांत को मान्यता दी है। एक प्रति पक्ष सामने रहना चाहिए जो प्रतिकूल बात कह सके। अनुकूल नहीं, प्रतिकूल बात कहने वाला भी चाहिए, जो एक नया रास्ता सुझा सके, उसकी भी जरूरत है। एक ही रास्ता अच्छा नहीं होता, अनेक रास्ते जरूरी होते हैं। गंतव्य एक है पर रास्ता कभी एक नहीं हो सकता। कोई रास्ता सीधा जाता है, कोई टेढ़ा जाता है। आपने अपने रास्ते को ही सब कुछ मान लिया, दूसरों के रास्तों को नकार दिया तो अकेला रास्ता आपको पहुंचा नहीं पाएगा। यह तथ्य व्यवहार में हम देख सकते हैं। हममें इतना अनाग्रह होना चाहिए कि देश, काल की परिस्थितियों के अनुसार रास्ते को भी बदलें और दूसरे रास्ते को भी स्वीकार करें। जिन लोगों ने रास्ते का निर्माण किया है, वे कोई सामान्य आदमी नहीं थे। सामान्य आदमी कर भी नहीं सकता। उनमें विशिष्ट ज्ञान था, अनुभव था, एक रास्ता बनाया, रास्ता चल पड़ा।

हम इस पर विचार करें कि प्रतिपक्ष बहुत जरूरी है। पदार्थ का प्रतिपक्ष है चेतना। हम केवल पदार्थ पर ही विचार करें, ध्यान दें, पदार्थ में ही सुख मानें, आनंद मानें, शक्ति का अनुभव करें और फिर पदार्थ से पैदा होने वाली समस्याओं का सामना भी पदार्थ के द्वारा करें और चेतना को बिलकुल नकार दें, इससे समस्या सुलझ नहीं सकती। यह न भूलें कि पदार्थ मोह पैदा करता है और मोहग्रस्त आदमी कभी समस्या का समाधान नहीं कर सकता।

चरित्र का संबंध हमारी चेतना के साथ है। हमने चेतना पर ध्यान नहीं दिया, चरित्र का विकास नहीं हुआ। पदार्थ के जगत में चरित्र का विकास नहीं हो सकता और पदार्थ के जगत में चरित्र का बहुत मूल्य भी नहीं है। इसका मूल्य तब बढ़ता है जब पदार्थ की समस्या विकट बन जाती है। जब हम पदार्थ के द्वारा समस्या सुलझा नहीं पाते, तब सोचते हैं कि कोई दूसरा रास्ता खोजना चाहिए। पदार्थ के साथ अनैतिकता पैदा होती है उससे समस्या का समाधान नहीं होता, इसीलिए इस सच्चाई की ओर ध्यान आकृष्ट किया गया- पदार्थ से पदार्थ की समस्या का समाधान नहीं हो सकता, उसके लिए किसी अपदार्थ की जरूरत है।

आदमी में नकारात्मक विचार पैदा होते है।, यह प्रत्यक्ष है। ये क्यों पैदा होते हैं? इसका समीचीन उत्तर चेतना के बिना नहीं दिया जा सकता। चेतना के साथ जुड़ा हुआ है कर्मवाद, आत्मवाद, पुनर्जन्मवाद। आज के मनोवैज्ञानिकों और वैज्ञानिकों ने समस्याओं का काफी प्रस्तुतीकरण किया, सुलझाने का प्रयत्न भी किया पर आखिर कुछ प्रश्न ऐसे हैं जिनका उत्तर नहीं दिया जा सकता। मस्तिष्क

की भी अपनी सीमा है। यह मस्तिष्क द्वारा होता है। पर क्यों होता है? इसका उत्तर शायद मस्तिष्क के पास भी दुर्लभ है। मस्तिष्क विद्या के आधार पर हम कह सकते हैं कि ऐसा संचालन हो रहा है पर क्यों हो रहा है? हमारा मन इतना चंचल क्यों है? अगर हम मन में ही इसका समाधान खोजें तो त्रिकाल में भी समाधान नहीं होगा। मन चंचल क्यों है इसका समाधान हमारे सामने प्रत्यक्ष नहीं है। इसका समाधान है भाव, संवेग, भावना, आवेश। यदि मन को ही पकड़ें तो आप समझ नहीं पाएंगे। जिन लोगों ने इस सच्चाई का अनुभव किया कि मन की समस्या को मन के द्वारा नहीं सुलझाया जा सकता, उन्होंने एक शब्द का विकास किया- मन से परे। तुम मन से परे जाओ तुम्हें समाधान मिलेगा।

मन से परे जाने का मतलब है चेतना के क्षेत्र में जाना, चेतना के जगत में जाना। आज बहुत आवश्यक लगता है कि हम चेतना के जगत में प्रवेश करें। यह उन लोगों के लिए बहुत जरूरी है जो बड़े स्थानों पर काम करते हैं। हमारी कमी क्या है? बड़े लोग न तो धर्म का अध्ययन करते हैं, न दर्शन का अध्ययन करते और न उन्हें यह भी पता है कि मेरे संगठन का दर्शन क्या है? प्रशासन करने वालों को भी यह प्रशिक्षण दिया जाए तो समस्या सुलझ सकती है। इसे लागू कैसे करें? वे इतने उलझे हुए रहते हैं कि समय ही नहीं मिलता। फिर कोई संतोष की बात सामने नहीं आएगी, असंतोष ही सामने आएगा। जहां पदार्थ ही सब कुछ बन जाता है, वहां समस्या का कभी अंत नहीं होता।

हम इस प्रश्न पर गंभीरता से विचार करें कि कैसे हम पदार्थ से अपदार्थ की ओर जाएं। साधक में भी यदि पदार्थ की चेतना ही बनी रहती है, केवल पदार्थ में लिप्त रहता है तो वह अच्छा साधक नहीं बन सकता, अच्छा साधु भी नहीं बन सकता। उसे अपने सामने पदार्थ ही पदार्थ दिखाई देता है। पदार्थ के सिवाय कुछ भी दिखाई नहीं देता। जब तक पदार्थ का दर्शन होगा, परमदर्शी नहीं होगा, तब तक समाधान भी नहीं होगा। जो बुद्धि से परे है, वह परम है। हम परम को नहीं मानेंगे तो छोटे-छोटे काम हमें उलझा देंगे। संस्कृत साहित्य का सुंदर सूक्त है- **परं पश्यतु माऽपरं**- केवल परम को देखो। अपरम सामान्य चीज है। जो अपरम में ही उलझ जाता है, उसे समाधान नहीं मिलता।

हम सहिष्णुता की बात करें, सामुदायिक चेतना को जगाने की बात करें अथवा किसी भी विशिष्ट गुण के जागरण की बात करें, हम हमेशा ध्यान रखें- जब तक परम के प्रति, अपदार्थ के प्रति, चेतना के प्रति हमारा अनुराग नहीं होगा, आकर्षण नहीं होगा, जब तक आकर्षण पदार्थ से जुड़ा रहेगा तब तक हम कोई बहुत बड़ा काम नहीं कर सकते। हमारे आकर्षण का केन्द्र बदलना चाहिए।

समस्या यह है- अब तक केवल पदार्थ ही आकर्षण का केन्द्र बना हुआ है और सपने में भी वही दिखाई देता है।

एक व्यापारी हमेशा दुकान में ही आसक्त रहता। उसे उसके सिवाय कुछ भी दिखाई नहीं देता। एक दिन रात को सो रहा था। सपना आया। सपने में देखा कि मैं दुकान में बैठा हूं। एक गांव का आदमी आया है और कहता है कि मुझे लट्ठा दो, मैंने थान दिया। आदमी बोला- लट्ठा पूरा नहीं, कुछ टुकड़ा चाहिए। सपने में ही वह धोती फाड़ने लगा।

पत्नी ने पूछा- 'क्या कर रहे हो? ग्राहक को कपड़ा दे रहा हूं, लट्ठा दे रहा हूं।'

'अरे! तुम तो अपनी धोती फाड़ रहे हो।'

सपने में भी वही दिखाई देता है। उसकी सारी चेतना रात, दिन पदार्थ में ही लिप्त रहती है। कोई भी साधु तब तक अच्छा साधु नहीं बन सकता जब तक पदार्थ के प्रति उसका आकर्षण रहेगा। कोई भी नेता चाहे किसी भी क्षेत्र का हो, पदार्थ का आकर्षण कम किए बिना अच्छा काम नहीं कर सकता। इसलिए इन सब गुणों के विकास के लिए पदार्थ से अपदार्थ की ओर जाना होगा। यह चेतना का तत्त्व है, जो सारा संचालन कर रही है। उसके प्रति हमारा आकर्षण बढ़े। केवल पैसे, धन, सत्ता में ही हम आकर्षण न मानें। अगर यह आकर्षण की दिशा बदलती है तो समस्या का समाधान खोजा जा सकता है और उस भूमिका पर इन उदात्त गुणों का विकास किया जा सकता है।

17

क्रिया को प्राणवान बनाएं

पत्नी ने पति से कहा- रसोई का समय होने वाला है। झोला लेकर बाजार में जाओ, साग-सब्जी ले आओ। आठ बजे बाजार गया और बारह बजे घर पहुंचा। पत्नी ने पूछा- 'साग-सब्जी ले आए?'

'नहीं लाया।'

'क्यों?'

'मैं सब्जी लाने के लिए गया था पर बीच में एक पुराना दोस्त मिल गया। बातों में बैठा, तीन घण्टे बीत गए, मुझे पता ही नहीं चला। जब घड़ी देखी तब पता चला। मैंने सोचा- अब रसोई का समय चला गया, भोजन का समय चला गया। साग- सब्जी ले जाने का मतलब क्या होगा?'

यह क्रिया की विसंगति क्यों होती है? आदमी कुछ कार्य करने बैठता है, किंतु दूसरे चिंतन में चला जाता है, मूल काम हाथ से छूट जाता है। केवल दो मिनट के विलंब से रेलगाड़ी ही नहीं छूटती, जीवन की कई गाड़ियां छूट जाती हैं।

एक भी व्यक्ति शायद ऐसा नहीं मिलेगा जो यह कह सके कि मैं जब कोई काम करता हूं तब वही काम करता हूं, दूसरा काम नहीं करता। कोई स्वाध्याय करता है, पुस्तक पढ़ता है, कोई ध्यान में बैठता है, कोई रसोई बनाने बैठता है, कोई कपड़ा पहनने बैठता है, इतने में मूल बात कहीं रह जाती है। बीच में इतने विकल्प और विचार आ जाते हैं कि मूल बात हाथ से छूट जाती है।

इस समस्या का एक नाम है चंचलता। मन की चंचलता इतनी है कि वह एक जगह टिक ही नहीं पाता। अनेक धारणाएं मानवीय मस्तिष्क में जमी हुई हैं। आज का विज्ञान स्थूल से सूक्ष्म की ओर जा रहा है। एक सीडी में एक लाख पृष्ठ समा जाते हैं। वैज्ञानिक युग है इसलिए आज के लोग विश्वास कर लेते हैं, पुराने लोग शायद विश्वास नहीं कर पाते। इसी प्रकार मनुष्य के मस्तिष्क में असंख्य धारणाओं एवं संस्कारों की परतें जमी हुई हैं। उनका निरंतर चक्र चलता रहता है, नये-नये विचार और विकल्प उठते रहते हैं। ये विचार कभी स्वतः आते

हैं तो कभी प्रेरणा के द्वारा आते हैं। प्रेरणा करते हैं तो उस विषय का विचार आने लग जाता है। जब कोई प्रेरणा नहीं होती, कोई लक्ष्य नहीं होता, ऐसे ही बैठे हैं उस समय नये-नये विकल्प आते रहते हैं।

आप लोग उठते हैं, उठते ही कोई न कोई विचार आ जाता है। जब तक नींद में है विचार आते हैं पर वे विचार अव्यक्त रहते हैं, आपको पता नहीं लगता। कभी-कभी सपना आता है तो पता लगता है, पर विचार का चक्र निरंतर चल रहा है। नींद के समय भी हमारा स्वरयंत्र सदा सक्रिय रहता है। स्वरयंत्र की सक्रियता का मतलब है- भाषा और विचार। भाषा के बिना विचार नहीं होता और स्वरयंत्र की सक्रियता के बिना भाषा का उदय नहीं होता, भाषा प्रकट नहीं होती। यह क्रम निरंतर जारी रहता है।

हमारे शरीर में कुछ स्वाभाविक क्रियाएं सतत चलती रहती हैं। क्रियाओं के दो प्रकार किये गये हैं- एक स्वतः होने वाली क्रिया और एक इच्छा पूर्वक की जाने वाली क्रिया। हमें इच्छा पूर्वक क्रिया शुरू करनी है तो इच्छा पूर्वक क्रिया करते हैं। क्योंकि हमने उठते ही कभी सोचा नहीं कि क्या सोचना है। उठे और कभी पहला शब्द यह आ गया कि आज क्या खाना है। कभी यह शब्द आ गया कि आज क्या करना है? कभी विचार आया कि अमुक आदमी कहां है? एक हजार आदमी को इकट्ठा किया जाए और उन्हें पूछा जाए कि उठते ही पहला विचार कौन-सा आया? शायद हजार विचार मिल जाएंगे। इतने अलग-अलग विचार क्यों आए? इसका कारण अलग-अलग सीडी फीड की हुई है। जो सीडी जिस समय दिमाग में चलती है वही विचार पहले आ जाता है। यहां भीतर के कारण को खोजें। दार्शनिक दृष्टि से विचार करें तो धारणा और संस्कार जमे हुए हैं। हमने कोई चीज देखी और उसकी एक धारणा बन गई, एक संस्कार का निर्माण हो गया। वह संस्कार निरंतर चालू रहता है और स्मृतियां होती रहती हैं।

स्मृति का हेतु है संस्कार। संस्कार जागृत हुआ और स्मृति हो गई। स्मृति का मूल आधार है संस्कार और धारणा। यह धारणा का चक्र चल रहा है। जिस समय हम एक काम करने बैठते हैं, यह सोचते हैं कि मुझे पच्चीस मिनट तक स्वाध्याय करना है या अमुक पुस्तक पढ़ना है। कुछ लोग पच्चीस मिनट में दो पृष्ठ पढ़ते हैं। कुछ ऐसे हैं जो दो पंक्तियों में ही उलझ जाते हैं। पढ़ने बैठा और बीच में ऐसा कोई विकल्प आया कि पढ़ना कहीं रह गया और चिंतन में, विचारों में उलझ गया। कभी-कभी वह दूसरा काम करना शुरू कर देता है। नये काम की स्मृति और पुराने की विस्मृति, ऐसा क्यों होता है? इसकी दार्शनिक व्याख्या यह है कि हम बाहर जो सोचते हैं कि यह काम करना है और भीतर में जो धारणा है वह अपना प्रभाव डालती है और बाहर के विचार को छुड़ा देती है।

हम इस विषय में शारीरिक दृष्टि से या मानसशास्त्रीय दृष्टि से विचार करें। दो मन माने गये हैं- एक स्थूल मन, चेतन मन और एक सूक्ष्म मन, अवचेतन मन। स्थूल मन जो चेतन है, व्यक्त है वह संकल्प करता है कि मुझे यह काम करना है। यह संकल्प करना चेतन मन का काम है पर जो भीतर का मन है- अवचेतन मन, वहां तक हमारा संकल्प पहुंचता नहीं है इसलिए द्वंद खड़ा हो जाता है। हमने त्याग कर दिया कि यह काम नहीं करूंगा। संकल्प कर लिया कि नहीं करूंगा किंतु जब तक वह संकल्प भीतर नहीं जाता, अवचेतन मन तक नहीं पहुंचता तब तक बाहर का संकल्प अधूरा रहेगा और बार-बार टूटता रहेगा। इसका कारण है कि बदलने की शक्ति अवचेतन मन में है, धारणा भी अवचेतन मन में है। यद्यपि मनोवैज्ञानिकों ने कहा है कि अवचेतन मन स्मृति का भण्डार है। स्मृति का भण्डार कहने का मतलब है- धारणाओं का भण्डार है। जब तक हम अवचेतन मन को समझने का प्रयत्न नहीं करते, जब तक हम दर्शन की भाषा में सूक्ष्म चेतना को समझने का प्रयत्न नहीं करते तब तक भाव क्रिया नहीं हो सकती। जिस समय जो काम करना चाहते हैं वह नहीं हो सकता। खाने को बैठा, भोजन करना है एक ग्रास लिया फिर हाथ नीचे गया। दस मिनट तक हाथ उठा ही नहीं, याद आ गया कि आज एक जरूरी काम रह गया। उस व्यक्ति को फोन करना था, फोन नहीं कर सका तत्काल हाथ फोन पर चला जाएगा, खाने को छोड़ देगा, दूसरे काम में लग जाएगा। यह क्यों होता है?

चेतन मन अवचेतन मन के आदेश को स्वीकार करता है। चेतन मन को आदेश दें, वह मान लेगा पर जब भीतर का आदेश आएगा तो आपका आदेश छूट जाएगा। फिर वह आपका आदेश नहीं मानेगा, क्योंकि उसका संबंध भीतर के मन से है न कि बाहर के चिंतन से। वह भीतर के आदेश को मानेगा। काम बदल जाएगा, क्रिया बदल जाएगी। सामायिक करने बैठा, पचास मिनट बीत गए। किसी ने कहा- समय हो गया। कहेगा- मुझे तो पता ही नहीं चला। इसी तरह रसोई बनाने की बात। कल मैंने ऐसी बढ़िया चीज बनाई थी कि खाने वाले प्रशंसा के पुल बांधने लग गये। उस बात में उलझ गए, सामायिक पूरी हो गयी। संकल्प करें कि जिस काम के लिए बैठे हैं उसी काम में रहेंगे, दूसरे काम में हम नहीं जाएंगे। न करणीय कार्य की विस्मृति होगी और न उस समय जो नहीं करना है उसकी स्मृति होगी। केवल उसी स्मृति में रहेंगे। इसको जैन परिभाषा में कहते हैं भाव क्रिया और बौद्ध परिभाषा में कहते हैं सतत स्मृति अर्थात् जो सोचा उसकी निरंतरता बनी रहे, उसमें कोई व्यवधान न आए। सबसे भाग्यशाली वह आदमी है जो काम शुरू करे उस समय उसी में लगा रहे।

जैन विद्वानों ने क्रिया के दो विभाग कर दिये- द्रव्य क्रिया और भाव क्रिया। द्रव्य क्रिया प्रेक्षाध्यान के संदर्भ में, मुर्दा क्रिया यानी निष्प्राण क्रिया है, प्राणवान क्रिया नहीं है। भाव क्रिया का मतलब है प्राणवान क्रिया। एक में नींद है, एक में जागरूकता है।

आचारांग का सूक्त है- **सुत्ता अमुणिणो सया, मुणिणो सया जागरंति।**

- जो अमुनि है, वे जागते नहीं हैं, वे सोते रहते हैं।

द्रव्य क्रिया करने वाला सदा सोता रहता है। आंख खुली है बातचीत कर रहा है तो भी सोता रहता है क्योंकि जो काम करना है वह नहीं कर रहा है। जो नहीं करना है वह कर रहा है। इसका मतलब है- करणीय कार्य की दृष्टि से वह सो रहा है जागृत नहीं है। जागृत होता तो वही करता जो काम उसे करना है, वह नहीं करता, जो नहीं करना है।

एक आदमी शांति वार्ता के लिए गया, लोगों ने उसका सम्मान किया, अच्छा भोजन खिलाया, स्वागत किया, वह उसमें ही उलझ गया और शांति की बात छूट गई। जो बात करनी थी वह रह गई। बहुत लोग ऐसे होते हैं जो बात करने जाते हैं किंतु मूल बात नहीं करते, इधर-उधर की बातों में उलझ जाते हैं। फिर कहते हैं कि आज तो बात नहीं हो सकी। अब तो रेल का समय हो गया फिर कभी करेंगे। यह फिर कभी करेंगे ऐसा क्यों होता है? यह द्रव्य क्रिया है। हमारा मस्तिष्क करणीय कार्य के प्रति सक्रिय नहीं होता, जागरूक नहीं होता और बीच में कोई व्यवधान आता है दूसरे काम में लग जाता है। वह द्रव्य क्रिया है, उसको हम निष्प्राण क्रिया कह सकते हैं। थोड़े साफ शब्दों में कहें तो वह मुर्दा क्रिया है, जीवित क्रिया नहीं है।

आचार्य तुलसी ने बहुत सुंदर शब्द का प्रयोग किया है- जीवित धर्म और जागृत धर्म। यदि हम धर्म की आराधना करने बैठें और धर्म में ही रहें तो वह हमारा जीवित धर्म होगा। बैठे थे धर्म की क्रिया करने के लिए और बीच में विचारों के अनेक उतार चढ़ाव आने लगे तो वह जीवित धर्म नहीं हो सकता। इस संदर्भ में प्रसन्नचंद्र राजर्षि का प्रसंग माननीय है।

प्रसन्नचंद्र राजा थे, मुनि बन गए। पेड़ के नीचे ध्यान में लीन थे, भाव क्रिया में थे। किंतु एक शब्द ऐसा कान में पड़ा कि भाव क्रिया छूट गई, साधना छूट गई। ध्यान का विषय बदल गया और भीतर ही भीतर युद्ध करना शुरू कर दिया। खड़े-खड़े समरांगण में चले गए। सम्राट श्रेणिक ने देखा कि साधु ध्यान मग्न हैं। सम्राट रथ से नीचे उतरे, नमस्कार किया।

सम्राट भगवान महावीर के पास गया और प्रसंगवश पूछा– 'भंते! प्रसन्नचंद्र राजर्षि पेड़ के नीचे खड़े कायोत्सर्ग और ध्यान कर रहे हैं। भंते! मेरी जिज्ञासा है कि वे इस समय मरें तो कहां जाएंगे?'

भगवान ने कहा– 'प्रथम नरक में।'

एक ओर ध्यान की मुद्रा, दूसरी ओर प्रथम नरक। सम्राट को बात समझ में नहीं आई। भगवान की बात पर अविश्वास भी नहीं कर सकते थे और विश्वास भी नहीं हो रहा था। विश्वास तब होता है जब बात बुद्धि में बैठ जाए। जो बात बुद्धिगम्य नहीं होती, उस पर विश्वास करना कठिन होता है। पूछता गया... और पूछता गया। बालक की तरह सम्राट जिज्ञासा करता रहा। अंतिम प्रश्न के उत्तर में भगवान ने कहा– वह केवल ज्ञानी हो गया, आत्मस्थ हो गया, सर्वज्ञ बन गया।

सम्राट बोला– 'भंते! मैं संदेह तो कैसे करूं आपकी वाणी में, पर विश्वास नहीं हो रहा है। क्या यह कोई सिनेमा है या फिर कोई जादू है। एक मिनट में नरक की बात थी और कुछ मिनटों में स्वर्ग की बात हो गई, केवलज्ञान की बात हो गई। समझ में नहीं आ रहा है।'

इस सारी घटना को हम भाव क्रिया और द्रव्य क्रिया के संदर्भ में समझ सकते हैं। द्रव्य क्रिया में वह ध्यान कर रहा था। ध्यान की मुद्रा में खड़ा था। आंखें बंद थी, मुद्रा बता रही थी कि वह ध्यान में लीन है। जब उसको किसी ने कह दिया कि तुम्हारे राज्य पर शत्रु राजा ने आक्रमण कर दिया, ध्यान का विषय बदल गया, भाव क्रिया छूट गई। द्रव्य क्रिया में चले गये और वहीं राजा ने शत्रु से युद्ध करना शुरू कर दिया, लड़ाई शुरू हो गई। दोनों का द्वंद्व है। बाहर से ध्यान की मुद्रा, भीतर में युद्ध की मुद्रा। ऐसा अनेक व्यक्तियों के जीवन में होता है। बाहर का एक आकार होता है भीतर का आकार दूसरा होता है। बाहर में अच्छी मुद्रा और भीतर में द्वंद्व।

भगवान महावीर ने कहा– 'सम्राट् तुमने जब देखा तब वह ध्यान नहीं कर रहा था, द्रव्य क्रिया हो रही थी। पद्मासन में स्थित था, ध्यान कर रहा था पर भीतर में वह युद्ध कर रहा था। जब भान हुआ कि किसका राज्य? कौन बेटा? कौन शत्रु? मैं तो साधु बन गया हूं। भाव क्रिया में आ गए। बाहर की मुद्रा भी ध्यान की बन गई और भीतर की मुद्रा भी ध्यान की बन गई। दोनों में संगति हुई, भाव क्रिया हो गई और कैवल्य प्रकट हो गया।'

यह एक महत्त्वपूर्ण घटना है भाव क्रिया को समझने के लिए। जो भी काम करते हैं चिंतन करें कि उसमें प्राणवान क्रिया कितनी करते हैं? **निष्प्राण क्रिया** कितनी करते हैं? बहुत दिनों तक मंत्र का जप किया, कोई फल नहीं मिला।

बहुत दिनों तक सामायिक की, कोई फल नहीं मिला। बहुत दिनों तक उपवास किया, कोई फल नहीं मिला। जब तक हम भाव क्रिया के मर्म को नहीं समझेंगे, साधना में सिद्धि संभव नहीं होगी। साधना सिद्ध कब होती है? जब भाव क्रिया का मर्म हमारी समझ में आ जाए कि जिस समय जो करें, उस समय वही काम करें तब साधना सिद्धि के निकट पहुंचती है। अगर इस स्थिति का निर्माण कर सकें तो यह सबसे अच्छा ध्यान, सबसे बड़ी साधना और सबसे अच्छा आत्म विकास का उपक्रम होगा।

भाव क्रिया की साधना बहुत दुर्लभ है। कैसे करें? भाव क्रिया का विकास करने के लिए कुछ सुझाव उपयोगी बन सकते हैं। यदि भाव क्रिया का विकास करना है तो अपने आपको सुझाव दें कि मुझे भाव क्रिया का विकास करना है, वर्तमान में जीना है। जिस समय जो काम करूं उसी में रहना है। इसके लिए आप कायोत्सर्ग की मुद्रा में शरीर को शिथिल कर सुझाव दें। हमारा मस्तिष्क भी आदेश-निर्देश को तब मानता है जब मस्तिष्क में अल्फा तरंगों का चक्र चलने लगे अर्थात् शिथिलीकरण हो जाए। उस अवस्था में सुझाव दिया जाए तो अवचेतन मन बहुत सरलता से पकड़ लेगा। जब अवचेतन मन सरलता से पकड़ लेगा तब चेतन मन के साथ विरोध नहीं होगा। जैसा हमारा चिंतन होगा वैसी ही क्रियान्विति हो जाएगी। यही भाव क्रिया अथवा प्राणवान क्रिया का रहस्य-सूत्र है।

18

अप्रभावित रहना सीखें

हमारे सामने तीन शब्द हैं- क्रिया, प्रतिक्रिया और अक्रिया। हम कुछ करते हैं, वह हमारी क्रिया है। अपनी स्वतंत्र इच्छा से नहीं करते, किंतु किसी दूसरे के निमित्त के आधार पर हम कुछ काम करते हैं, वह हमारी प्रतिक्रिया है। हम कुछ नहीं करते, वह अक्रिया है। अक्रिया का संबंध बहुत तत्त्वों से है। ध्यान भी अक्रिया है। एकाग्रता और निर्विचार अवस्था भी अक्रिया है। आलस्य भी अक्रिया है, व्यक्ति कुछ नहीं करता, निठल्ला बैठा रहता है। अक्रिया का क्षेत्र अच्छा और बुरा दोनों प्रकार का होता है।

मनुष्य अथवा प्रत्येक प्राणी दो अवस्थाओं में जीता है- प्रभावित और अप्रभावित। एक मनुष्य दूसरे के क्रिया-कलाप से और व्यवहार से प्रभावित होता है और एक मनुष्य अप्रभावित रहता है। प्रभावित और अप्रभावित इन दो अवस्थाओं पर विचार करना जरूरी है।

जिसका मनोबल, आत्मबल और साथ-साथ शरीर बल मजबूत होता है वह प्रभावित नहीं होता। उसमें रिएक्शन नहीं होता, जहर भी खाने में आ गया तो प्रभावित नहीं होता। सांप काट गया तो भी वह प्रभावित नहीं होता। वह शरीर के स्तर पर अप्रभावित रहता है। किसी ने गाली दी, निंदा की, कड़वी बात कही तो भी प्रभावित नहीं होता, अप्रभावित रहता है। इसका कारण है- उसका मनोबल बहुत ऊंचा है। मनोबल के आधार पर एक अवस्था बनती है, जिसमें वह अप्रभावित रह सकता है। बड़े साधक और संत हुए हैं, जो प्रतिकूल घटनाओं और प्रतिकूल परिस्थितियों में भी प्रभावित नहीं हुए। इसका हेतु है- उनका मनोबल इतना विकसिंत हो गया कि वे घटनाएं उनके मनोबल के सामने बहुत छोटी हो गईं।

संतों का पूरा इतिहास सामने है। कष्ट देने वालों की कमी नहीं रही तो उनकी सहनशीलता में भी कमी नहीं रही। उन्होंने कोई प्रतिक्रिया नहीं की, प्रतिक्रिया से मुक्त रहे इसलिए प्रभावित नहीं हुए। भगवान बुद्ध को बहुत गालियां दी गईं। एक आदमी ने कहा- 'कैसे आदमी हो? इतनी गालियां दे रहे हैं तुम शांत बैठे हो?' बुद्ध ने उत्तर दिया- तेरी गालियां मेरी पास पहुंच ही नहीं रही

हैं तो फिर मैं क्या करूं।' इससे हम यह निष्कर्ष निकाल सकते हैं कि अप्रभावित वह रह सकता है जिसमें अस्वीकार की शक्ति है। जो स्वीकार करता है वह जल्दी प्रभावित हो जाता है।

शरीरशास्त्रीय दृष्टि से कहा जाता है कि जिसका रजिस्टेंस पावर मजबूत है, जिसका इम्यूनिटी सिस्टम बहुत शक्तिशाली है वह प्रभावित नहीं होता। बहुत लोग थोड़ी-सी परिस्थितियां आती हैं, कीटाणुओं का संक्रमण होता है, प्रभावित हो जाते हैं। जिनका शरीर बल शक्तिशाली है वे प्रभावित नहीं होते। अनेक बार मन में प्रश्न आता है- आज के डॉक्टर कहते हैं मच्छर काटते हैं मलेरिया हो जाता है। भगवान महावीर अथवा उस समय के हजारों साधु अचेल रहते थे। वे ऐसे स्थानों पर गये, जहां भयंकर जंगल थे और भयंकर मच्छर। अचेल व्यक्ति को कितने मच्छर काटते होंगे। लोग कपड़ा पहनते हैं तो भी मच्छरदानियां लगाते हैं कि मच्छर न काटे। उनके पास बचाव का कोई साधन नहीं था। प्रश्न आया कि महावीर को कभी मलेरिया हुआ या नहीं? खोज करनी चाहिए। उस समय के अनेक आजीवक साधु अचेल रहते थे और दिगम्बर साधु भी बहुत थे जो वस्त्र नहीं रखते, उनको मलेरिया हुआ या नहीं? अगर होता, तो सबसे पहले उन्हीं को होना चाहिए जिनके पास कुछ भी नहीं है। वे इन परीषहों से अप्रभावित रहे। इसका कारण है- उनका शरीरबल इतना विकसित हो गया कि मच्छर आदि प्रभाव नहीं डाल सके। जब अप्रभावित होता है तब बाहर का असर नहीं होता।

एक सूत्र हम निश्चित पकड़ लें कि बाहर का असर उस व्यक्ति पर होता है जिसका शरीरबल, मनोबल, आत्मबल- तीनों कमजोर होते हैं। वह तत्काल बाहर से प्रभावित हो जाता है। हम प्रतिक्रिया से विरत रहना चाहें तो वह केवल जानने मात्र से नहीं होगा, हमें विपरीत दिशा में चलना होगा। शरीर बल भी बढ़ाएं, मनोबल भी बढ़ाएं और आत्मबिल भी बढ़ाएं तो प्रतिक्रिया से विरति अपने आप हो जाएगी।

शरीर बल बढ़ाया जा सकता है। शरीर बल बढ़े, उसके लिए सबसे अधिक प्रभावशाली है कायाकल्प का प्रयोग। आयुर्वेद में कायाकल्प का उल्लेख है। उसकी प्रक्रिया बहुत कठिन है किंतु उससे पूरे शरीर को नया रूप दिया जा सकता है। जहां सौंदर्य का वर्णन करते हैं, वहां पैर के नाखून से लेकर चोटी तक उसका वर्णन किया जाता है। कायोत्सर्ग का प्रयोग भी दोनों पैर के अंगूठों से शुरू करें और प्रयोग करते-करते कायोत्सर्ग की मुद्रा में शिथिलीकरण के साथ एक-एक अवयव को देखते-देखते चोटी तक आ जाएं। यह प्रयोग की पद्धति है। इस प्रयोग से काया का बल बढ़ता है। शरीर बल भी प्रतिक्रिया विरति के

लिए बहुत जरूरी है। जो व्यक्ति शरीर से दुर्बल है उसे गुस्सा भी जल्दी आता है, थोड़ी बात में घबरा भी जाता है। शरीर बल का कम महत्त्व नहीं है चाहे सामाजिक कार्य का क्षेत्र हो, चाहे साधना का क्षेत्र हो। शरीर बल सब जगह जरूरी है। इसी संदर्भ में भगवान महावीर ने कहा-

तब तक साधना करो, धर्म की आराधना करो जब तक बुढ़ापा न आए। बुढ़ापा आने के बाद फिर नहीं कर पाओगे। जब तक शरीर बल बना रहे, जब तक शरीर निरोग रहे, स्वस्थ रहे, जब तक शरीर की इन्द्रियां हीन हों, इन्द्रियों की शक्ति बरकरार रहे तब तक धर्म का आचरण करो।

यह बहुत सुंदर निर्देश है। वार्द्धक्य, रोग और इंद्रिय बल की हीनता- ये तीन हमारी अप्रभावित दशा में बाधा डाल सकते हैं। वृद्ध आदमी जल्दी प्रभावित हो जाता है, रोगी जल्दी प्रभावित होता है और जिसकी इन्द्रियां कमजोर हैं वह भी जल्दी प्रभावित हो जाता है। इन्द्रियां मजबूत रहे, इन्द्रियों की शक्ति भी बनी रहे, शरीर में रोग न हो, स्वास्थ्य बना रहे और बुढ़ापा न आए यानी शक्तिहीनता न आए। इन तीन अवस्थाओं में आदमी बहुत अप्रभावित रह सकता है, सहन करने की शक्ति उसमें आ जाती है।

दूसरा हमारा मानसिक बल है। जिसमें मनोबल कम है, वह छोटी सी बात से प्रभावित होता है। शायद इसीलिए यह कहावत चली होगी कि कैसा आदमी है राई को पहाड़ बना देता है। बात राई जितनी होती है और उस बात को पहाड़ जितनी बड़ी बना देता है। हमें मनोबल का विकास करना है केवल प्रतिक्रिया के बारे में कुछ नहीं सोचना है। हम प्रतिपक्ष में चलें। इन शक्तियों का विकास करें तो प्रतिक्रिया अपने आप समाप्त या कम होती चली जाएगी।

हम मनोबल को बढ़ाएं। मनोबल कैसे बढ़े? मन की शक्ति कैसे बढ़े? यदि हम श्वास के साथ प्राण ग्रहण का प्रयोग सीख जाएं तो मनोबल का विकास अच्छा हो सकता है। हम श्वास लेते हैं। शरीरशास्त्र की दृष्टि से कहा जाएगा कि ऑक्सीजन भीतर जा रहा है। जैन दर्शन में दस प्राणों की चर्चा मिलती है। उनमें मन का भी एक प्राण है। यदि हम श्वास लेते समय एक संकल्प के साथ प्राण का आकर्षण करें कि श्वास के साथ प्राण ऊर्जा भीतर जा रही है और मेरे मनोबल का विकास हो रहा है। इस संकल्प के साथ हम श्वास का प्रयोग करें और प्राण का अधिक आकर्षण करें तो मनोबल बढ़ सकता है। फिर काफी सहन करने की शक्ति बढ़ जाती है। मनोबल कमजोर है उसको कुछ भी कहो, अर्थ का अनर्थ हो जाएगा, समस्या और उलझ जाएगी। अच्छे के लिए कहो तो भी वह बुरा माना जाएगा। वही व्यक्ति अप्रभावित रह सकता है, जिसका मनोबल

प्रबल है। मनोबल के लिए दीर्घ श्वास का प्रयोग और दीर्घ श्वास में संकल्प पूर्वक प्राण ऊर्जा के ग्रहण का प्रयोग करें।

शरीर बल चढ़ा तो शरीर में होने वाली प्रतिक्रियाएं कम हो जाएंगी या मंद हो जाएंगी मनोबल बढ़ा तो मन पर होने वाली प्रतिक्रियाएं और प्रभाव कम हो जाएगा। मन शक्तिशाली हो जाएगा फिर किसी के कुछ कहने पर प्रतिक्रिया नहीं होगी।

आचार्य तुलसी ने लिखा था– 'जो हमारा हो विरोध हम उसे समझें विनोद।' यह वही कह सकेगा जो मनोबल के विकास की उच्च भूमिका पर पहुंच गया है।

तीसरा हमारा आत्मबल है। जिस व्यक्ति ने भेद विज्ञान की साधना कर ली, कायोत्सर्ग की साधना कर ली, वह अप्रभावित रह सकता है। कायोत्सर्ग का अर्थ केवल शिथिलीकरण नहीं है, कोरा शरीर को ढीला छोड़ना नहीं है। उसका मूल मर्म है ममत्व का विसर्जन, 'शरीर मेरा नहीं है' - इस सच्चाई का अनुशीलन और अनुभव। जहां शरीर मेरा नहीं है, वहां मेरा कुछ भी नहीं रहा। यह ममत्व विसर्जन की चेतना, यह भेद विज्ञान की चेतना आत्मबल है। भेद विज्ञान– मैं जड़ नहीं चेतन हूं, पुद्‌दल नहीं हूं, पदार्थ नहीं हूं, मैं स्वतंत्र चैतन्य हूं। मैं आत्मा हूं पदार्थ नहीं हूं– यह भेद जिसको स्पष्ट हो गया, उसके पदार्थ का ममत्व छूट जाता है। पदार्थ पास में है तो काम आ रहा है, चला गया तो चला गया। बात समाप्त है, वहां प्रतिक्रिया का अवकाश ही नहीं रहता। जिस व्यक्ति ने कायोत्सर्ग की साधना की है, कायोत्सर्ग के द्वारा ममत्व विसर्जन या भेद विज्ञान की साध ना की है, उसके लिए प्रतिक्रिया का अवकाश ही नहीं रहता।

शरीरबल, मनोबल और आत्मबल जिसके ये तीनों बल कमजोर होते हैं वह जल्दी प्रभावित होता है, प्रतिक्रिया का जीवन जीता है, प्रतिक्रिया करता रहता है। जिसके ये तीनों बल मजबूत हैं वह बड़ी से बड़ी घटना से अप्रभावित रह सकता है उसको कोई प्रतिक्रिया नहीं होती। इस बलवय को बढ़ाने के लिए अभ्यास करना होगा, साधना करनी होगी। जो यह साधना कर लेता है, वह आत्म-विश्वास के साथ कह सकता है– पैं अप्रभावित भी हूं और प्रतिक्रिया से विरत भी हूं।

19

अपनी भूलों को भी देखें

हर वस्तु के दो रूप होते हैं- एक भीतर का दूसरा बाहर का। शरीर के भी दो रूप हैं- भीतर का और बाहर का। बाहर में चमड़ी दिखाई दे रही है, रंग-रूप दिखाई दे रहा है, आकृति दिखाई दे रही है। भीतर बहुत कुछ है। इतना है कि वर्षो तक अध्ययन करें तो पूरा समझना मुश्किल होता है। मन की भी यही स्थिति है, वाणी की भी यही स्थिति है। बाहर से पता चलता है, पर भीतर में पता नहीं चलता कि क्या है। बाहर मीठी बात कर रहा है, पर भीतर क्या है उसका पता नहीं लगता। यह एक जटिल प्रश्न बना हुआ है भीतर और बाहर का। जो भीतर है वह पूरा बाहर नहीं आता और जो बाहर है वह पूरा भीतर नहीं जाता। दोनों का संघर्ष भी है, दोनों में दूरी भी है और एक दूसरे के प्रति अज्ञानता भी है।

दो रूप बन गए- भीतर का रूप और बाहर का रूप। व्यक्ति या आत्मा के ये दो रूप बन गये। किसी का क्रोध आध्यात्मिक है। अहंकार बाहर से नहीं, भीतर से भी पैदा हो रहा है। अहंकार भी आध्यात्मिक है। माया, कपट और लोभ भी भीतर से प्रकट हो रहे हैं इसलिए ये भी आध्यात्मिक हैं। क्रोध, मान, माया, लोभ- ये चारों दोष हैं। आगम में इन्हें आध्यात्मिक दोष कहा गया हैं। ये बाह्य और भौतिक दोष नहीं है, आध्यात्मिक दोष हैं। अध्यात्म या आध्यात्मिक अच्छा ही होता है, ऐसा नहीं है। बुरा होता है, ऐसा भी नहीं है। भीतर अच्छाइयां भी हैं, बुराइयां भी हैं, दोष भी हैं गुण भी हैं। जैसे आध्यात्मिक दोष हैं वैसे ही आध्यात्मिक गुण भी हैं।

जो व्यक्ति आध्यात्मिक गुण का विकास करना चाहता है, उसके लिए आध्यात्मिक दोषों को समझना भी जरूरी है। आध्यात्मिक दोषों को नहीं समझेगा तो वह दूसरे को ही निम्न करने का प्रयत्न करेगा। भीतर की निम्नता का नहीं पकड़ सकेगा। दो आदमी मिले। कोई लेन-देन का प्रसंग था। एक बोला- तुमने यह क्या किया? मैं तुझे बहुत अच्छा आदमी समझ रहा था। दूसरा बोला- मैं भी तुमको अच्छा आदमी समझ रहा था। यह विपर्यय क्यों होता है? स्वयं अच्छा समझता है, वह तो भूल है। दूसरा उसको अच्छा समझ रहा था, वह सही बात है।

हर व्यक्ति की यह मनोवृत्ति होती है कि वह अपने आपको श्रेष्ठ और अच्छा प्रमाणित करता है। क्यों करता है? इसलिए करता है कि वह आध्यात्मिक दृष्टिवाला नहीं है। आध्यात्मिक दृष्टिवाला व्यक्ति अपने भीतर के दोषों को भी देखेगा और गुणों को भी देखेगा। आध्यात्मिक का अर्थ है अपने गुणों के साथ-साथ अपनी कमियों को देखना, अपने दोषों को देखना। गुण और दोष दोनों भीतर हैं।

क्रोध भीतर है तो क्षमा भी भीतर है।

अहंकार भीतर है तो विनम्रता भी भीतर है।

माया, कपट भीतर है तो सरलता भी भीतर है।

लोभ भीतर है तो संतोष भी भीतर है।

एक पक्ष के चार दोष आ गए- क्रोध, अहंकार, माया और लोभ।

एक पक्ष के चार गुण आ गए- क्षमा, विनम्रता, सरलता और संतोष।

अब हमारे सामने प्रश्न है कि इनमें से किसको देखें? प्रेक्षाध्यान करने वाला व्यक्ति सत्यग्राही होता है। वह दोनों को देखने का प्रयत्न करता है। यह देखना सामान्य देखना नहीं है। इसमें आंख खोलकर देखने की जरूरत नहीं है। आंख बंद करके देखना है, अपने भीतर देखना है और दोनों बातें देखना है। कमी कहां है और विशेषता कहां है? दोनों को देखना है। कोरी कमी को देखेगा तो हीन भावना से ग्रस्त हो जाएगा। कोरी विशेषता को देखेगा तो अहंकार की भावना से ग्रस्त हो जाएगा। दोनों को देखेगा तो संतुलन बनेगा। कठिनाई यह है कि आदमी अपनी कमी को देखता नहीं है। उसे लगता ही नहीं है कि मुझमें कोई कमी है। व्यवहार में ऐसे अनेक प्रसंग आते हैं। किसी व्यक्ति से कहा- तुमने यह कलह क्यों किया? पहले इसने किया था इसलिए मैंने किया। वह अपनी भूल को सहजता से स्वीकार नहीं करता। जब तक आध्यात्मिक गुण को समझने की वृत्ति नहीं पनपती तब तक व्यक्ति अपनी कमी को नहीं देखता। इस सच्चाई को स्वीकार करें कि गुण और दोष दोनों भीतर में पल रहे हैं। समानांतर रेखा की भांति दोनों साथ-साथ चल रहे हैं। दोष भी हैं और गुण भी हैं। इसे स्वीकार करें।

वह व्यक्ति अपने स्वभाव को बदल सकता है अपनी प्रकृति में परिवर्तन ला सकता है, जो अपने दोषों को, अपनी कमियों को देखने का अभ्यासी है। जो अपनी कमियों को देखेगा, खूब गहराई से देखेगा उसमें बदलने की चेतना भी जागेगी। जब तक यह समझ में नहीं आता कि मुझमें कोई त्रुटि है, मेरी कोई भूल है तब तक सबका आरोपण दूसरे पर करता है, वहां परिवर्तन का दरवाजा बंद हो जाता है। लोग बहुत सुनते हैं पर बदल नहीं पाते, जानते भी हैं फिर भी बदल

नहीं पाते। कारण स्पष्ट है कि मेरे भीतर कोई कमी है, त्रुटि है, भूल है, प्रमाद है अथवा कोई दोष है, इसका वे अनुभव ही नहीं करते हैं। जो अपने आपको सर्वसिद्ध- सब कुछ सिद्ध हो गया, अब करने की जरूरत नहीं है, ऐसा मान लेता है वही व्यक्ति अपनी भूल को स्वीकार नहीं करता। भूल का स्वीकार क्यों नहीं करता? इसलिए कि वह अपनी भूल को देखता ही नहीं है।

एक व्यक्ति ने पूछा- प्रेक्षाध्यान में देखने के लिए कहा जाता है। क्या देखना है? मैंने कहा- प्रेक्षाध्यान एक तीर्थंकर की मुद्रा है। मुद्रा में हाथ, आंख और पैर तीनों पर ध्यान दिया जाता है। तीर्थंकर के ध्यानावस्था में आंख की मुद्रा है- अर्ध निमीलित एवं अर्ध उन्मीलित, आधी आंख खुली, आधी आंख बंद। इसका मतलब है- बाहर को भी देखो, भीतर को भी देखो। अगर केवल भीतर को देखोगे बाहर को नहीं देखोगे तो तुम्हारा व्यवहार अच्छा नहीं होगा और केवल बाहर को देखोगे, भीतर को नहीं देखोगे तो भी व्यवहार अच्छा नहीं होगा। बाहर को भी देखो, भीतर को भी देखो।

जो अध्यात्म को जानता है वह बाहर को जानता है यानी व्यवहार को जानता है, पदार्थ को जानता है, भौतिकता को जानता है। जो बाहर को जानता है वह भीतर को जानता है।

हमारे सामने एक बहुत स्पष्ट दर्शन होना चाहिए कि केवल भीतर को देखो, यह अधूरी बात है। केवल बाहर को देखो, यह भी अधूरी बात है। पूरी बात है भीतर को भी देखो, बाहर को भी देखो। भीतर को देखो, एकदम सुख शांति हो जाएगी, यह भी सही बात नहीं है। केवल भीतर को देखेगा और बाहर के व्यवहार को नहीं देखेगा तो समस्या का समाधान नहीं होगा। भीतर का परिष्कार भी बाहर के निमित्त से होता है। एक आदमी एकांत में रहता है और कहता है- मैं तो मौन रहता हूं बोलता नहीं हूं, मेरे झगड़ा नहीं होगा। महिना, दो महिना मौन कर लेता है, झगड़ा नहीं करता किंतु मौन खोलते ही सारी कसर निकाल लेता है।

एक साधक हिमालय में रहता था। बीस-तीस साल से साधना कर रहा था। लोगों ने समझा- बहुत पहुंचा हुआ साधक है। जब वह व्यवहार में आया, समाज के बीच आया तब लोगों ने अनुभव किया कि यह तो झगड़ालू आदमी है। ऐसा क्यों हुआ? उसके भीतर का परिष्कार नहीं हुआ। परिष्कार कब होता है? एक व्यक्ति समूह में रहता है, सबके बीच रहता है और सबके बीच रहकर अपनी वृत्तियों का परिमार्जन करता है तब परिष्कार होता है। मौन में रहें, अकेले में रहें, कभी उत्तेजित होने का अवसर नहीं आएगा। उत्तेजना के अवसर आने पर भी उत्तेजना न आए, वह प्रेक्षाध्यान का उत्कृष्ट साधक है।

उत्कृष्ट साधक वह होता है जो परिस्थिति आने पर भी विचलित नहीं होता। धीर कौन होता है?

विकार का हेतु होने पर भी जिसका मन विकृत नहीं होता, वह धीर है। क्रोध का हेतु होने पर भी जो क्रोध नहीं करता, वह धीर है। अहंकार का हेतु होने पर भी जो अहंकार नहीं करता वह धीर है।

दूसरी परिभाषा भी बहुत अच्छी मिली कि धीर वह होता है जिसे कोई क्षुब्ध नहीं कर सकता, कोई विचलित नहीं कर सकता।

समुद्र शांत है। जब नदी का पानी आता है, वह क्षुब्ध हो जाता है, विचलित हो जाता है। क्षुब्ध होने का हेतु होने पर भी जो क्षुब्ध नहीं होता, वह आदमी धीर है। मैंने ऐसे संतों को, गृहस्थों को देखा जिनको कोई क्षुब्ध नहीं कर सकता। साधना के चरम बिंदु तक पहुंच गए जहां भीतर भी शांति है और बाहर भी शांति। कोई भी हेतु उनको प्रभावित नहीं कर सकता।

बहुत आवश्यक है कि व्यक्ति में धृति और शौर्य इन दो गुणों का विकास हो। जिसमें धृति और शौर्य होता है वह अच्छा व्यक्तित्व बनता है। आज व्यक्तित्व की चर्चा हो रही है। यह मनोविज्ञान का विषय बन गया है। व्यक्तित्व की अनेक परिभाषाएं हुई हैं। किंतु जब तक धृति और शौर्य- इन दोनों का विकास नहीं होता तब तक व्यक्तित्व परिपूर्ण नहीं होता। पग-पग पर विचलन आते हैं, वे आदमी को विचलित करते हैं और आदमी विचलित हो जाता है। इंद्रियां भी विचलित करती हैं, मन भी विचलित करता है, बाहर का सारा वातावरण भी विचलित करता है पर जो विचलित नहीं होता, वह धीर आदमी है। उसे कोई क्षुब्ध नहीं कर सकता, प्रकंपित नहीं कर सकता।

धृति और शौर्य पुरुषार्थ के प्रतीक हैं। इन गुणों का विकास करना आध्यात्मिक विकास है। ये आध्यात्मिक गुण हैं। जब तक हम आध्यात्मिक दोषों को देखने की अर्हता प्राप्त नहीं करेंगे, अपने भीतर अपनी भूल को नहीं देखेंगे, तब तक आध्यात्मिक गुणों का विकास नहीं हो सकता।

वर्तमान युग की समस्या यह है कि आज बाहर को देखना व्यापक बन गया, आदमी बाहरी दर्शन में इतना लुब्ध हो गया कि वह वहां तक सीमित हो गया, भीतर को देखने का शायद अवकाश भी नहीं मिलता। समस्या भीतर भी पैदा होती है, बाहर भी पैदा होती है किंतु हम दोनों का विश्लेषण करें तो इस निष्कर्ष पर पहुंचते हैं कि समस्या भीतर से ज्यादा पैदा होती है। बाहर में समस्या का हेतु बनता है और उसकी उत्पत्ति भीतर होती है।

एक सामान्य नियम है- मच्छर काटने से मलेरिया होता है। मच्छर काट गया, मलेरिया हो गया। यह एक सामान्य अवधारणा बन गई। दूसरा आदमी कहता है

कि मुझे बहुत मच्छर काटते हैं पर मलेरिया नहीं होता। तब प्रश्न होता है- एक आदमी को मच्छर काटा तो मलेरिया हो गया और पास में ही दूसरा आदमी बैठता है, सोता है, कपड़ा नहीं ओढ़ता, मच्छर खूब काटते हैं तो भी मलेरिया नहीं होता। ऐसा क्यों होता है? सामान्य नियम, जिसको उत्सर्ग नियम कहते हैं, वह यह है कि सबको मलेरिया होना चाहिए। क्योंकि मच्छर दोनों को काट रहा है तो फिर मलेरिया एक को हो और दूसरे को न हो, ऐसा क्यों?

दो मार्ग हैं, दो प्रणालियां हैं जीवन को समझने के लिए। एक औत्सर्गिक नियम है और एक आपवादिक नियम। सबके लिए समान विधान है, किंतु उसमें भी अपवाद होता है। वह अपवाद क्या है? जिस व्यक्ति की रोग-प्रतिरोधक शक्ति का विकास अधिक है, उसको मच्छर काटे, कुछ भी काटे, असर नहीं होता। जिसकी रोग-प्रतिरोधक शक्ति कमजोर है उस पर तत्काल असर हो जाएगा। जिस व्यक्ति में मानसिक रोग की प्रतिरोधक शक्ति या भावात्मक रोग की प्रतिरोधक शक्ति ज्यादा है, उस पर बाहर का उतना असर नहीं होता, वह क्षुब्ध नहीं होता, वह अधीर नहीं होता। जिसमें वह शक्ति कम है वह क्षुब्ध हो जाता है, अधीर हो जाता है, छोटी सी बात में भी अपना संतुलन खो देता है। जिसमें रोग-निरोधक शक्ति है, अच्छा रेसिस्टेन्स पावर है वह शारीरिक रोग से बच जाएगा। जिसमें मनोबल, भावनाबल या आत्मबल मजबूत है वह धैर्य कभी नहीं खोता, अविचल रहता है। कोई भी व्यक्ति उसे विचलित करे या क्षुब्ध करे, वह क्षुब्ध नहीं होता।

हम केवल परिस्थिति पर नहीं अटकें, व्यक्तित्व का निर्माण करते समय ऐसी आध्यात्मिक चेतना का निर्माण करें, जिससे विकास का हेतु होने पर भी वह क्षुब्ध न बने। उस चेतना के निर्माण का एक महत्त्वपूर्ण सूत्र है- अपने प्रमाद को देखना, अपनी कमी को देखना, अपनी भूल को देखना। यह बहुत बड़ी कठिनाई है- जब भी हम किसी से बात करते हैं।, अंगुली इधर नहीं उधर जाती है कि उसने ऐसा किया, वैसा किया। साधकों में भी कभी ऐसी बात हो जाती है। दूसरे की कमी का एक पुलिंदा रख देगा कि उसने ऐसा व्यवहार किया। तुमने भी कुछ किया है क्या? उस समय मौन हो जाएगा। यह प्रवृत्ति कैसे बदलें? आदमी अपनी भूल को देख सके, उसका एक साधन विकसित किया था पर उसे काम में नंहीं लिया। वह साधन है आत्मनिरीक्षण, आत्मालोचन। कोई भी व्यक्ति कोरा प्रेक्षाध्यान करे और उसके साथ आत्मनिरीक्षण न करे तो जो प्रेक्षाध्यान से परिवर्तन होना चाहिए, जो मिलना चाहिए वह शायद नहीं मिलता। जो व्यक्ति आत्मनिरीक्षण के साथ प्रेक्षाध्यान का प्रयोग करते हैं, उन्हें अपनी

कमियों को समझने का और बदलने का रास्ता मिल जाता है। किंतु जो आत्मनिरीक्षण करना नहीं जानते उनका व्यवहार नहीं बदलता।

आत्मा के द्वारा आत्मा को देखो- इसका अर्थ है कि अपने भीतर जो भी है उसको देखो। केवल अच्छाइयों को मत देखो, कमियों को भी देखो और बार-बार उन पर ध्यान दो। फिर संकल्प करो कि यह कमी है, इसे मुझे बदलना है। यदि कोई दूसरा बताएगा तो प्रतिक्रिया हो जाएगी कि यह मुझमें दोष निकाल रहा है। बदलने का सबसे अच्छा रास्ता है कि स्वयं अपनी कमियों को देखकर बदलने का प्रयत्न करना। हम देखना सीखें, अनी भूल को पकड़ना सीखें और साथ-साथ अपने में जो अच्छाइयां हैं उनको भी देखना सीखें। हमारी शक्ति का नियोजन पर (दूसरों) में हो जाता है स्वयं में नहीं होता, यह बदलने का नहीं उलझने का रास्ता है। आध्यात्मिक का अर्थ है- जो भीतर है उसे देखना, अच्छा है तो अच्छा देखना, बुरा है तो बुरा देखना। यह परिवर्तन की प्रक्रिया का पहला चरण है। उसका दूसरा चरण है- अच्छाई के संवर्धन और भूल के परिष्कार का संकल्प। दर्शन और संकल्प का यह योग जीवन के लिए वरदान बन सकता है।

20

भाव शुद्धि की साधना करें

साधना का सर्वोत्तम सूत्र है भावशुद्धि। साधना करने वाले ध्यान का प्रयोग करते हैं। मन की चंचलता को कम करने का प्रयत्न करते हैं। मन की एकाग्रता सध जाए, यह उनका ईष्ट होता है। यह प्रथम भूमिका है। ध्यान की अग्रिम भूमिका है भाव शुद्धि का अभ्यास। यह सर्वोत्तम ध्यान है। भावशुद्धि का हेतु है भावसत्य। भावसत्य है तो भाव शुद्धि रहती है। भाव असत्य है तो भाव अशुद्धि रहती है। वर्तमान युग में नकारात्मक भाव (नेगेटिव सिस्टम) को भाव अशुद्धि और सकारात्मक भाव को भावशुद्धि कह सकते हैं।

प्रश्न है- नकारात्मक भाव क्यों आते हैं? हर व्यक्ति चाहता है भाव अच्छा रहे, फिर भी नकारात्मक भाव आ जाते हैं। कभी बिना मतलब हिंसा का भाव आ जाता है, कभी बिना मतलब चोरी का भाव आ जाता है। एक संपन्न आदमी, जिसके पास कोई कमी नहीं है वह दूसरे की चीज को चुरा लेता है। चुराई गई वस्तु का मूल्य चाहे एक लाख है, उसके पास करोड़ों की संपत्ति है फिर भी उसको चुरा लेता है। इसका विश्लेषण करें तो हम इस निष्कर्ष तक पहुंच जाते हैं कि उसे कोई वस्तु की अपेक्षा नहीं है, किंतु भीतर का भाव शुद्ध नहीं है, उसका अंत:करण शुद्ध नहीं है, इसलिए वह अनायास चोरी कर लेता है। यह अहेतुक चोरी है। एक चोरी वह व्यक्ति करता है, जिसके पास खाने को नहीं है, जो गरीब है या जिसे परिवार चलाने के लिए कुछ चाहिए। व्यक्ति विवशता में चोरी करता है वह बात समझ में आती है। चोरी करने का उसके सामने कारण है किंतु जो संपन्न है, जिसे सब कुछ प्राप्त है फिर भी चोरी करता है, तो आश्चर्य होता है। ऐसे लोगों को देखा गया, ऐसे लोग पकड़े भी गये हैं जिनके पास बहुत धन है, पर दूसरे की वस्तु देखते ही उठा लेते हैं। यह एक प्रकार का पागलपन है। यह पागलपन कहां से आता है? संपन्न घर के एक युवक को देखा, वह दिनभर गलियों में घूमता रहता जो भी कुछ पड़ा होता, उसे उठा लेता, शाम तक जेब भारी हो जाती।

पागलपन के अनेक प्रकार हैं। यह भी एक पागलपन है कि दूसरे की वस्तु पर जी ललचा जाता है। बड़े-बड़े लोगों में भी लालसा जाग जाती है।

चोर वकील से बात कर रहा था। उसने कहा- 'वकील साहब! आपको मेरा केस लड़ना है।'

वकील ने कहा- 'क्या दोगे?'

'मेरे पास कुछ नहीं है।'

'बताओ- यह केस किस बात का है?'

'मैंने कार चुरा ली थी, उसके लिए है। यदि जीत गया तो वह कार आपको दे दूंगा।'

वकील केस लड़ने को राजी हो गया।

कार को लेकर केस चल रहा है। वह वकील को कार देने की बात कहता है। अगर सामने वाला व्यक्ति इस पर राजी हो जाए तो यह लगता है कि भावशुद्धि नहीं। यदि भावशुद्धि हो तो अनैतिकता की बात समाप्त हो जाएगी।

भाव अशुद्ध क्यों होता है? नकारात्मक भाव क्यों आता है? उसका कारण बतलाया कि भाव असत्य है तो भाव अशुद्ध होगा, नकारात्मक होगा। भाव सत्य है तो भाव शुद्ध होगा, सकारात्मक होगा। भावशुद्धि के लिए भाव सत्य को समझना जरूरी है। भाव सत्य ही भावशुद्धि को पैदा करने वाला है। भाव सत्य है तो नकारात्मक भाव नहीं आएगा।

इस संदर्भ में मन और भाव के अंतर को भी समझना है। मन सूक्ष्म है किंतु भाव से बहुत स्थूल है। भाव है हमारी चेतना के भीतर की शक्ति और मन है बाहर की शक्ति। भाव है आत्मिक। मन पुद्‌दल के संयोग से उत्पन्न होने वाला है। मन भाव की अपेक्षा स्थूल है। मन, वचन और शरीर- इन तीनों का संचालन करने वाली शक्ति है भाव। मन को कौन चला रहा है? वाणी को कौन चला रहा है? वाणी की प्रवृत्ति कौन करा रहा है? शरीर की प्रवृत्ति कौन करा रहा है? भाव के अनुसार ही शरीर, मन और वाणी काम करने लग जाते हैं। काव्य की भाषा में कह सकते हैं कि एक कठपुतली और एक कठपुतली को चलाने वाला आदमी। एक प्रकार से शरीर, मन और वचन- ये कठपुतलियां हैं और भाव उनका संचालन कर रहा है, उन्हें नचा रहा है या उनसे काम करवा रहा है। भाव हमारे भीतर की चेतना है। उसका संबंध है मोह कर्म के साथ।

गोम्मटसार में एक सुंदर परिभाषा दी गई है- जो मोह के उदय और विलय से स्पंदन होता है उसका नाम है भाव, वह सूक्ष्म है और दूसरों को स्पंदित कर रहा है। दो कारणों से स्पंदन होता है- एक मोह कर्म के उदय से और दूसरा मोह कर्म के विलय से। जो मोह कर्म के उदय से होता है वह भाव असत्य है। कर्मशास्त्रीय परिभाषा में इसे कहा जाता है औदयिक भाव। मोह के विलय से

चेतना का जो स्पंदन होता है वह है क्षायोशमिक भाव या भाव सत्य। जब हमारा भीतर का स्पंदन, मन, वचन और शरीर को चलाने वाला स्पंदन सत्य है, यानी मोह के विलय से संचालित है, तो वह भाव को शुद्ध बनाता है।

महावीर से पूछा गया- भाव सत्य से क्यां उत्पन्न होता है? भगवान ने गौतम को उत्तर दिया- भाव सत्य भाव विशुद्धि पैदा करता है। भाव सत्य भीतर में है। वह भाव शुद्धि पैदा करता है, इसका मतलब सकारात्मक भाव पैदा करता है और वह सकारात्मक भाव मन, वचन, शरीर को संचालित करता है।

एक प्रश्न है धर्म की आराधना कौन करता है? हर व्यक्ति धर्म की अराधना नहीं करता। बहुत लोग धर्म को मानते हैं, जानते भी हैं, पर धर्म की आराधना नहीं करते। हमारा धर्म वीतराग है। उस वीतराग धर्म की आराधना वही व्यक्ति करता है जो भाव शुद्धि में रहता है। अशुद्ध भाव में रहने वाला वीतराग धर्म की आराधना नहीं कर सकता, राग-द्वेष को कम करने वाले धर्म की आराधना नहीं कर सकता।

वीतराग धर्म की आराधना करने वाला परलोक धर्म की आराधना करता है। एक धर्म की आराधना लौकिक होती है और एक पारलौकिक। अगले जन्म का कल्याण कौन कर सकता है? अगला जन्म मेरा अच्छा बने, मैं कहीं नीचे न जाऊं। चार गतियां हैं, नरक, तिर्यंक, मनुष्य और देव। नरक को अप्रशस्त गति माना गया है। तिर्यंच गति भी अप्रशस्त है। मनुष्य गति और देव गति प्रशस्त और अप्रशस्त दोनों हो सकती हैं, सुगति और दुर्गति दोनों हो सकती हैं। यह सोचें कि मैं अगले जन्म में अप्रशस्त में न जाऊं। मनुष्य बन गया हूं, मुझे धर्म का संबोध मिला है। अधो गति है, नरक गति, तिर्यंक गति। अथवा मनुष्य में भी जो अप्रशस्त है, जहां धर्म की सुलभता नहीं है, वहां न जाऊं, प्रशस्त गति में जाऊं- यह परलोक की आराधना का चिंतन है। मेरी गति नीचे न हो।

एक बहुत महत्त्वपूर्ण प्रश्न है धार्मिक के सामने। मैंने धर्म को समझने का प्रयत्न किया है, मैं धर्म की साधना कर रहा हूं, मेरा मुख्य लक्ष्य होना चाहिए कि मैं ऐसा कोई भी आचरण नहीं करूं जिससे और नीचे जाना पड़े।

वीतराग धर्म की आराधना वही करता है, जिसमें भावशुद्धि होती है। भावशुद्धि भाव सत्य से होती है। क्रम से चलें- भाव सत्य है तो भावशुद्धि होगी। भावशुद्धि है तो वीतराग धर्म की आराधना होगा। वीतराग धर्म की आराधना है तो उससे परलोक का हित होगा, परलोक की आराधना होगी। व्युत्क्रम से चलें- परलोक की आराधना, धर्म की आराधना और फिर भावशुद्धि। यह एक बहुत सुन्दर आध्यात्मिक पथ दर्शन है।

जो व्यक्ति आध्यात्मिकता का विकास करना चाहता है, वह चाहे कुछ भी न करे, न श्वास प्रेक्षा का प्रयोग करे और न ही कोई अन्य प्रयोग करे किन्तु वह भावशुद्धि की भूमिका तक पहुंच जाए। चौबीस घण्टों में कितने घण्टे मेरा भाव शुद्ध रहता है और कितने घण्टे भाव अशुद्ध रहता है- इसका विवेचन करता रहे तो साधक अध्यात्म की ऊंची भूमिका तक पहुंच सकता है। साधारण व्यक्ति यह साधना नहीं कर सकता, भावशुद्धि की बात सोच ही नहीं सकता। सामने भोजन आया, लोलुपता आ गई, भाव अशुद्ध हो गया। कोई शब्द सुना, मन में आकांक्षा पैदा हो गई, भाव अशुद्ध हो गया। जितने इंद्रियों के विषय हैं जितने मन के कार्य हैं, उनसे अलग रहकर यह चिंतन करें कि मैं वीतराग धर्म की साधना कर रहा हूं। भावशुद्धि वीतरागता के बिना संभव नहीं है अथवा भावशुद्धि के बिना वीतराग धर्म की साधना संभव नहीं है। जिसका भाव अशुद्ध है वह रागात्मक धर्म की आराधना कर सकता है, वीतराग धर्म की आराधना उसके लिए संभव नहीं है।

हमें इस सच्चाई को गहराई से समझना है, जानना है। इसे जाने बिना सत्य सामने नहीं आता। तथ्य बहुत सामने आ जाते हैं, सत्य सामने नहीं आता। सत्य का ज्ञान हमें होना चाहिए। सत्य का संबंध मोह विलय से जुड़ा हुआ है, वीतरागता से जुड़ा हुआ है। उसका ज्ञान ही नहीं है तो उसकी आराधना कैसे हो सकती है?

शिक्षक ने विद्यार्थी से पूछा- यह पत्थर तैरता क्यों नहीं, डूबता क्यों है? विद्यार्थी बोला- मास्टर साहब! इतनी छोटी सी बात आप नहीं जानते। वह तैरना नहीं जानता इसलिए डूब जाता है और जो तैरना जानता है वह उस पार चला जाता है।

हमें तैरना जानना है यानी धर्म को जानना है। जहां राग-द्वेष है वहां धर्म नहीं हो सकता। धर्म है वीतरागता। राग-द्वेष सामाजिक प्रवृत्ति है, वह समाज में चलता है। अगर धर्म में भी राग-द्वेष है तो फिर धर्म और समाज को अलग करने की जरूरत ही नहीं पड़ती। सामाजिकता, धार्मिकता दोनों एक हो जाती है। एक मार्ग राग द्वेष के सहारे चलता है और दूसरा मार्ग राग-द्वेष मुक्त वीतराग चेतना के सहारे चलता है। उसके लिए भावशुद्धि पर विचार करें। यह सिद्धांत समझ में आ गया तो हमारा एक अज्ञान मिट गया।

प्रश्न है- भाव शुद्ध कैसे हो सकता है? भाव सत्य कैसे रह सकता है? मोह का विलय कैसे हो सकता है? इस प्रसंग में हमें मन, वचन और शरीर का सहारा लेना होगा। मन, वचन और शरीर की प्रवृत्ति शुद्ध हो। फिर वही प्रश्न होगा कि वह शुद्ध कैसे होगी? ऐसा कौन सा समर्थ साधन है जिससे अशुद्धि न आए, कर्म

का अस्त्रवण न हो। जब तक निरोध नहीं करते तब तक अशुद्धि आती रहती है। झाड़ू निकाला, आंगन को साफ कर दिया, पर दरवाजा खुला है। फिर आंधी और रेत से कमरा भर गया। शुद्धि के साथ निरोध की जरूरत है। निरोध का एक शक्तिशाली साधन है श्वास का संयम या श्वास का विचय। जो व्यक्ति श्वास विचय प्रयोग करता है, श्वास का विवेचन करता है या श्वास को जानता है, देखता है कि श्वास आ रहा है, जा रहा है, श्वास ले रहा हूं, उसका मन एकाग्र हो जाता है। श्वास पर जैसे ही मन टिकाया, मन की चंचलता भी कम हो जाएगी, शरीर की प्रवृत्ति भी कम हो जाएगी, वाणी की प्रवृत्ति भी कम हो जाएगी, अशुद्ध भाव का भी निरोध हो जाएगा। हम भाव सत्य की स्थिति तक पहुंच जाएंगे।

श्वास संयम या कायोत्सर्ग से संवर होता है या निर्जरा? कायोत्सर्ग से संवर भी होता है, निर्जरा भी होती है। निरोध भी होता है और शोधन भी, दोनों होते हैं। श्वास संयम से भी संवर और निर्जरा दोनों होती हैं। श्वास देखने की कला सीख जाएं तो शायद सारी वृत्तियां बदल सकती हैं। जो छोटे विद्यार्थी हैं, ज्यादा समय नहीं लगा सकते, वे कम से कम दिन में दो बार दस-दस मिनट केवल श्वास को देखने का अभ्यास करें तो उनका व्यवहार और चरित्र बदल जाएगा। जो युवा हैं, व्यापार में संलग्न है, वे कम से कम दिन और रात में आधा घंटा श्वास को देखने का अभ्यास करें तो उनका व्यवहार और चरित्र भी बदल जाएगा। जो वृद्ध हैं कार्य से निवृत्त हैं वे अगर दिन में चार घंटे अभ्यास करें तो उनका भी व्यवहार और चरित्र बदल जाएगा। जो चार घंटा श्वास को देखता है, श्वास पर ध्य [illegible] ाता है, उसका मन शांत, मोह कम, भाव शुद्ध और आनंद का जीवन हो जाएगा। फिर उसे न कष्ट होगा, न चिड़चिड़ापन। न क्रोध आएगा और न अहंकार। वह अच्छा जीवन जीएगा।

श्वास साधना या भावशुद्धि की प्रथम भूमिका है- चार घंटे तक श्वास का निरीक्षण करें। आठ घंटे करें तो वह मध्यम भूमिका है। बारह घंटे श्वास की साधना करें तो वह भावशुद्धि या भाव सत्य की उच्च भूमिका है। बारह घंटे तक पहुंचना बहुत मुश्किल काम है, जटिल काम है। श्वास देखने बैठता है, अनेक संकल्प-विकल्प आते रहते हैं। श्वास के साथ जीना बड़ा कठिन है। श्वास के बिना आदमी नहीं जीता किंतु श्वास के साथ जीना आवश्यक है। जानते हुए श्वास लेना और जानते हुए श्वास छोड़ना बहुत कठित बात है। किंतु जो व्यक्ति साधन की दृष्टि से प्रथम भूमिका चार घंटे का समय, मध्यम भूमिका में आठ घंटे का, उच्च भूमिका में बारह घंटे का समय लगाता है, उसके सब प्रयोजन सिद्ध हो जाते हैं।

जो लोग साधना की दृष्टि से नहीं सोचते किन्तु अच्छा जीवन जीने की दृष्टि से सोचते हैं उनके लिए जरूरी है कि वे एक घंटे का समय अवश्य लगाएं। एक साथ न लगा सकें तो आधा-आधा घंटे का समय दो बार लगाएं। दो बार में एक घंटे का प्रयोग न हो तो फिर तीन बार में कर सकते हैं- बीस-बीस मिनट श्वास के साथ प्रयोग करें। एक नया अनुभव होगा। कोई व्यक्ति एक वर्ष तक प्रयोग करे तो उसको पता चलेगा कि कैसा बदलाव आया है।

प्रेक्षाध्यान की यह श्रेष्ठ भूमिका है, जिसको श्वास साधना की भूमिका कहा जा सकता है। जहां केवल श्वास साधना है वहां कायोत्सर्ग स्वत: ही हो जाएगा। दूसरा कोई प्रयोग करने की जरूरत नहीं है। केवल कायोत्सर्ग की मुद्रा में श्वास को देखते रहना, श्वास पर ध्यान केन्द्रित करना, आते-जाते श्वास को देखना। अनावश्यक स्मृतियां नहीं होंगी, अनावश्यक कल्पनाएं नहीं होंगी, अनावश्यक विचार नहीं होगा। इससे अशुद्ध भाव कम हो जाएगा या समाप्त हो जाएगा। भावशुद्धि का जीवन अध्यात्म की साधना का महत्त्वपूर्ण प्रयोग है, वह सध जाएगा। पर निश्चित मानकर चलें कि यह कोरा जानने का विषय नहीं है, कोरा पाठ पढ़ने का विषय नहीं है, केवल अध्ययन या शिक्षण का विषय नहीं है, यह प्रयोगात्मक है। जो व्यक्ति लंबे समय तक इसका प्रयोग करेगा वह निश्चित ही साधना की सिद्धि प्राप्त करेगा। उसके सारे क्लेश समाप्त हो जाएंगे। जो व्यक्ति दस मिनट भी श्वास का प्रयोग करेगा। उसके सारे क्लेश समाप्त हो जाएंगे। जो व्यक्ति दस मिनिट भी श्वास का प्रयोग नहीं करता वह क्लेश- मुक्त नहीं हो सकता, भले ही वह साधु बन गया, उसे राग-द्वेष, कलह, कदाग्रह, क्रोध, अहंकार सताते रहेंगे।

हमें धर्म करना है, धर्म की आराधना करना है तो उत्तराध्ययन का यह अमूल्य सूत्र याद रखना होगा- परलोक धर्म की आराधना कौन करता है? अगला जन्म होने वाला है, उसकी आराधना कौन करता है, साधना कौन करता है? किसका परलोक अच्छा होता है?

जो वीतराग धर्म की साधना करता है।

वीतराग धर्म की साधना कौन करता है?

जिसका भाव शुद्ध होता है।

भाव शुद्ध कैसे होता है? किसका होता है?

जिसमें भाव सत्य की चेतना विद्यमान है।

हम भावशुद्धि, भाव सत्य, वीतराग धर्म की आराधना और परलोक धर्म की आराधना- इन चारों पर खूब गहराई से मनन करें और अध्यात्म की उस भूमिका

का निर्माण करें जिससे यह पता लगे कि यह आदमी आध्यात्मिक है, धार्मिक है।

अध्यात्म की साधना करने वाले का चेहरा हमेशा प्रसन्न रहता है। जिसके चेहरे पर उदासी, चिंता या शोक रहता है, वह धर्म की आराधना नहीं कर रहा है। जिसके हृदय में दया है, करुणा है वह वीतराग धर्म की साधना कर रहा है। जिसमें क्रूरता है जो दूसरे के साथ कठोर व्यवहार करता है, वह न धर्म की साधना कर रहा है और न परलोक धर्म की आराधना कर रहा है। ये बहुत स्पष्ट रेखाएं हमारे सामने हैं। इनसे निश्चित ही अध्यात्म का रास्ता बहुत प्रशस्त हो सकेगा।

21

ज्ञान, शक्ति और आनंद

मनुष्य के दो रूप हैं- एक अन्नमय पुरुष और दूसरा चैतन्यमय पुरुष। कुछ लोग कहते हैं मनुष्य सात धातुओं से बना हुआ है कुछ लोगों का मत है- मनुष्य का शरीर पांच तत्त्वों से बना हुआ है। यह सारा भौतिक स्वरूप पौद्‌दलिक है। हम सात धातुओं को खोजें, पांच तत्त्वों को खोजें वहां जो नहीं मिलता वह चैतन्य में मिलता है। उसके तीन रूप बन जाते हैं ज्ञान, आनंद और शक्ति।

पहली बात है ज्ञान। अज्ञान से कुछ नहीं होता। सारा विकास ज्ञान के कारण हुआ है।

अज्ञानी क्या करेगा? क्या श्रेय है और क्या हेय है? इसका अज्ञानी को कुछ पता ही नहीं चलता। अज्ञानी विरोधाभास का जीवन जीता है और असफल जीवन जीता है।

मालिक ने लालटेन जलाई, नौकर सामने खड़ा था। उसने देखा और पूछा- 'मालिक! लालटेन क्यों जलाई?'

मालिक ने कहा- 'मैंने पहले आदेश दिया था कि लालटेन बुझा देना। तुमने मेरे आदेश का पालन किया या नहीं, लालटेन बुझाई या नहीं, यह देखने के लिए मैंने लालटेन जलाई।'

यह विरोधाभास या विसंगति है। क्या लालटेन को देखने के लिए किसी लालटेन को जलाने की जरूरत होती है?

ऐसा ही एक दूसरा प्रसंग है। मालिक ने नौकर से कहा- 'जाओ, देखो, सूरज उगा या नहीं?' नौकर गया,, वापस आया। नौकर बोला- 'मालिक! पता नहीं चलता, अभी अंधेरा बहुत है।'

मालिक- 'दीया ले जाओ और देख लो सूरज उगा या नहीं?'

क्या सूरज को देखने के लिए भी किसी दीये की जरूरत होती है, पर अज्ञान में यह सब कुछ होता है। जब ज्ञान साक्षात् स्पष्ट नहीं होता तब इस प्रकार की चिंतन की धाराएं होती हैं और इस प्रकार की घटनाएं भी होती हैं।

जीवन का एक बड़ा पक्ष है चेतना का पक्ष। उसका एक रूप है ज्ञान। अज्ञान की निवृत्ति और ज्ञान का विकास।

चेतना का दूसरा रूप है आनंद। एक ज्ञान पक्ष और दूसरा भाव पक्ष है। भाव पक्ष के साथ आनंद का संबंध है। वह जीवन बहुत महत्त्वपूर्ण होता है जिसमें आनंद होता है। आनंद की परिभाषा समझना आवश्यक है। यह एक आंतरिक सम्पदा है। संस्कृत की एक धातु है **'टुनदि समृद्धौ'** समृद्धि और आनंद। आदमी इतना समृद्ध है कि कभी दु:ख का अनुभव नहीं करता।

दु:ख और सुख ये दो शब्द बहुत प्रचलित हैं। इनके साथ दो शब्दों को और समझना है- दु:ख और दु:खानुबंध यानी एक बार दु:ख होता है और उसकी परंपरा चलती है वह दु:खानुबंध। एक बार सुख होता है और उसकी परंपरा चलती है वह सुखानुबंध है। सुख और दु:ख अल्पकाल के लिए होते हैं। कुछ समय के बाद दु:ख का संवेदन भी समाप्त हो जाता है और सुख का संवेदन भी समाप्त हो जाता है किंतु दु:खानुबंध और सुखानुबंध त्रैकालिक होता है। सुखानुबंध में सुख की और दु:खानुबंध में दु:ख की परंपरा चलती रहती है। सुख-दु:ख की अपेक्षा सुखानुबंध और दु:खानुबंध पर ज्यादा ध्यान देना चाहिए। एक ऐसा आचरण अथवा व्यवहार है जिससे क्षण भर सुख मिलता है दूसरे क्षण समाप्त हो जाता है। किंतु एक आचरण ऐसा होता है, सुख का अनुभव हुआ और फिर भविष्य में भी उसका अनुभव होता रहेगा। वह आचरण एक धार्मिक आचरण या उन्नत आचरण होता है।

आदमी कोई ऐसा काम करता है जिसमें दु:ख होता है और वह समाप्त हो जाता है, किंतु दु:ख का अनुबंध बराबर चलता रहता है। एक आदमी को देखते हैं उसके प्रति अनुराग पैदा हो जाता है। एक आदमी को देखते हैं उसके प्रति द्वेष की भावना पैदा होती है। एक अच्छा लगता है, एक उतना अच्छा नहीं लगता। इसका कारण क्या है? यह कर्म से जुड़ा हुआ प्रश्न है या पुनर्जन्म से जुड़ा हुआ। प्रश्न? कारण खोजना है। हमें पुनर्जन्म की दिशा में जाना होगा कि ऐसा क्यों होता है?

किसी व्यक्ति के साथ शत्रुता का अनुबंध हो गया। तात्कालिक किसी को शत्रु मान लिया और एक साधन शत्रुता का अनुबंध होता है। जब इतना सघन संबंध जुड़ गया तो वह शत्रुता का अनुबंध कई जन्मों तक चलता रहता है। एक जन्म तक नहीं, न जाने कितने जन्मों तक वह परंपरा चलती रहती है। जिस व्यक्ति के साथ पूर्वजन्म में कोई शत्रुता का संबंध जुड़ा और वर्तमान जीवन में उस व्यक्ति को वह देखता है, देखते ही अप्रियता का भाव पैदा होता है। उस व्यक्ति ने इस जन्म में उसका कुछ नहीं बिगाड़ा, कुछ अनिष्ट नहीं किया। किंतु यह अनुबंध चलता है। लंबे समय तक चलने वाला यह कषाय का आवेश है। यह सौ जन्म तक भी चलता रहता है।

भगवान बुद्ध के कांटा चुभा। किसी ने पूछा- कांटा क्यों चुभा? बुद्ध ने उसका उत्तर दिया- मैंने कर्म किया था इसलिए मेरा पैर कांटे से विद्ध हो गया। कांटे चुभने को भी अतीत में खोजा, कर्म खोजा और पूर्व जन्म में खोजा।

आजकल हम बहुत कम ध्यान देते हैं। हर घटना की जो समीक्षा करते हैं वह केवल वर्तमान के आधार पर करते हैं, अतीत को बिल्कुल भुला देते हैं। अतीत का हमारे साथ बहुत गहरा संबंध है। उसका क्या परिणाम हो रहा है? उसका बहुत अच्छा सूत्र और समाधान आचार्य भिक्षु ने दिया। किसी व्यक्ति के साथ मित्रता का संबंध रहा, प्रियता का संबंध रहा पिछले जन्म में रहा और वर्तमान में वह जब सामने आता है तो उसके प्रति सहज ही एक अनुराग पैदा हो जाता है।

हमें अनुबंध की बात पर ध्यान देना है कि एक सामान्य आचरण किया और बात समाप्त हो गई और एक ऐसा आचरण किया जो समाप्त नहीं होता; किंतु दीर्घकाल तक उसका परिणाम चलता रहता है। यह हमारे आचार शास्त्र और प्रेक्षाध्यान का मुख्य विषय है। इस पर ध्यान देना आवश्यक है। शरीर में बीमारी पैदा हुई। दवा ली, समाप्त हो गई। एक ऐसी बीमारी है जो समाप्त नहीं होती। आजकल कई ऐसी भयंकर बीमारियां हैं जो समाप्त नहीं होती। इसका कारण हमें अनुबंध में खोजना चाहिए परंपरा में खोजना चाहिए। स्थूल में नहीं, सूक्ष्म में जाकर खोजना चाहिए। हमारा शरीर स्थूल है, मन उसकी अपेक्षा सूक्ष्म है पर वह भी स्थूल है। सूक्ष्म है हमारा भाव। हमें कारण और निवारण दोनों भाव जगत में खोजने चाहिए। केवल व्याधि में मत अटको, केवल शरीर की बीमारी हो गई उसमें मत अटको, केवल मन की बीमारी में मत अटको उपाधि तक यानी भाव की बीमारी तक पहुंचो।

जिस व्यक्ति के मन में दूसरे के धन के प्रति लालसा होती है या जो व्यक्ति अहंकार से बहुत पीड़ित होता है, हमेशा सत्कार, सम्मान चाहता है, उसकी व्याधि अनंत हो जाती है उसका अंत पाना कठिन होता है। जितनी भी साइकोसोमेटिक बीमारियां हैं, वे शरीर की बीमारियां नहीं है, भाव जगत की बीमारियां है, भाव से होने वाली बीमारियां है और उनका अंत पाना मुश्किल होता है। उनका मूल उद्‌गम स्थूल शरीर भी नहीं है, मन भी नहीं है। यह बात मेडिकल साइंस में स्पष्ट हो गई इसलिए नया शब्द गढ़ा गया 'साइकोसोमेटिक'। यह शरीर की बीमारी नहीं, मनोकायिक बीमारी है। आज मनोकायिक बीमारियों का दौर चल रहा है। उस स्थिति में प्रेक्षाध्यान की बड़ी उपयोगिता हो जाती है। इस संदर्भ में यह समझना होता है कि इस बीमारी का उद्‌गम क्या है। जब तक

ठीक निदान नहीं होता डॉक्टर दवा नहीं दे सकता। पुराने वैद्य नाड़ी देखते और दवा लिख देते। आज का कोई डॉक्टर नाड़ी के आधार पर दवा नहीं देता। पहले टेस्ट कराओ। टेस्ट भी इतना जटिल हो गया कि टेस्ट का भी टेस्ट होने लग गया।

जब तक निदान न हो जाए बीमारी को नहीं मिटाया जा सकता। पहले हम समस्या के मूल स्रोत पर ध्यान दें कि समस्या कहां से पैदा हो रही है? बहुत बार जिसे शरीर की समस्या मान लेते हैं वह शरीर की नहीं होती। बहुत बार मन की समस्या मान लेते हैं पर मन की नहीं होती। हमारे जीवन में जो समस्या का उद्गम है जहां से समस्या मन पर आ रही है शरीर पर आ रही है वह हमारा भावतंत्र है। वह भावतंत्र मन का भी संचालन करता है और शरीर का भी संचालन करता है। मन को कौन चला रहा है? मन में इतने विचार क्यों आ रहे हैं? क्या केवल बाहर के कारण आ रहे हैं अथवा परिस्थिति के कारण?

आप एक घंटा आंख मूंद कर बिल्कुल शांत एकांत में बैठ जाएं। सामने कोई विषय नहीं है, कोई वस्तु नहीं है फिर भी विचारों का दौर चलता है। क्योंकि चलाने वाले के पास इतना बड़ा भण्डार है। भाव के पास से स्पंदन आते हैं और मन प्रकुपित होता रहता है, मन चलता रहता है। जब तक हम भाव तक पहुंचने का प्रयत्न नहीं करेंगे, न धर्म की बात समझ में आएगी न अधर्म की बात समझ में आएगी। न कोई शरीर की व्याधि का निदान होगा और न कोई मन की समस्या को निदान होगा। हमें निदान करना है तो भावतंत्र तक पहुंचना होगा और चिकित्सा करनी है तो भी वहां तक पहुंचना होगा। वहीं से यह अनुबंध प्रारंभ होता है।

एक आदमी चल रहा है, चाहे साधु है चाहे गृहस्थ है पैर से एक कीड़ा मर गया, चींटी मर गई, इसमें हिंसा तो हुई है पर यह हिंसानुबंधी हिंसा नहीं है, वैरानुबंधी वैर नहीं है। हिंसा हुई, उसका बंध हुआ और थोड़ी सी क्रिया में समाप्त हो जाता है। जो बंध क्लेशपूर्ण भावधारा और परिणाम से होता है वह अनंतानुबंधी यानी दीर्घकालानुबंधी होता है। इसलिए मूल बात वही आती है कि हमें भाव पर अधिक जागरूक रहना है, सुखानुबंध और दु:खानुबंध को समझना है। आनंद सुखानुबंध दु:खानुबंध दोनों से परे हैं। उसमें संवेदन नहीं होता अनुभूति होती है। सुख पदार्थ सापेक्ष है। आनंद पदार्थ निरपेक्ष होता है और वह आंतरिक रसायनों के कारण या आंतरिक परिणतियों के कारण होने वाला है। उसे किसी पदार्थ की जरूरत नहीं रहती। एक व्यक्ति ध्यान में बैठा है और आनंद का अनुभव कर रहा है, वह भीतर से आ रहा है, वह हमारे स्वभाव से आ रहा है। आनंद हमारा स्वभाव है। हम समृद्ध हैं, गरीब नहीं हैं, वैभवशाली हैं, भिखारी

नहीं हैं, आनंद से संपन्न हैं। हमारे भीतर आनंद का स्रोत है। पर जब तक वह स्रोत पकड़ में नहीं आता तब तक आदमी कभी सुख और कभी दुःख के चक्र में चक्कर लगाता रहता है। आनंद का स्त्रोत पकड़ में आ जाए तो कभी सुख और कभी दुःख की स्थिति समाप्त हो जाती है। वह भीतर से निकलता रहता है। एक व्यक्ति को पीटा जा रहा है और वह हंस रहा है, एकदम सुख का अनुभव कर रहा है, आनंद का अनुभव कर रहा है। इसका कारण है- भीतर आनंद का स्त्रोत भरा हुआ है।

चैतन्य का तीसरा रूप है शक्ति। एक हमारी शारीरिक शंक्ति होती है। हम शरीर की शक्ति के द्वारा बहुत काम कर सकते हैं। जो व्यक्ति शारीरिक बल से कमजोर होते हैं उन्हें भी सुख नहीं मिलता, आनंद का अनुभव पूरा नहीं होता। जहां शरीर की शक्ति काम नहीं देती वहां मन की शक्ति काम देती हैं। मनोबल होता है तो शरीर से दुर्बल आदमी भी बहुत काम कर सकता हैं। मनोबल नहीं है तो एक हृष्ट-पुष्ट आदमी भी कोई बड़ा काम नहीं कर सकता। सबसे बड़ी है भाव की शक्ति। हमारा जो भावात्मक वीर्य है उसका विकास करना है। उसमें बहुत शक्ति है। जहां मन को भी बल मिलता है और शरीर को भी बल मिलता है। जब सकारात्मक भाव या भावशुद्धि का विकास होता है तो अमाप्य शक्ति पैदा हो जाती है। सामान्य आदमी उसकी कल्पना नहीं कर सकता। सोया हुआ आदमी शिथिलता का अनुभव कर रहा है, शक्तिहीनता का अनुभव कर रहा है। भीतर या बाहरी कारण से भाव का सूत्र मिला और दौड़ने लग जाता है।

बहुत लोग हमारे पास आते हैं और कहते हैं कि चला तब इतना बीमार था। घरवालों ने कहा- तुम कैसे जाओगे? वहां कैसे रहोगे? यहां आने के बाद मुझे पता ही नहीं चलता। शिविर में लोग आते हैं और दवाई का डिब्बा भर कर लाते हैं, रोज दवाइयां लेते हैं। जब मैं शिविर में प्रयोग कराता था तब मैंने स्वयं साक्षात् देखा। अनेक व्यक्तियों ने अनेक बार कहा- एक दिन भी दवा के बिना नहीं चलता। एक दिन में लगभग तीस-चालीस गोलियां खानी पड़ती हैं। शिविर में इतने दिन रहा और एक भी गोली नहीं ली। यह कैसे हुआ? जब भाव शक्तिशाली बन गया भावशुद्धि हो गई तब उसको दवा लेने की जरूरत भी नहीं पड़ी।

हम बहुत सूक्ष्मता के साथ शरीर से आगे बढ़ें, मन से भी आगे बढ़ें। उस सूक्ष्म जगत में पहुंचने की साधना करें जहां हम भाव को पकड़ सकें।

साधना का एक लक्ष्य है भाव तक पहुंच जाना। बहुत लोग कहते हैं- आत्मा का साक्षात्कार करना है, आत्मा तक पहुंचना है। आत्मा तक पहुंचने की बात मत करो, पहले भाव तक पहुंचने की बात करो। आत्मा बहुत दूर की मंजिल है। जो

भाव तक पहुंचता है वह आत्मा तक पहुंच जाता है। भाव सूक्ष्म है उसको पकड़ना है कि भीतर में क्या चल रहा है। ध्यान कर बैठ गए, दीर्घ श्वास का प्रयोग किया। श्वास को देख रहे हैं और अभ्यास करते-करते एक समय ऐसा आता है कि श्वास भी छूट जाता है और भाव का साक्षात होना शुरू हो जाता है। भीतर में क्या भाव चल रहा है, वह हमारी पकड़ में आ जाता है। हिंदुस्तान में एक विद्या विकसित हुई है स्वरोदय की विद्या। श्वास उनका मुख्य आधार है। उसमें निष्णात व्यक्ति दूसरे के भाव को भी पढ़ सकता है। सामने वाले व्यक्ति के मन में क्या भाव है वह जान सकता है।

श्वास प्रेक्षा के द्वारा श्वास का अभ्यास करते-करते हम सूक्ष्म जगत में प्रवेश करते हैं तो वहां दूसरे के भावों को पढ़ने की शक्ति आ जाती है। बहुत लोग परामनोविज्ञान में दूसरे के मन को पढ़ने की बात करते हैं किंतु भाव को पढ़ने की बात उससे भी आगे की बात है। यह मेरा अनुभव है कि जो व्यक्ति श्वास का दीर्घकाल तक अभ्यास करता है, श्वास को देखता है उस व्यक्ति में यह शक्ति पैदा हो जाती है कि वह दूसरे के भाव को भी पढ़ लेता है और अपने भाव को भी पढ़ लेता है।

हमें इन तीनों पर विचार करना है। ज्ञान का पक्ष, भाव का पक्ष और क्रिया का पक्ष- इन तीनों का विकास होता है तो एक समग्र जीवन का विकास होता है। उसके लिए साधना की बहुत जरूरत है।

यह विशेष साधना का सप्ताह चल रहा है इसलिए यह स्थूल से सूक्ष्म की ओर प्रस्थान का समय है। हम स्थूल तक न अटकें। हमें स्थूल से सूक्ष्म की ओर जाना है। विज्ञान का लक्ष्य है स्थूल से सूक्ष्म की ओर प्रस्थान करना और अध्यात्म का लक्ष्य है स्थूल से सूक्ष्म की ओर प्रस्थान करना। ध्यान के संदर्भ में कहा गया- स्थूल से सूक्ष्म का आलंबन लें तो इस दिशा में एकाग्रता के साथ गति होती रहेगी। यह गति अनंत ज्ञान, अनंत आनंद और अनंत शक्ति के स्रोत तक पहुंचा सकती है।

22

पहचान अच्छे आदमी की

मेरे सामने विद्यार्थी हैं, बड़े लोग भी हैं, मध्यम लोग भी हैं। एक बात पर सबको विचार करना है कि मुझे कुछ बनना है। मैं बन गया, अगर यह कोई मानता है तो वह पिछड़ जाता है। मुझे बनना है यह चिंतन हो। मैं आज हूं, कल वैसा न रहूं, मुझे नया निर्माण करना है। मैं आज दस वर्ष का हूं और युवा बनूं तो क्या बनना है? यह सोचना है। जो युवा हैं उन्हें सोचना है कि मैं प्रौढ़ बनूं, उस समय क्या बनना है? प्रौढ़ यह चिंतन करें कि जब मैं बूढ़ा बनूं तो मुझे कैसा बनना है? परिवर्तनशील दुनिया में बनने की बात हर आदमी को सोचनी चाहिए। अगर हमारी दुनिया परिवर्तनशील न हो तो फिर बनने की बात सोचने की आवश्यकता ही नहीं है।

जीवन एक प्रवाह है। नदी का पानी जो चला गया वह फिर नहीं आता, दूसरा पानी आएगा। जीवन के प्रवाह में नित नया आता रहता है। जीवन को कैसे जिया जाए? जीने की कला का मुख्य सूत्र है निर्माण। एक शब्द को पकड़ लें कि मुझे अच्छा आदमी बनना है। इस एक शब्द में भावी की सारी कल्पना समा जाती है।

प्रश्न होगा- अच्छा आदमी कौन बनेगा? हम किसी व्यक्ति की ओर इंगित नहीं कर सकते। केवल लक्षण बता सकते हैं, पहचान बता सकते हैं।

आचार्य भिक्षु के पास एक आदमी आया और बोला- आप बड़े विद्वान हैं, तत्वज्ञ हैं, मर्म को जानते हैं, आप बताएं कि साधु कौन है? आचार्य भिक्षु ने कहा- तुम्हारा प्रश्न बड़ा जटिल है कि साधु कौन है? मैं किस व्यक्ति को बताऊं? मैं किसी व्यक्ति को नहीं बता सकता, केवल पहचान बता सकता हूं। पहचान को समझ लो फिर स्वयं निर्णय करो।

प्रसंग को आगे बढ़ाते हुए आचार्य भिक्षु ने एक कथा के द्वारा विस्तार से उसे समझाया। एक वैद्य के पास अंधा आदमी आया, बोला- वैद्य जी! आप बताएं, हमारे गांव में कपड़ा पहनने वाले कितने हैं नंगे कितने हैं? बड़ा अजीब प्रश्न था। वैद्य बोला- मैं इस झंझट में नहीं जाऊंगा। मैं एक काम कर सकता हूं। तुम्हारी आंख में अंजन आज दूंगा, उससे तुम्हें दिखाई देने लगेगा फिर तुम

स्वयं निर्णय करना कि गांव में नंगे कितने हैं? कपड़ा पहनने वाले कितने हैं? आचार्य भिक्षु ने कहा- मैं भी तुम्हें पहचान बता दूंगा, तुम स्वयं निर्णय करना कि साधु कौन है? असाधु कौन है?

अच्छा आदमी कौन है? इस प्रश्न के संदर्भ में मैं भी उसी बात का अनुसरण कर रहा हूं। बहुत कठिन है अच्छा आदमी बताना। केवल पहचान बता देता हूं।

अच्छे आदमी की पहचान का पहला लक्षण है अनावेश। 'जो अपने आवेशों पर नियंत्रण कर सकता है, अपने क्रोध, अहंकार, माया-कपट, लोभ, भय, वासना आदि पर नियंत्रण कर सकता है, वह अच्छा आदमी है। नियंत्रण बहुत जरूरी होता है। जो नियंत्रण नहीं कर सकता वह कभी क्रोध के कारण, कभी लोभ के कारण झगड़ा करता रहता है और कभी कल्पना के सहारे भी लड़ाई करता रहता है। काल्पनिक लड़ाइयां बहुत होती हैं। संदेह हो गया, लड़ाई शुरू हो गई।

एक किसान दूसरे किसान के घर गया। बातचीत करते-करते बोला- 'मैं इस वर्ष गन्ने की खेती करना चाहता हूं।'

'कहां बोओगे?'

'तुम्हारे घर के सामने खेत हैं। वहां गन्ना बोऊंगा।'

'यहां मत बोना क्योंकि मैं भैंस खरीदना चाहता हूं और उससे यह स्थान रुक जाएगा।'

'अभी भैंस मत खरीदो।'

'क्यों?'

'मैं यहां गन्ने की बुआई करूंगा, गन्ना पैदा होगा। तुम्हारी भैंस हमारे गन्ने को खा जाएगी, मैं भैंस को पीटूंगा।'

'कैसे पीटेगा?'

उसके हाथ में लाठी थी। उसे घूमते हुए बताया कि ऐसे पीटूंगा।

'तू ऐसे पीटेगा तो मैं तुझको पीटूंगा। बात-बात में, कल्पना-कल्पना में लाठियां चल पड़ी। आपस में काफी लड़े। पुलिस पकड़ कर ले गई। न्यायाधीश के सामने प्रस्तुत किया। न्यायाधीश ने पूछा- किस बात की लड़ाई थी? सारी बात सुनाई। न्यायाधीश ने कहा- तुमने गन्ना कब बोया?'

'हुजूर! मैंने बोया नहीं। मैं तो बता रहा था, यहां अब गन्ना बोऊंगा।'

दूसरे से पूछा- 'तुमने कब भैंस खरीदी?'

'हुजूर! मैंने अभी भैंस नहीं खरीदी। इसने कहा गन्ना बोऊंगा तब मैंने कहा- मैं भैंस खरीदूंगा। तब यह बोला- भैंस खरीदेगा तो मेरे खेत में आ जाएगी, गन्ना

खाएगी तो मैं उसको पीटूंगा। मैंने कहा- कैसे पीटेगा? बस बात-बात में लड़ाई हो गई।'

आवेश पर नियंत्रण नहीं है, कल्पना के सहारे, संदेह के सहारे हर साधारण बात को लेकर उत्तेजना में आ जाते हैं। बात करते-करते भी उत्तेजना में आ जाते हैं। लड़ने की वृत्ति मनुष्य में होती है। मनोविज्ञान में कुछ मनोवृत्तियां मानी गई हैं। उनमें एक है संघर्ष की मनोवृत्ति। किसी कारण से संघर्ष उभर आता है और लड़ाई शुरू हो जाती है। अच्छा आदमी वह है जिसका अपने आवेशों पर नियंत्रण होता है। क्रोध का आवेश बन जाता है तब कठिनाई होती है। मनोविज्ञान के दो शब्द हैं- एक भाव और दूसरा संवेग। क्रोध का भाव रहता है पर संवेग सदा नहीं रहता। जब क्रोध उत्तेजना की अवस्था में आता है तब क्रोध का संवेग बन जाता है। हम क्रोध पर नियंत्रण नहीं कर सकते। क्रोध के संवेग पर नियंत्रण कर सकते हैं। मनोविज्ञान में क्रोध नियंत्रण की बात नहीं आती, केवल भाव पर नियंत्रण करने की बात नहीं आती। प्रश्न है संवेग को कैसे बदला जाए? कैसे उसका उदात्तीकरण किया जाए? कैसे उसका परिवर्तन किया जाए? यह बात आती है।

अध्यात्म में दोनों बातें है।- उदात्तीकरण या मार्गांतरीकरण की और क्रोध पर नियंत्रण करने की। कैसे क्रोध का निर्मूलन किया जाए? सामान्य विद्यार्थी या सामान्य आदमी क्रोध का निर्मूलन शायद नहीं कर सकता। यह बड़ी लंबी साधना की बात है। क्रोध का निर्मूलन न हो पर क्रोध संवेग न बने, अहंकार संवेग न बने, भाव तक सीमित रहे, इतनी स्थिति आने पर भी आदमी अच्छा आदमी बन सकता है। अच्छा आदमी वह है जिसमें क्रोध संवेग न बने, आवेश न बने, उत्तेजना न बने। जब क्रोध आवेश बनता है उस समय आदमी भान भूल जाता है, क्रोध के आवेश में अकरणीय कार्य भी कर लेता है। हमारा ध्यान संवेग की ओर जाना चाहिए। हमारा जो क्रोध है वह आवेश न बने। आवेश की भी कई अवस्थाएं है- मंद, मध्य और तीव्र। मंद आवेश होता है वह इतना खतरनाक नहीं होता। जहां आवेश मध्य बनता है वहां से खतरा शुरू हो जाता है और जहां वह तीव्र बनता है वहां खतरा ही खतरा है। हम इस दिशा से चलें कि क्रोध का आवेश तीव्र न बने, उसकी साधना करें। दूसरी साधना करें कि क्रोध का आवेश मध्य भी न बने। तीसरी साधना यह है कि क्रोध का आवेश मंद रहे।

जिस व्यक्ति ने आवेश पर नियंत्रण कर लिया, तीव्र आवेश नहीं करता, संवेग तीव्र नहीं बनता वह एक अच्छे आदमी का लक्षण है। अच्छा आदमी वह है, जिसका अपने आवेश पर नियंत्रण है।

अच्छे आदमी की पहचान का दूसरा लक्षण है- अनाग्रह। अच्छा आदमी आग्रह नहीं करता। आग्रह भी मनुष्य की प्रकृति है। बात को पकड़ लिया कि

मैं कहूं वैसा ही होगा, मैं चाहूं वैसा ही होगा। एक आग्रह हो जाता है। बच्चे में समझ कम होती है, मस्तिष्क अपरिपक्व होता है, चिंतन भी नहीं होता, एक बात को पकड़ लेता है वह पूरी हो जाए तब तो ठीक है, नहीं हो तो रोना ही शरण बन जाता है। जिस व्यक्ति में अनाग्रह है, वह वास्तविकता को समझने का प्रयत्न करता है। जिसमें वह समझ पूरी नहीं होती, वह समझने का प्रयत्न नहीं करता। जो आग्रह कर लिया बस उसी पर डट जाता है, वह अच्छा आदमी नहीं होता। अच्छा आदमी वह है जिसमें अनाग्रह है जो समझकर काम करता है, किसी बात का आग्रह नहीं करता।

अनाग्रह का हृदय है- वास्तविकता को समझने का प्रयत्न करना अथवा दूसरे की बात को समझने का प्रयत्न करना। जो दूसरे की बात को समझने का प्रयत्न नहीं करता अपने आपको सब कुछ मान बैठता है- मैं कहता हूं वही ठीक है, सारी बातों को अपने आप में ठीक मानने लगता है, दूसरी तरफ ध्यान नहीं देता, वह आग्रही बन जाता है। जब यह देखे कि मैं भी हूं और दूसरा भी है। मैं सोचता हूं तो दूसरा भी सोचता है। मुझमें समझ है तो दूसरे में भी समझ है। जो अपने सामने दूसरे को तुलनात्मक दृष्टि से देखता है वह आग्रही नहीं बनता।

प्रत्येक व्यक्ति यह सोचे- मेरे ज्ञान की, मेरी क्षमता की और मेरे कार्य की सीमा है। सीमा में जीने वाला आदमी अपने को असीम मानकर दूसरे के साथ व्यवहार करता है वह आग्रहपूर्ण और अन्यायपूर्ण व्यवहार होता है। अपनी सीमा को समझना चाहिए कि मेरी हर कार्य में सीमा है। कई लोग साथ रहते हैं। अगर अपनी सीमा का बोध रखें तो कलह कम होगा, किंतु जहां व्यक्ति अपनी सीमा को नहीं समझता वहां समस्या पैदा हो जाती है। जिसे अपनी सीमा का बोध होता है वह अच्छा आदमी होता है। जिसमें सीमा का बोध नहीं होता, अपने आपको असीम मानकर कार्य करता है, वहां सब कुछ ठीक नहीं होता। इस दुनिया में जन्म लेने वाला कोई असीम नहीं होता। शरीर में आत्मा है। उसकी भी सीमा है। चेतना की सीमा है, सबकी सीमा है। इस अवस्था में कोई व्यक्ति अपने आपको असीम मानकर असीम जैसा व्यवहार करे, वहां आग्रह ज्यादा पनपता है। जहां सीमा का बोध है वहां ज्यादा आग्रह नहीं पनपता। आग्रह व्यक्ति को जटिल बना देता है, लड़ाकू बना देता है, संघर्षशील बना देता है और परिवार में, समूह में भी कठिनाई पैदा करता है।

आग्रह कहां नहीं होना चाहिए? साधना के क्षेत्र में आग्रह बिल्कुल काम का नहीं है। जो अच्छे साधक होते हैं वे आग्रह से मुक्त हो जाते हैं। एक प्रकार से इतने सरल हो जाते हैं कि उन्हें कहीं कोई अहं छूता नहीं है।

एक अच्छा सन्यासी था। किसी के घर शिक्षा के लिए गया। गृहस्वामिनी ने कहा-सुबह-सुबह लेने आ जाते हो। घर के मालिक को पता चला कि उसकी पत्नी ने ऐसा कहा है। इतना तेजस्वी सन्यासी आया और तुमने उसे ऐसे ही निकाल दिया। गृहस्वामी सन्यासी के पास पहुंचा और कहा- महाराज! आइये, भिक्षा लीजिए। वापस आ गया। भिक्षा ले ली। उस गृहस्वामी ने पूछा- महाराज! मेरी पत्नी ने आपको तिरस्कार कर घर से निकाल दिया। फिर आप कैसे आ गये? सन्यासी कहा- तिरस्कार और सत्कार की भूमि नीचे हैं। मैं उससे ऊपर की मंजिल में रहता हूं। वहां न कोई तिरस्कार है, न कोई सत्कार। इसलिए आ गया नहीं तो नहीं आता। इस प्रकार के साधक में कोई आग्रह नहीं रहता।

कुछ लोग आचार्य भिक्षु का प्रबल विरोध करते थे, कभी-कभी मुक्का भी मार देते थे। आचार्य भिक्षु उन्हीं को समझाने का प्रयत्न करते। यह नहीं हुआ कि इसने मेरा तिरस्कार किया है तो मैं इससे बोलूं नहीं। थोड़ी सी शिकायत कर दे फिर तो आसमान-पाताल एक हो जाते हैं। ऐसा क्यों होता है? मेरी शिकायत कर दी अब तो बस या तो यह रहेगा या मैं रहूंगी। दोनों साथ नहीं रह सकते, दोनों के लिए अवकाश नहीं है।

जैन रामायण का प्रसंग है। राजकन्या कोपघर में सो गई। पिता मनाने गया तो पिता से कहा- पिताजी! या यह रेखला जिएगा या मैं जिऊंगी। हम दोनों पृथ्वी पर एक साथ नहीं जी सकते। जहां आग्रहपूर्ण स्थिति बन जाती है कि 'या वह या मैं' वह अच्छा आदमी नहीं हो सकता। अच्छा आदमी वह होता है तुम भी जियो; मैं भी जीऊं। तुम रहो, तुम्हारी स्वतंत्रता है। मुझे मेरी स्वतंत्रता का उपयोग करने दो। हम दोनों अपनी स्वतंत्रता का उपयोग करें, शांति के साथ रहें। जिसमें यह विकास हो जाए, वह अच्छा आदमी हो सकता है।

अच्छा बनने के लिए पहली बात है- अपने आवेश पर नियंत्रण, दूसरी बात है- आग्रह को छोड़ना, दूसरे को समझने का प्रयत्न करना, तीसरी बात है- अपनी सीमा का विवेक करना। ये तीन बातें जिसमें होती है वह अच्छा आदमी बन सकता है। हम सबका यह संकल्प होना चाहिए कि मुझे अच्छा आदमी बनना है, अच्छा साधक बनना है। इस संकल्प की साधना कर मानव श्रेष्ठता का वरण कर सकता है।

23

भय और सन्देह से बचें

एक और अनेक इन दो शब्दों पर विचार कर हम व्यवहार पर विचार करें। यदि एक होता तो व्यवहार की आवश्यकता नहीं होती। एक में कोई व्यवहार नहीं होता। साधना के क्षेत्र में भी जहां अध्यात्म है, वहां अद्वैत है कोई दूसरा नहीं है। जहां दो है वहां विभाग है। जहां विभाजन है वहां फिर दोनों के बारे में सोचना होता है कि दो एक साथ कैसे रहें?

दो है वहां समस्या पैदा होती है। सबसे पहली समस्या है भय की। दो है वहां भय पैदा हो जाता है। एक में कोई भय नहीं होता। भय और संदेह है- ये दो में होता हैं। एक में न भय होता है और न संदेह। अमुक मेरे बारे में क्या सोचता होगा? दूसरों को मेरे बारे में क्या कहता होगा? वह मुझे कैसा समझता है? वह मेरी निंदा करता है अथवा प्रशंसा? ये सारे जो प्रश्न हैं, ये द्वैत के प्रश्न हैं।

हम इन दो शब्दों को पकड़ लें- एक और अनेक। अनेक है वहां समस्याएं शुरू होती हैं। हम एक-एक का विश्लेषण करें तो पता चलेगा कि जहां दो वहां समस्या हो गई। आदमी अकेला होने का प्रयत्न करता है वहां भी वह समस्या से छुटकारा नहीं पाता।

पति-पत्नी में खूब गहरी लड़ाई हो गई। पत्नी रूठ कर बोली- मैं इस घर में अब नहीं रह सकती। मैं मेरे मायके चली जाऊंगी। पति बोला- मैं कैसे रह सकता हूं? मैं मेरे ससुराल चला जाऊंगा। लड़का बोला- मैं अकेला क्या करूंगा? मैं मेरे ननिहाल चला जाऊंगा।

मायका, ससुराल और ननिहाल- शब्द तीन हैं, तात्पर्य में एक हैं। तीनों का स्थान तो एक ही रहा। एक स्थान में जाएं, एक स्थान पर रहें तो शायद समस्या नहीं होती। पर जहां अलग हो गया वहां समस्या पैदा होती है।

बहुत सारी समस्याएं संदेह के कारण होती हैं। व्यक्ति सोचता है कि मेरे सामने कोई बात आई, संभवत: उस व्यक्ति ने मेरे बारे में कुछ कहा है। पूछा गया- प्रमाण बताओ। प्रमाण तो नहीं पर मुझे लगता है उसी ने कहा है।

संदेह के कारण पारस्परिक कटुता पैदा हो जाती है। मन में एक काल्पनिक भय भी होता है। पता नहीं वह मेरे बारे में क्या कहेगा? क्या सोचेगा? एक प्रकार

से भय और संदेह बहुत निकट आ जाते हैं। यद्यपि दोनों का क्षेत्र अलग है। भय का क्षेत्र अलग है, संदेह का क्षेत्र अलग है पर दोनों निकट आते हैं। मन में संदेह हो तो वह दूसरे से डरता रहता है। यह काम मैंने कर दिया। संभवत: उसने देख लिया, संदेह पैदा हो गया। संदेह हो गया तो उसके प्रति भय की भावना हो गई। उससे डरता रहेगा।

हमारे व्यवहार की मधुरता में बाधा डालने वाले दो कारक तत्त्व हैं- संदेह और भय। जहां संदेह और भय नहीं है वहां संबंध अच्छा होता है और व्यवहार भी अच्छा होता है। दो व्यक्ति जुड़े हुए हैं, किसी को दूर करना हो तो उसका अच्छा तरीका है संदेह पैदा कर दो। संदेह के कारण एक विशाल खाई पैदा हो जाएगी।

प्राचीन विश्रुत प्रसंग है। भरत का दूत बाहुबली के पास गया। उसने कहा- बाहुबली! आप बहुत शक्तिशाली हैं। पर भरत आपका बड़ा भाई है। ऋषभ ने उसको राज्याभिषिक्त किया है तो आपको उनके पास जाकर उनका अनुनय विनय करना चाहिए। बहुत लंबा संवाद चला दूत और बाहुबली का। आखिर बाहुबली कहते हैं- दूत! तू बड़ा वाक् चतुर है पर तू एक बात को नहीं समझता कि हम दोनों भाई हैं। हमारे बीच में दूरी नहीं है, पर लगता है कि किसी चुगल ने भरत के मन में संदेह पैदा कर दिया है और दूरी हो गई है।

इस संदर्भ का भरत बाहुबली महाकाव्य में बहुत मार्मिक चित्रण है-

दूत! भरत अयोध्या में है और मैं हूं तक्षशिला में। हमारे बीच में पहाड़ हैं नदियां हैं, भले ही हों। बीच में पूरी सिंधु नदी आ जाती है। सब बीच में आ जाए। एक बात भरत को कह देना कि भाई! अपने बीच में क्षेत्रीय दूरी है, पहाड़, नदियां, शहर, गांव सब हैं किन्तु हम दोनों के बीच में कोई चुगलखोर नहीं आना चाहिए। चुगलखोर नहीं है तो यह क्षेत्रीय दूरी भी हमारी दूरी नहीं होगी। कितना ही दूर चला जाए, किंतु जो जिसके हृदय में स्थित है, क्षेत्रीय दूरी होने पर भी वह दूर नहीं होता। जो जिसके हृदय में स्थित नहीं है, वह पास में बैठा है तो भी बहुत बड़ी खाई हो जाती है।

एक सामान्य आदमी के लिए भी जरूरी है कि आपस में संदेह न करें। संदेह के कारण ही पारिवारिक कलह होता है। संदेह के कारण ही संगठनों का विघटन होता है। यह संदेह व्यवहार को कलुषित कर देता है।

ऐतिहासिक घटना है। कौणिक को वज्जीगण पर विजय पानी थी। उस समय वज्जी गणराज्य शक्तिशाली था। उसके प्रमुख थे महाराज चेटक। चेटक के पास ऐसी सिद्ध विद्या थी कि एक बाण भी उसका खाली नहीं जाता। उसका संकल्प

था कि मैं एक बार से ज्यादा प्रहार नहीं करूंगा। उसकी सेना बहुत शक्तिशाली थी। कौणिक ने अपने मंत्री से कहा- मंत्रीवर! विजय पानी है पर संभव नहीं कि हम लड़कर युद्ध में विजय पा लें, क्या करें? मंत्री कुशल था। उसने कहा- महाराज! चिंता न करें। मैं उपाय करूंगा।

जो काम शस्त्र से नहीं होता वह काम संदेह से हो जाता है। राजनीति और कूटनीति का महत्त्वपूर्ण सूत्र है कि किसी को लड़ाना हो तो संदेह पैदा कर दो, अपने आप काम हो जाएगा।

योजना बना ली। यह घोषित हो गया कि कौणिक ने अपने मंत्री को निष्कासित कर देश निकाला दे दिया। वह महाराज चेटक के पास पहुंचा। बात पहले ही प्रसारित हो गई थी! सबको पता लग गया था। मंत्री महाराजा चेटक की शरण में आया और बोला कि आप मुझे शरण दें। वहां से मुझे निष्कासित कर दिया गया है। प्राचीन काल में राजा शरण देते थे। शरणदान की परंपरा थी। शरण दे दी, वहां रह गया। अब अपना चक्र चलाना शुरू किया। एक दूसरे के प्रति संदेह पैदा करना शुरू किया। परस्पर दूरी पैदा कर दी, बड़े-बड़े सेनापतियों में, सेनाध्यक्षों में और बड़े-बड़े सैनिकों में बहुत दूरी पैदा कर दी। सूचना भेजी कि अब अवसर है आप आक्रमण कर सकते हैं। कौणिक ने आक्रमण कर दिया।

वज्जी गणराज्य की व्यवस्था थी कि जब रणभेरी बजती तब सैनिक और सेनापति तत्काल तैयार होकर युद्ध क्षेत्र में चले जाते। वैशाली पर आक्रमण की सूचना मिलते ही रणभेरी बजी पर कोई सैनिक, सेनापति नहीं आया। सबने सोचा कि यह क्या ५. . ऐसा कभी हो नहीं सकात, इतनी सशक्त सेना और इतनी शक्तिशाली व्यवस्था, रणभेरी बजे और कोई सेनापति, सैनिक नहीं आए। सबको आश्चर्य हुआ। आखिर सेना के जो प्रमुख थे वे आए और बोले कि रणभेरी बज गई, आप क्यों नहीं आए? बोला- प्रमुख सेनापति मुझे शक्तिहीन बता रहा है, नपुंसक बता रहा है, कहता है इसमें कोई दम नहीं है। जो शक्तिशाली है वे जाएं, मैं क्यों जाऊंगा।

सर्वत्र सन्देह और अविश्वास का स्वर सुनने को मिला। यह परस्पर में दूरी पैदा करने का अच्छा मंत्र है। इतना अच्छा मंत्र किसी शास्त्र में भी नहीं मिलेगा। परिणाम यह आया- युद्ध में वज्जी गणराज्य की पराजय हो गई।

हम इसका विश्लेषण करें कि शक्तिशाली सेना क्यों हारी? बिना शस्त्र के हार गई। सामने कोई बहुत शक्तिशाली शस्त्र नहीं था। कारण था संदेह पैदा कर दिया। व्यवहार की चर्चा करते समय हमें संदेह के बारे में बहुत विश्लेषण करना चाहिए। संदेह ऐसा ब्रह्मास्त्र है कि बड़ी-बड़ी शक्तियों को भी ध्वस्त कर सकता है।

दूसरी घटना मिलती है चंडप्रद्योत की। वह उज्जैनी का बहुत शक्तिशाली शासक था। उस समय के राजाओं में वह बहुत पराक्रमी था। उसके पास अजेय हाथी था और वज्रजंग जैसा दूत संदेशवाहक था। संदेश पहुंचाना होता तो शाम को उज्जैन से चलता और सुबह राजगृह पहुंच जाता। (बिहार में है राजगृह और मध्यप्रदेश मालवा में है उज्जैन।) इतना शक्तिशाली दूत था। चंडप्रद्योत ने मगध राज्य पर आक्रमण कर दिया। मगध साम्राज्य बहुत शक्तिशाली था। सम्राट श्रेणिक राजा था और सबसे शक्तिशाली महामात्य था अभय कुमार। वह राजनीति का एक शलाका पुरुष था। जितना धार्मिक उतना ही राजनीतिक। प्राचीन काल में कोई संचार के साधन नहीं थे। जब पता लगा कि आक्रमण हो गया है। अभयुकमार ने विचार किया कि शस्त्रों से तो हम नहीं लड़ पाएंगे। क्योंकि हमारी कोई तैयारी नहीं है। अचानक आक्रमण हुआ है, किंतु मेरे पास बुद्धि का शस्त्र है और मैं उससे पराजित करूंगा।

अभयकुमार बहुत बुद्धिमान था, दक्ष था। सूर्योदय से पहले स्वयं चंडप्रद्योत के पास गया। जाकर बोला- 'मौसाजी! आप किस भरोसे में हैं। मैं आपको एक गूढ़ बात बताने आया हूं। आपके साथ मेरी आत्मीयता है, आप मेरे संबंधी हैं। आपकी पत्नी मेरी मां की बहन है, मेरी मौसी है। आपने आक्रमण तो कर दिया पर क्या आपको पता है- आपके सेनापतियों ने और मगध सम्राट ने भेद नीति का प्रयोग किया है। धन का प्रलोभन देकर उनको फंसा दिया है। अब आप लड़ेंगे तो बंदी बनेंगे और कुछ हाथ नहीं लगेगा। अगर मेरी बात पर आपको विश्वास न हो तो मेरे साथ चलें।' साथ ले गया। मजदूरों से कहा- खुदाई करो। भीतर में धन गड़ा हुआ था। बोला- इस प्रकार सम्राट ने धन देकर आपके सब सेनापतियों को फंसा दिया है। अब आप मारे जाएंगे। मैं चाहता हूं आपकी यह दुर्गति न हो, आप मेरी सलाह मानें, यहां से विदा हो जाएं। सम्राट ने देखा-जगह-जगह धन गड़ा है। उसे यह विश्वास हो गया- मेरे सेनापतियों को प्रलोभन देकर अपना बना लिया गया है। अब लड़ाई नहीं होगी। सूरज नहीं उगा, सम्राट हाथी पर बैठकर लौट गया। हाथी भी तेज भागा। सूर्योदय हुआ, सैनिक मिले। हम क्या करें? सब समझ गए कि यह अभयकुमार की करामात है। सम्राट भाग गया तो सैनिक भी चले गए।

राजनीति में यह चलता है, पर यह व्यवहार का सूत्र है कि संदेह पैदा कर बड़े से बड़ा अनर्थ किया जा सकता है।

एक सामाजिक प्राणी भी जहां कूटनीति की जरूरत होती, जहां किसी आपदा से निकलना होता, वहां विशेष स्थिति में आपद्धर्म के रूप में उसका

प्रयोग करते थे, किंतु यह सामान्य नहीं है कि किसी के प्रति संदेह पैदा करो। साधना के क्षेत्र में यह सर्वथा वर्जित और निदंनीय कर्म है कि दूसरे व्यक्ति के मन में संदेह पैदा कर दोनों को अलग-अलग कर दो। व्यवहार का एक महत्त्वपूर्ण सूत्र है- अच्छा व्यवहार, अच्छे संबंध। संबंध के साथ व्यवहार होता है। पहले संबंध का निर्धारण और फिर व्यवहार का निर्धारण कि संबंध कैसा है? जिसके साथ जैसा संबंध होगा, उसके साथ वैसा व्यवहार होगा। जो व्यक्ति पवित्र व्यवहार करना चाहता है और जिसका व्यवहार अध्यात्म से, धर्म से ओत:-प्रोत होता है वह कभी भी संदेह के ब्रह्मास्त्र का प्रयोग नहीं करेगा।

दूसरी बात है भय। डरो मत, डराओ मत। न स्वयं डरो, न किसी दूसरे को डराओ। यह दशवैकालिक का अमूल्य वाक्य है और व्यवहार का सुंदर सूत्र है कि न डरो और न डराओ- **न भेयव्वं न भाइयव्वं।** जो डर पैदा करता है वहां व्यवहार कटु हो जाता है। डरता है तो भी व्यवहार कटु हो जाता है। अच्छे और मधुर व्यवहार के लिए जरूरी है कि परस्पर में अभय का वातावरण रहे।

प्रसिद्ध लौकिक बात है। कोई आदमी जा रहा है। रात के बारह बजे का समय। सामने भूत या प्रेत आत्मा आ रही है। डरोगे तो स्वयं मर जाओगे। लड़ोगे तो हार जाओगे। कायोत्सर्ग कर खड़े हो जाओ, भूत कुछ नहीं बिगाड़ सकेगा।

आदमी जब प्रवृत्ति में होता है तब कोई दूसरा आक्रमण कर सकता है। निवृत्ति इतनी शक्तिशाली है कि दूसरे की शक्ति प्रभावी नहीं रहती। उसका ऐसा आभामण्डल बन जाता है कि दूसरा कुछ नहीं कर पाता। एक नियम है कि प्रेत आत्मा के साथ लड़ोगे तो तुम्हारी शक्ति कम हो जाएगी, उसकी शक्ति बढ़ जाएगी। बहुत बार ऐसा होता है कि लड़ते समय सामने वाले में शक्ति चली जाती है। हमारा एक दूसरे को सुख देने वाला व्यवहार बने, कष्टदायी व्यवहार न बने। इसके लिए पहले बाधक तत्वों पर विचार करना चाहिए।

सुखद व्यवहार के बाधक तत्व हैं- संदेह और भय। हम ऐसी प्रकृति का निर्माण करें कि हमारी प्रकृति संशयालु न हो, संदेह वाली न हो। गीता का सुंदर वाक्य है- **'संशयात्मा विनश्यति'** जो संशयशील आत्मा है वह नष्ट हो जाएगी। संशय से बचो। संदेह से बचो। संदेह का कोई अंत नहीं होता। यह संदेह की प्रकृति खतरनाक है। इससे व्यवहार कलुषित हो जाता है। जिसमें संदेह की आदत है वह अच्छी बात नहीं है। उसे सोचना चाहिए कि मेरे लिए यह संदेह ही समस्या पैदा कर रहा है इसलिए मैं इस प्रकृति को बदलूं और बदलने का अभ्यास करूं। भय और संदेह से छुट्टी पा लें तो मधुर व्यवहार और पारस्परिक अच्छे संबंध ों की भूमिका तैयार हो जाती है।

साधना करने वाले भी विचार करें कि हम ध्यान करते हैं। आखिर हमारा उद्देश्य क्या है? उद्देश्य है मोह का उन्मूलन। भय मोह का एक प्रकार है। यह मोह पैदा करने वाला है और समस्या भी पैदा करने वाला है। साधना का यह लक्ष्य बने कि मुझे अभय बनना है और संदेह की बेड़ियों से मुक्त होना है।

ऐतिहासिक प्रसंग है। एक लौहार बेड़ियां बनाता था। उसकी बेड़ियों की विशेषता थी कि उसे न कोई खोल सकता था, न कोई तोड़ सकता था। इस काम में वह प्रसिद्ध था। किसी शत्रु राजा ने उस नगर पर आक्रमण किया। जितने भी कारीगर और व्यापारी थे उनको जेल में डाल दिया। सबके हाथ में बेड़ियां डाल दी। उस लौहार के हाथ में भी बेड़ी डाल दी। उसने सोचा- क्या है, मैं बेड़ी को खोल दूंगा, पर जब देखा कि यह तो मेरे हाथ की बेड़ी बनाई हुई है। अब तो खुलने का सवाल ही नहीं है।

अपने हाथ से बनाई हुई मजबूत बेड़ी अपने लिए बंधन बन गई। अगर दूसरे के हाथ की होती तो वह तोड़ देता। आदमी अपने ही हाथ से भय और संदेह के द्वारा ऐसी मजबूत बेड़ी बनाता है, वह स्वयं उसको खोल नहीं सकता।

व्यवहार हमारे जीवन का प्रमुख अंग है। साधना, अध्यात्म, धर्म-ये सारी बातें बाद में हैं। पहले दो आदमियों के साथ रहना पड़ता है। अगर व्यवहार अच्छा नहीं है तो लड़ाई होती है। साधना के द्वारा हमारा व्यवहार परिष्कृत हो, मधुर हो यह लक्ष्य बन जाए, संदेह और भय को निरस्त करने की साधना करें। जहां संदेह और भय का वातावरण नहीं होता वहां व्यक्ति के लिए सामुदायिक जीवन एक आनंद देने वाला और स्वर्गीय जीवन बन सकता है। जहां भय और संदेह का वातावरण चलता है वहां नारकीय जीवन बन जाता है। इन दोनों का विश्लेषण करें कि कैसे हम साधना के द्वारा भय और संदेह को दूर कर सकें। यह विश्लेषण स्वस्थ सामाजिक संबंधों का सूत्रपात कर सकता है।

24

अभ्युदय के सूत्र

शरीर की दृष्टि से विचार करें तो आदमी कुछ काम बार-बार करता है। पानी बार-बार पीता है, श्वास बार-बार लेता है, रोटी भी बार-बार खाता है। एक जमाना था आदमी एक बार भोजन करता था। फिर दो बार शुरू हुआ। फिर तीन बार और आजकल चार-पांच बार का पता ही नहीं है। चाय की तो ऐसी आदत हो गई कि लोग बार-बार पीते हैं। शरीर की दृष्टि से कुछ काम बार-बार किये जाते हैं।

हम चेतना की दृष्टि से विचार करें कि ऐसे कौन से काम हैं जो बार-बार किये जाएं। धर्म की दृष्टि से, साधना की दृष्टि से अथवा चेतना को शुद्ध बनाने की दृष्टि से हमारा जो ज्ञानोपयोग है वह बार-बार रहे। मन की प्रवृत्ति हर समय चालू रहती है। आदमी निकम्मा नहीं रहता, कहीं-कहीं मन अटका हुआ रहता है। कहीं न कहीं इंद्रियां अटकी हुई रहती है। कहीं न कहीं चिंतन भी अटका हुआ रहता है। जब हमारा ज्ञान आवेश के साथ जुड़ता है उसका नाम है क्रोध का उपयोग। कभी मनुष्य की चेतना अहंकार में व्यापृत हो जाती है। कभी छल-कपट में तो मायोपयोग में, कभी लोभ में तो लोभोपयोग में, कभी हास्य में तो हास्योपयोग में, कभी भय में तो भयोपयोग में, कभी काम वासना में तो वेदोपयोग में। प्रतिक्षण चेतना का चक्र चलता रहता है।

प्रश्न है- किस विषय में चेतना का व्यापार हो रहा है? चेतंना की प्रवृत्ति कहां हो रही है? क्रोध आदि सारे नकारात्मक भाव हैं, हिंसा को पैदा करने वाले भाव हैं। हिंसामय भाव हैं। यदि मनुष्य की चेतना क्रोध आदि में व्यापृत होती है और क्रोधोपयोग में समय बीतता है तो वह स्वास्थ्य के लिए अच्छा नहीं है, आत्मा की शुद्धि के लिए भी अच्छा नहीं है। प्रश्न आया- इस समस्या का समाधान क्या है? उसका उपाय बतलाया गया कि अगर तुम स्वस्थ रहना चाहते हो, शांति का जीवन जीना चाहते हो तो एक काम करो। ज्ञानोपयोग का बार-बार प्रयोग करो। रोटी खाई, थोड़ा समय विश्राम किया और ज्ञान की चर्चा में लग गए, अध्ययन में लग गए, स्वाध्याय में लग गए, तत्व चर्चा में लग गए तो वह

ज्ञानोपयोग हो गया। हर कार्य के अंतराल में उपयोग ज्ञान में लगेगा तो ध्यान निकम्मी बातों में नहीं जाएगा। उपयोग जब दूसरी प्रवृत्तियों में लग जाता है तब चिंतन भी वैसा नकारात्मक हो जाता है।

बहुत अच्छा निर्देश है- अभीक्ष्ण ज्ञानोपयोग का प्रयोग करो। हमारा मन जब भी खाली हो, ज्ञान में लग जाए। देखते हैं- मैं किसी से बात कर रहा हूं। एक क्षण बीच में रुक गये, होंठ हिलने शुरू हो जाते हैं। उनका यह क्रम सतत चलता है। स्वाध्याय, ध्यान, चिंतन उसमें मन बार-बार लगता है, फिर लड़ाई-झगड़ा करने का अवकाश हीं नहीं रहता। खाली होता है तब लड़ाई-झगड़ा हो सकता है। खाली होता है तभी कोई आदमी गलत काम कर सकता है। किंतु ज्ञानोपयोग रहे, उस अवस्था में कलह, कदाग्रह, लड़ाई-झगड़ा करने का मौका नहीं मिलता।

एक साधक के सामने प्रश्न है- चौबीस घंटों में हमारा ध्यान कितनी देर तक ज्ञानोपयोग में रहा। यह निश्चित है कि चेतना निरंतर चलती है, उसका कार्य होता रहता है। उपयोग का मतलब है चेतना का व्यापार। चेतना का सकारात्मक प्रवृत्तियों में कितना काम लिया? ज्ञानात्मक प्रवृत्तियों में कितना काम लिया? निकम्मी बातों में कितना काम लिया?

एक आदमी गलत योजना बनाना शुरू करता है कि यह काम मैं कैसे करूं? चोरी कैसे करूं? डकैती कैसे करूं? आतंक कैसे फैलाऊं? हत्या कैसे करूं? इस कार्य में कितना उपयोग लगता है, दत्तचित्त हो जाता है। उपयोग का अर्थ है दत्तचित्त हो जाना। कितने समय की योजना के बाद वह गलत काम करता है। आतंक फैलाना एक दिन में नहीं होता। लंबे समय तक योजना चलती है, वही ध्यान रहता है तब कहीं जाकर अपना काम करते हैं। किंतु जो अपने दिमाग को स्वस्थ रखना चाहता है, तनाव से मुक्त रखना चाहता है, शांति से जीना चाहता है, वह अच्छी योजना बनाएगा। उसमें दिमाग का, चेतना का नियोजन करेगा। उसके लिए स्वाध्याय जरूरी है। हमेशा हमारे उपयोग में ज्ञान की बात रहे। हमने किसी से आवश्यक बात की। जब आवश्यक बात पूरी हुई तो हमारा मन चाहे ज्ञान में, चाहे जप में, स्वाध्याय में, भजन में, पढ़ने में, स्मृति में- किसी में भी लग जाए।

ज्ञान का उपयोग निरंतर बना रहे- यह बहुत महत्त्वपूर्ण सूत्र है समय की सार्थकता का, समय को सफल बनाने का और विकास का। विकास कब होगा? ज्ञान में हमारा मन बार-बार रमता रहता है तो विकास होगा। चेतना दूसरे कामों में, प्रवृत्तियों में उलझी रहती है तो ज्ञान का विकास भी नहीं हो सकता। विकास के लिए जरूरी है अभीक्ष्ण ज्ञानोपयोग।

साधना की दृष्टि से दूसरा निर्देश है- बार-बार विगय का वर्जन करें, बार-बार सरस भोजन करना छोड़ें। एक दिन सरस भोजन किया तो दूसरे दिन साधारण भोजन करो। ऐसा भी हो सकता है कि सुबह सरस भोजन किया तो शाम को साधारण भोजन कर लें। इसका बार-बार प्रयोग करो! चाहे दिन में भोजन करो, उसमें प्रयोग करो और चाहे एकांतर, एक दिन के बाद करो और चाहे लंबे समय तक करो, बार-बार गरिष्ठ भोजन का वर्जन करो। साधक के लिए बहुत जरूरी है कि जो विकृति पैदा करने वाली है, शारीरिक अथवा मानसिक समस्या पैदा करने वाली जो भोजन सामग्री है, पदार्थ सामग्री है उसका प्रयोग न करें। यह बहुत कठिन है। भोजन के साथ स्वाद का ऐसा संबंध जुड़ गया कि आदमी न स्वास्थ्य पर विचार करता है और न किसी जीवन-हित की बात पर विचार करता है, केवल स्वाद पर विचार करता है।

अच्छा निर्देश है कि जो स्वस्थ रहना चाहता है उसे बार-बार विगय अर्थात विकृति पैदा करने वाले भोजन का वर्जन करना चाहिए। एक अवस्था के बाद तो और अधिक ध्यान देना चाहिए। चालीस वर्ष का हो गया, शरीर की शक्ति कम होनी शुरू हो गई। चालीस वर्ष तक चढ़ाव है, चालीस वर्ष के बाद उतार शुरू होता है। यह आगम सिद्ध बात भी है, आज के स्वास्थ्य सिद्धांत से सम्मत बात भी है।

लोग गरिष्ठ वस्तुएं बहुत खाते हैं। स्वाद अच्छा लगता है और बीमारियां होती हैं तो ध्यान दवा और डॉक्टर पर जाता है, भोजन पर नहीं जाता। डॉक्टरों का ध्यान जर्म्स पर जाता है, वाइरस पर जाता है। किंतु भोजन भी बीमारी का एक बड़ा कारण है इस पर ध्यान कम दिया जाता है। बड़ी अवस्था हो गई, 60-70 का हो गया। मावा, मलाई खाता है, तली हुई वस्तुएं खाता है तो फिर शरीर और दिमाग कैसे काम करेगा? दिमाग को भी बहुत संतुलित भोजन की जरूरत है। पोषक हो पर भार डालने वाला न हो ऐसे भोजन की जरूरत है। यह स्वास्थ्य और साधना का अच्छा सूत्र है कि बार-बार विगय का वर्जन करो। दूध, दही, घी, मिठाइयां ये सारे विकृत भोजन हैं, स्वाभाविक भोजन नहीं हैं। इनका वर्जन बार-बार करो। लोग कहते हैं दूध खूब पीना चाहिए। हृदय रोग विशेषज्ञ कहते हैं कि ज्यादा दूध पीना हृदय रोग का एक कारण है। मलाई, मक्खन ज्यादा खाना कॉलेस्ट्रोल को बढ़ाता है। ये हृदय रोग के लिए भी आमंत्रण बनते हैं।

इतना ज्ञान अवश्य होना चाहिए कि कब, कैसे, कितनी मात्रा में खाना चाहिए? कब नहीं खाना चाहिए? पचास-साठ वर्ष बाद बिल्कुल ध्यान देना चाहिए कि गरिष्ठ वस्तुएं काम की नहीं होती। इन सबका वर्जन विवेकपूर्वक करना चाहिए, बार-बार करना चाहिए।

इसका स्वयं प्रयोग करें। कल नहीं खाया, उसका क्या प्रभाव रहा। आज खाया, उसका क्या असर हुआ? प्रतिदिन ध्यान दें। पहले दिन का अनुभव अच्छा नहीं रहा तो दूसरे दिन उसको बदल दें। जितना हल्का भोजन लाभदायी होता है उतना भारी भरकम भोजन लाभदायी नहीं होता। कम खाएगा तो अधिक अच्छा रहेगा। पोषण पूरा होता रहे पर मात्रा में ज्यादा अतिरिक्तता न हो।

इस सूत्र पर विचार करें कि बार-बार हम विगय का वर्जन करें। एक संघीय के मर्यादा कारण विगय का वर्जन होता है और एक अपने विवेक से होता है। मुझे कब खाना चाहिए, कब नहीं खाना चाहिए। तपस्या का पारणा है। पारणा किया गरिष्ठ वस्तुओं से तो फिर तपस्या का लाभ कम होता है। इससे स्वास्थ्य में भी बाधा पहुंचती है। तपस्या का मतलब है पारणा हल्का हो। जैन आगम भाष्य साहित्य में एक बहुत सुंदर निरूपण मिलता है कि लंबी तपस्या का पारणा है तो पहले मूंग का, जौ का पानी आदि पीता है, उसके बाद धीरे-धीरे बढ़ाते हुए कोई पचास दिन बाद साधारण भोजन में आता है। तपस्या करना जितना आवश्यक मानते हैं, उससे भी अधिक आवश्यक है पारणा करना। तपस्या एक कला है तो पारणा उसे भी बड़ी कला है। तपस्या करते हैं और पारणा ठीक नहीं करते तो और समस्या पैदा हो जाती है। इस संदर्भ में आगम का यह बहुत हितकर निर्देश है कि बार-बार विगय का वर्जन करें।

साधना की दृष्टि से तीसरा निर्देश है- बार-बार कायोत्सर्ग करें। कुछ लोग इस बारे में बहुत कम जानते हैं और लिखने में ज्यादा रस लेते हैं। एक व्यक्ति ने लिखा कि कायोत्सर्ग प्रतिक्रमण के बाद करना चाहिए। ऐसे कायोत्सर्ग करना अच्छा नहीं है, विधान नहीं। पूरा ज्ञान नहीं होता अथवा अधूरा ज्ञान होता है तब यह कह दिया जाता है। हम प्रतिक्रमण तो दो बार करते हैं किन्तु कायोत्सर्ग को बार-बार करना है। कायोत्सर्ग स्वस्थ रहने की कला है औ काम करने की भी कला है। काम करना शुरू किया, दो घंटा हुआ। अगर दस मिनट काम को रोक कर कायोत्सर्ग कर लें तो जो दो घंटे में श्रम हुआ, शक्ति का व्यय हुआ, ऊर्जा का व्यय हुआ, जो मस्तिष्क में तनाव आया, दस मिनट के कायोत्सर्ग में सब साफ और बिल्कुल फ्रेश हो जाएगा, ताजगी आ जाएगी। बहुत आवश्यक है बार-बार कायोत्सर्ग करना।

व्याख्यान से पूर्व हमारे प्रतिदिन दो काम होते हैं। पहले कार्य में महाश्रमण बैठते हैं, आगम पारिभाषिक कोश का काम करते हैं। उसमें काफी एकाग्र होना होता है, ध्यान देना होता है। जहां ध्यान देंगे, थोड़ा स्नायविक तनाव होगा ही। यद्यपि वह तनाव नहीं होता पर श्रम होता है। उसके बाद फिर ग्रंथ लेखन का

काम होता है। सवा घंटा तक निरंतर शोध का काम चलता है। उसके बाद यदि तत्काल व्याख्यान में आ जाएं तो समस्या पैदा हो सकती है। गंभीर कार्य के बाद दस-प्रंदह मिनट कायोत्सर्ग कर लेते हैं फिर व्याख्यान में आते हैं। **अतीतं व्यतीतं**- अतीत व्यतीत हो गया। अतीत छूट गया और हम वर्तमान में आ गए।

कायोत्सर्ग हर प्रवृत्ति के साथ जुड़ा हुआ है। जो व्यक्ति प्रवृत्ति और निवृत्ति का सम्यक उपयोग करना जानता है वह धर्म को भी जानता है, स्वास्थ्य को भी जानता है और मानसिक प्रसन्नता को भी जानता है। यदि प्रवृत्ति का चक्र निरंतर चलता रहा तो फिर कार को सर्विस में देना पड़ेगा। कार चलती है, बस चलती है; बहुत लंबी चलती है तो उसे सर्विस में देना होता है। घोड़ा बहुत तेज चलता है पर अगर उसको विश्राम न दें तो घोड़े को भी बदलना पड़ेगा। हर प्रवृत्ति के बाद विश्राम की आवश्यकता होती है।

मैंने एक बार अंतरिक्ष में यान उड़ाने वाले पायलट से पूछा- तुम किनता घंटा वायुयान चलाते हो? उसने बताया-छह-सात घंटा के बाद हमारा परिवर्तन होता है, दूसरा आ जाता है, हम विश्राम में चले जाते हैं।

श्रम और विश्राम, प्रवृत्ति और निवृत्ति- ये सब कायोत्सर्ग के रहस्य हैं। कायोत्सर्ग करें, शरीर को शिथिल करें, साथ-साथ मन को भी शिथिल करें, केवल शरीर का शिथिलीकरण नहीं, मन और वाणी का भी शिथिलीकरण करें। आचार्य हेमचंद्र ने वीतराग की स्तुति में लिखा-

मनोवचःकायचेष्टाः कष्टाः सहृंत्य सर्वथा।
श्लथत्वेनैव भवता, मनःशल्यं वियोजितम्।।

प्रभो! आपने शिथिलीकरण के द्वारा मन से शल्य को निकाल दिया।

बहुत बड़ी बात है शल्य को निकाल देना। प्राचीन काल में कोई शल्य चला जाता, कोई बाण का टुकड़ा या भाले का टुकड़ा भीतर रह जाता, वह बहुत समस्या बन जाता। वह भीतर रहा हुआ समस्या पैदा करता है। आचार्य हेमचंद्र ने लिखा-प्रभो! आपने मन के शल्य का निराकरण कर दिया। कैसे किया? तीनों प्रकार की चेष्टा-मन की चेष्टा, वाणी की चेष्टा और शरीर की चेष्टा को एकदम रोक लिया- मन की चेष्टा, वाणी की चेष्टा और शरीर की चेष्टा को एकदम रोक लिया। मन खाली मन शिथिल, वचन खाली वचन शिथिल, शरीर भी शिथिल। इस अवस्था में कायोत्सर्ग की साधना होती है, भीतर के सारे शल्य बाहर निकल जाते हैं। प्रवृत्ति में उन्हें बाहर निकले का मौका नहीं मिलता। जब हम निवृत्ति करते हैं, प्रवृत्ति को बंद कर देते है, सारे शल्य दूर हो जाते हैं।

ज्ञान के विकास का महत्त्वपूर्ण सूत्र है अभीक्ष्ण ज्ञानोपयोग। अभीक्ष्ण ज्ञानोपयोग है तो धारणा अच्छी होगी। धारणा अच्छी है तो स्मृति अपने आप अच्छी

हो जाएगी। धारणा ही नहीं की तो स्मृति नहीं होगी। तर्कशास्त्र का एक शब्द है अनध्यवसाय। प्रमाण के तीन दोष माने जाते हैं- संशय, विपर्यय और अनध्यवसाय। एक आदमी बाजार में जा रहा है। हजारों-हजारों दुकानें हैं। बाजार को देखता है पर अध्यवसाय नहीं छोड़ता। घर आया। किसी ने पूछा-क्या-क्या देखा? मैंने तो कुछ नहीं देखा। नहीं देखा, मतलब अध्यवसाय उसके साथ नहीं जुड़ा। आदमी रास्ते में चल रहा है। किसी ने पूछा-रास्ते में कितने तिनके आए? कौन-कौन सी घास आई। छुआ था पर मैंने तो ध्यान ही नहीं दिया कि कौन सी आई। जहां अनध्यवसाय है वहां न सम्यक् ग्रहण होता, न सम्यक् धारणा होती है और धारणा के बिना स्मृति भी नहीं होती। उस चीज की स्मृति हमें सहज होती है जिसकी धारणा मजबूत बन जाती है। धारणा मजबूत है, संस्कार बन गया।

स्मृति का कारण है संस्कार का जागरण। बहुत सारी निकम्मी ची़जें हैं अनध्यवसाय करने की, वहां धारणा बनाने की जरूरत नहीं है। पर जो हमारे लिए उपादेय हैं उनकी धारणा मज़बूत करना जरूरी है। धारणा मजबूत हुई तो स्मृति रहेगी। जीवन भर आदमी नहीं भूलेगा। बहुत सारी ऐसी बातें हैं जिन्हें व्यक्ति जीवन भर नहीं भूलता। कभी याद भी नहीं करता, फिर भी कभी भुलाई नहीं जाती, कारण धारणा मजबूत बन गई। उसका इंप्रेशन मस्तिष्क में इतना सघन हो गया कि वह बात फिर निकलती नहीं है। हम जो भी अच्छा काम करना चाहें, धारणा मजबूत बनाएं और धारणा को मजबूत बनाने के लिए 'ज्ञानोपयोग' बड़ा महत्त्वपूर्ण है। एक अच्छी स्मृति का साधन है अभीक्ष्ण ज्ञानोपयोग।

स्वास्थ्य की दृष्टि से महत्त्वपूर्ण सूत्र है विगय का वर्जन। प्रौढ़ अवस्था में तो यह बहुत लाभकारी है। बड़े लोग गरिष्ठ भोजन ज्यादा करते हैं।

ज्यादा गरिष्ठ भोजन खाना स्वास्थ्य के लिए हितकर नहीं है। जो निर्देश साधु-साध्वियों के लिए दिया है वह एक गृहस्थ के लिए भी उतना ही जरूरी है कि भोजन का विवेक करें, ज्यादा गरिष्ठ भोजन न खाएं।

अगर ज्ञान का विकास करना चाहें तो बहुत सुंदर निर्देश है कि बार-बार ज्ञान का उपयोग करें, निकम्मी बातों में न जाएं।

अगर स्वस्थ रहने का, अच्छा जीवन जीने का संकल्प है तो यह निर्देश बहुत उपयोगी है कि रोज गरिष्ठ भोजन मत करो और दिन में भी बार-बार मत खाओ। लंघन करते रहो।

तीसरा निर्देश है कि निरंतर प्रवृत्ति मत करो। प्रवृत्ति के बाद निवृत्ति, श्रम के बाद विश्राम का क्रम चलता रहे। अभीक्ष्ण ज्ञानोपयोग का संबंध ज्ञान पक्ष के विकास के साथ है। विगय वर्जन का संबंध स्वास्थ्य के साथ है। कायोत्सर्ग का

संबंध पूरी जीवनचर्या के साथ है। दिमाग को श्रम के बाद विश्राम देते रहोगे तो दिमाग बहुत अच्छा काम करेगा। ज्यादा भार ढोया तो थक जाएगा, वह काम करना कम कर देगा। कायोत्सर्ग का संबंध हमारी सारी प्रवृत्तियों के साथ है।

ये तीन बहुमूल्य निर्देश हैं। इन पर हम मनन करें। ज्ञान की प्रवृत्ति बार-बार चलती रहे। सरस, साधारण और गरिष्ठ भोजन का संतुलन बना रहे, प्रवृत्ति-निवृत्ति का संतुलन बना रहे। यह संतुलन साधक के लिए जितना महत्त्वपूर्ण और उपयोगी है उतना ही एक गृहस्थ के लिए भी उपयोगी है। इन तीन निर्देशों पर हम खूब मनन करें, चिंतन करें और अपनी जीवनचर्या को ऐसा बनाएं जिसमें इन तीनों निर्देशों को विधिवत उतार सकें, इनका पालन कर सकें। जो इन्हें अपनी जीवन-चर्या को अंग बनाएगा, वह व्यक्ति अपने अभ्युदय का स्वयं साक्षात्कार कर सकेगा।

25

सम्यक् दृष्टिकोण का निर्माण करें

व्यवहार सुखद रहे, मधुर रहे उसके लिए आवश्यक है दृष्टिकोण का निर्माण। सामाजिक जीवन संबंधों का जीवन है और व्यवहार संबंधों की व्याख्या है।

दर्शन-साहित्य में व्यवहार को तीन भागों में विभक्त किया है- प्रवृत्ति हेतुक, निवृत्ति हेतुक और उपेक्षा हेतुक। व्यवहार का एक हेतु है प्रवृत्ति। दूसरा हेतु है निवृत्ति। प्रवृत्ति आवश्यक है तो निवृत्ति भी कम आवश्यक नहीं है। जो व्यक्ति प्रवृत्ति और निवृत्ति का संतुलन करना नहीं जानता वह स्वस्थ भी नहीं रह सकता, प्रसन्न भी नहीं रह सकता और आध्यात्मिक विकास भी नहीं कर सकता, लौकिक विकास भी नहीं कर सकता।

निवृत्ति में प्रसन्नता का रहस्य छिपा हुआ है। हम श्रम को मूल्य देते हैं किन्तु विश्राम का मूल्य भी कम नहीं है। प्रवृत्ति का बहुत मूल्य है तो निवृत्ति का मूल्य भी कम नहीं है। हमारा हृदय इस कला में दक्ष है। वह निरंतर प्रवृत्ति नहीं करता। बीच-बीच में दो क्षण के लिए विश्राम करता है, निवृत्ति भी करता है।

तीसरा व्यवहार है उपेक्षा हेतुक, जहां न उपादेय है, जिसको हम ग्रहण कर सकें और न हेय है जिसे हम छोड़ सकें। केवल उपेक्षा करना है। दर्शन-शास्त्र में भी ये तीनों प्रमाण के फल माने गए हैं। कुछ बातें उपेक्षणीय होती हैं, उपेक्षा करने योग्य होती हैं। व्यवहार ज्यादा बिगड़ता है, ज्यादा तनाव होता है, इसका एक कारण है कि हम उपेक्षा करना नहीं जानते। हर बात को बड़ा बना लेते हैं। कहा जाता है राई को पहाड़ बना लिया। अगर हम उपेक्षा करना जानें तो कभी राई पहाड़ बन ही नहीं सकती। छोटी सी घटना होती है परिवार में, समूह में, संगठन में और उस छोटी सी घटना को इतना बड़ा रूप दे दिय जाता है कि सचमुच राई पहाड़ जैसी हो जाती है।

जो व्यक्ति जीवन में होने वाली अवांछनीय घटनाओं की उपेक्षा करना नहीं जानता, वह न तनाव से मुक्त रह सकता है, न स्वस्थ रह सकता है और न

पारस्परिक संबंधों में मधुरता रख सकता है। उपेक्षा बहुत बड़ा तत्व है। इसका समय-समय पर प्रयोग करना जरूरी होता है। जो बड़ा है उसके लिए उपेक्षा का प्रयोग करना बहुत जरूरी है। छोटा उसके मर्म को न भी समझ सके। अग्रणी के लिए उसका प्रयोग करना बहुत जरूरी है। हमारी उपेक्षा कर्त्तव्य के प्रति नहीं होनी चाहिए किंतु जो अवांछनीय है, जिनका मूल्य नहीं है और जो घटनाएं केवल सिर दर्द पैदा करने के लिए होती हैं, उनकी उपेक्षा करनी चाहिए।

प्रश्न है व्यवहार और संबंधों का। इन सबके प्रति एक दृष्टिकोण का निर्माण अपेक्षित है। जैन दर्शन का बहुत प्रसिद्ध शब्द है सम्यक् दर्शन, सम्यक् दृष्टिकोण। जब सम्यक् दृष्टिकोण होता है तो सब कुछ ठीक लगता है। जहां दृष्टिकोण मिथ्या हो गया, अच्छी चीज भी बुरी लगने लग जाती है। उस समय वह अच्छाई को देख नहीं सकता। सम्यक् दृष्टि व्यक्ति बुराई में भी अच्छाई देखता है, दुःख में भी सुख का अनुभव करता है। इसलिए हमें सम्यक् दृष्टिकोण पर ध्यान देना है।

हमारा व्यवहार अच्छा हो, व्यवहार मधुर हो, व्यवहार कटु न हो, व्यवहार सुखद हो, दुःखद न हो आदि-आदि प्रश्नों पर विचार करें तो उसकी पृष्ठभूमि में सबसे पहले सम्यक् दृष्टिकोण और मिथ्या दृष्टिकोण पर विचार करना चाहिए। सम्यक् दृष्टिकोण है तो सब अच्छा होता है और मिथ्या दृष्टिकोण है तो फिर सब अच्छा नहीं होता।

सम दृष्टि और सम व्यवहार इन दोनों में बहुत अंतर है। हमारी सबके प्रति समदृष्टि होनी चाहिए। गीता का सुन्दर श्लोक है-

विद्याविनयसम्पन्ने ब्रह्मणे गवि हस्तिनी।
शुनि चैव श्वपाके च पण्डिताः समदर्शिनः॥

ज्ञानीजन विद्या और विनयुक्त ब्राह्मण में तथा गौ, हाथी, कुत्ते और चाण्डाल में भी समदर्शी होते हैं।

एक दिन कथावाचक प्रवचन कर रहा था। एक युवक ने यह बात सुन ली कि सबमें आत्मा है, सबमें भगवान है सबके प्रति हमारी समदृष्टि रहनी चाहिए। युवक जा रहा था, बहुत समझदार नहीं था, हाथी मदोन्मत्त हो गया। महावत घोषणा कर रहा था दूर हटो। वह नहीं हटा, और सब हट गए। हाथी ने कुचल दिया, वह घायल हो गया। घर पहुंचा। पिता ने पूछा- 'क्या हुआ?'

'हाथी ने कुचल दिया।'

'हाथी आ रहा था। तू क्यों नहीं हटा?'

'मैं नहीं हटा, क्योंकि अभी मैं गुरुजी से सुनकर आया था कि सब जीवन समान होते है। इसलिए सबके प्रति समदृष्टि रखो। सबमें भगवान होते हैं तो मुझमें भगवान हैं, हाथी में भी भगवान है।'

पिता उसे गुरु के पास ले गए। आप ऐसी उल्टी बात क्यों सिखाते हैं? गुरुजी ने पूरी बात सुनी। कथावाचक ने कहा- 'देखो, मैंने सही समझाया पर यह पूरी बात नहीं समझ सका। अगर तुझमें आत्मा है, हाथी में आत्मा है तो महावत कह रहा था कि हटो, उसमें भी भगवान है फिर तुमने उसकी बात क्यों नहीं मानी?'

समदृष्टि एक अलग बात है, व्यवहार एक अलग बात है। व्यवहार का आधार है योग्यता, कहीं-कहीं आकर्षण भी हो सकता है। समदृष्टि होने का आधार है आत्मौपम्य दृष्टि। सबके प्रति दृष्टि हमारी आत्मौपम्य की होनी चाहिए।

दूसरा एक और प्रसंग है। प्रवचनकार प्रवचन करने आए। समता पर बहुत प्रवचन किया। सबके प्रति हमारा समान व्यवहार करना चाहिए। समता सबके प्रति हो, यह ठीक है, किंतु व्यवहार सबके प्रति समान हो, मैं इसे त्रुटिपूर्ण वाक्य मानता हूं। यह हो नहीं सकता। सबने इस बात को सुना। मुल्ला नसरूद्दीन वहीं था, उसने भी सुना। वह खड़ा होकर बोला- 'प्रवचनकार महोदय! आप जो कह रहे हैं, मैंने उसका प्रयोग कर लिया।'

बड़े खुश हुए, बोले- 'परिणाम क्या रहा?'

'मैंने मेरी पत्नी और गधा दोनों पर समान व्यवहार का प्रयोग किया। गधा सुधर गया और बीबी बिगड़ गई।'

दोनों के साथ समान व्यवहार कैसे हो सकता है? ईर्ष्या पैदा होने का यह बड़ा कारण है।

हमें व्यवहार की चर्चा करते समय ईर्ष्या, कलह, निंदा, चुगली, अपवाद आदि-आदि जो समस्याएं हैं, जो धार्मिक दृष्टि से पाप हैं मानसिक रोग पैदा करने वाले हैं और संबंधों को बिगाड़ने वाले हैं इनके बारे में कुछ सोचना है। इन पर सही चिंतन तब होगा जब सबसे पहले हमारा दृष्टिकोण सम्यक् होगा। दृष्टिकोण सम्यक् होगा और इन स्थितियों का विश्लेषण करेंगे तो हम ईर्ष्या में नहीं जाएंगे। अन्यथा ईर्ष्या स्वाभाविक है। जब यह धारणा है कि सबको समान काम देना चाहिए, सबके साथ समान व्यवहार होना चाहिए, तब ईर्ष्या होना स्वाभाविक है। मेरे साथ ऐसा व्यवहार नहीं किया, उसके साथ ऐसा व्यवहार किया। मन में अप्रियता पैदा हो गई, एक विद्वेष पैदा हो गया। किंतु जब यह स्पष्टता है कि समानता एक अलग बात है, व्यवहार बिल्कुल अलग बात है तब यह समस्या नहीं होती।

समानता एक सिद्धांत है। हर सिद्धांत व्यवहार में कितना उतरता है? बड़ा प्रश्न है हमारे सामने। ऐसे हम कहते हैं कि वह दर्शन, वह सिद्धांत बहुत काम का नहीं होता जो व्यवहार में न आए। असीम को हम सीमा में कैसे ला सकते हैं? इसलिए हम हर दर्शन के सिद्धांत को व्यवहार में किस भूमिका तक, किस सीमा तक ले जा सकते हैं, यह भी हमारा स्पष्ट दृष्टिकोण होना चाहिए।

संबंधों पर विचार होना चाहिए। कठिनाई संबंधों के कारण पैदा होती है। प्राय: मनुष्य की प्रकृति है कि या तो संबंध करता नहीं है या इतना करता है कि एक मान लेता है। यह संबंधों की सही अवस्था नहीं है। पति-पत्नी का संबंध है। भाई-भाई का संबंध है। माता-पिता का संबंध है। गुरु-शिष्य का संबंध है। साथियों का संबंध है। संबंध की सीमा का भी हमें बोध होना चाहिए। कौन सा संबंध किस सीमा तक हो? उस संबंध को हम असीम न बनाएं। संबंधों में हमारी स्पष्टता रहे। संबंधों को हम सीमातीत मान लेते हैं तो अच्छा नहीं होता। संबंध करते समय सब कोणों को देखकर संबंध करना चाहिए। अगर सहन करना जानते हो तो तुम्हारा संबंध सुखमय और शांतिमय रह सकता है, किंतु सहन करना नहीं जानते हो तो फिर संबंध समस्या बन जाता है। अच्छे-अच्छे परिवारों में आजकल यह हो रहा है कि सुबह विवाह होता है शाम को तलाक हो जाता है। इसका कारण है कि हम संबंधों को ठीक नहीं जानते। जो व्यक्ति व्यवहार के बारे में जानना चाहता है उसे संबंध कब करना चाहिए? कैसे करना चाहिए और उसका निर्वाह कैसे करना चाहिए?

संबंध का विश्लेषणात्मक ज्ञान हमारे लिए अपेक्षित है। हम संबंध के बारे में बहुत जागरूक रहें। संबंध की सार्थकता को भी ठीक समझ सकें।

संबंध, व्यवहार, व्यवहार की त्रिहेतुकता, समदृष्टि और समव्यवहार- इन बिंदुओं पर और अधिक मनन करें तो ईर्ष्या को पनपने का मौका भी नहीं मिलेगा, प्रतिक्रिया का अवसर भी नहीं आएगा, तनाव भी नहीं बढ़ेगा और शांति से हर चीज का सम्यक् ग्रहण होगा। इसके लिए सबसे पहली आवश्यकता है, सम्यक् दृष्टिकोण, सम्यक् अवधारणा की। इसका हम विकास कर सकें तो व्यवहार के बारे में बहुत कुछ जान सकते हैं, बदल सकते हैं और जीवन व्यवहार को सरस एवं समरस बनाने में सफलता प्राप्त कर सकते हैं।

26

प्रसन्न रहना सीखें

मनुष्य के व्यवहार को दो आयामों में देख सकते हैं- एक क्रियात्मक व्यवहार और दूसरा प्रतिक्रियात्मक व्यवहार। जब तक वह द्वंद्वों की परिधि में रहता है तब तक उसका व्यवहार प्रतिक्रियात्मक अधिक हो जाता है। जो व्यक्ति द्वंद्वातीत चेतना में चला जाता है उसका व्यवहार क्रियात्मक रहता है और वह क्रियात्मक व्यवहार की प्रसन्नता का वरदान देता है।

प्रसन्नता को बहुत कम लोग जानते हैं। बहुत कम ऐसे भाग्यशाली लोग हैं जिन्हें प्रसन्नता का वरदान प्राप्त है। सबसे बड़ा वरदान है यह। जीवन की सबसे बड़ी उपलब्धि है प्रसन्न रहना।

अध्यात्मशास्त्र में, मंत्रशास्त्र में कुछ द्वंद्वों का उल्लेख है। लाभ और अलाभ का एक द्वंद्व है। सुख और दुःख, जीने और मरने का एक द्वंद्व है। मान और अपमान का एक द्वंद्व है। सत्कार और असत्कार, निंदा और प्रशंसा का एक द्वंद्व है। ऐसे अनेक द्वंद्व हैं, युगल हैं और मनुष्य इनको जी रहा है। संवाद मिला कि आज इतनी अधिक बिक्री हुई। अच्छा लाभ हो गया तो आदमी खुश हो गया। इसे प्रसन्नता नहीं कहना है। अगर प्रसन्नता कहोगे तो गलत हो जाएगा। खुश हो गया; उसके मन में हर्ष हो गया। यह हर्ष द्वंद्व से पैदा हुआ है, लाभ हुआ इसलिए हर्ष हो गया। छह महीने के अंतराल में संवाद मिला- आज दुकान में डकैती हो गई और बहुत भारी कीमती वस्तुएं चली गईं। यह सुना तो दुःख हो गया। जब मिला था तो हर्ष हुआ, चला गया तो शोक हो गया।

हर्ष और शोक-यह द्वंद्व है। इस द्वंद्व का जीवन सब लोग जी रहे हैं। कभी राजी और कभी नाराज। कभी खुशी होती है, कभी दुःखी हो जाता है।

द्वंद्वात्मक चेतना में जीने वाला कोई प्रसन्न नहीं रह सकता। प्रसन्नता हमारी चेतना की एक विशिष्ट अवस्था है और वह अवस्था है, जहां आंतरिक आनंद की अनुभूति है। उसका प्रतिपक्ष नहीं है। हर्ष का प्रतिपक्ष है शोक। प्रसन्नता का कोई प्रतिपक्ष नहीं है। अगर आप उदासी को मानें तो उदासी उसका प्रतिपक्ष नहीं हो सकता। उदासी भी द्वंद्वात्मक स्थितियों से होने वाली है। वह भी नाखुशी से

जुड़ी हुई बात है। प्रसन्नता निर्मलता है, चेतना की पवित्रता है। आकाश में बादल छा गए। घटाएं उमड़ गई। घटाएं चली गई। आकाश उजला हो गया। हम कहेंगे आकाश प्रसन्न हो गया। यानी बाहर से कुछ आया था इसलिए आकाश आछन्न हो गया। जो बाहर से आया था वह चला गया तो आकाश प्रसन्न हो गया। यह उसकी प्रसन्नता है। चेतना की अपवित्रता चली जाती है तब आदमी प्रसन्न होता है।

सुख-दुःख का एक जोड़ा है। जीवन मरण का भी जोड़ा है। बहुत लोग मौत से बहुत डरते हैं। सच्चाई को जानते हैं कि मौत होती है फिर भी डरते बहुत हैं। कभी-कभी कठिन परिस्थिति में आदमी मौत को भी बुलाता है।

एक लकड़हारा जंगल में लकड़ियां काटने जाता था। एक दिन ईंधन का गट्ठर लेकर आ रहा था। परेशान हो गया। पास में चौकी थी। गट्ठर को उस पर रखा और खड़ा-खड़ा कह रहा था- हे यमराज! तुम क्यों नहीं आते? मैं जीवन से ऊब गया हूं तुम जल्दी आओ। वह यमराज से प्रार्थना करने लगा। संयोग की बात, वहां यमराज आ गया। यमराज बोला- क्यों बुला रहे थे। अब जैसे ही देखा कि यमराज है तो कांप उठा, मौत का डर लगने लगा। उसने कड़ककर कहा, बोलो- मुझे क्यों बुलाया। लकड़हारा बोला- हुजूर! यह गट्ठर बहुत भारी है, रख दिया। मुझसे उठता नहीं है इसलिए उठाने के लिए आपको बुलाया था।

आदमी डरता है। कोई भी संबंध है प्रिय वस्तु है उसे छोड़ने से डरता है। यह सुख और दुःख का द्वंद्व भी भय या हर्ष पैदा कर रहा है। निंदा और प्रशंसा। आदमी निंदा से बहुत डरता है। निंदा से कितनी प्रतिक्रियात्मक प्रवृत्तियां होती हैं, शायद असंख्य है। तूने ऐसा क्यों किया? उस व्यक्ति ने मेरी निंदा की थी, वह निंदा कर रहा था तब मुझे यह कदम उठाना पड़ा। हम निंदा से बहुत घबराते हैं, जबकि हम सच्चाई को जानते हैं कि दूसरे के कहने से कोई आदमी अच्छा नहीं होता और दूसरे के कहने से कोई आदमी बुरा नहीं होता। हर आदमी अच्छा बुरा अपने कार्य से, अपने व्यवहार से होता है। इस सच्चाई को जानते हैं फिर भी कोई थोड़ी-सी निंदा कर देता है तो अधीर हो जाते हैं। इन सारी परिस्थितियों में प्रसन्नता गायब हो जाती है। जहां भी द्वंद्व की प्रतिक्रिया है वहां प्रसन्नता नहीं रह सकती। मान-अपमान की भी यही स्थिति है। एक सामान्य आदमी इनके घेरे में जीता है उसे जीना पड़ता है।

इस बिंदु पर हमें सोचने को बाध्य होना पड़ता है कि जीवन की एक भूमिका है, अर्थ और काम की और धर्म की और अध्यात्म की एक भूमिका है। जहां काम और अर्थ की भूमिका है वहां आदमी की कामवासनाओं की पूर्ति

होती है, अर्थ के द्वारा सारा जीवन का रहा चल रहा है। जहां काम और अर्थ का संसार है वहां हर्ष, शोक, भय आदि-आदि का होना अनिवार्य है। इन द्वंद्वों से संत्रस्त आदमी ने खोज करनी शुरू की और जिन्होंने खोजा वे धर्म या अध्यात्म के आचार्य थे। उन्होंने खोजा कि आदमी प्रसन्न रह सकता है, द्वंद्वातीत चेतना की स्थिति में रह सकता है। जब तक द्वंद्व की स्थिति में रहेगा चाहे गृहस्थ हो, चाहे साधु-संन्यासी, प्रसन्न नहीं रह सकता। प्रसन्नता हमारी अखण्ड होती है। जिस व्यक्ति ने प्रसन्नता के रहस्य को समझ लिया, वह यह नहीं कहेगा कि कल मैं प्रसन्न था आज मैं प्रसन्न नहीं हूं। जिसने प्रसन्नता को समझा नहीं वह कह सकता है कि कल मैं हर्ष में था आज मैं नहीं हूं। प्रसन्नता शाश्वत स्थिति है चेतना की। वह प्रकट हो गई तो हर आदमी हर स्थिति में प्रसन्न रहता है। उसे अच्छी सुविधा मिली तो भी प्रसन्न है और कठिन से कठिन दुविधा की स्थिति बनी तो भी प्रसन्न है। उसकी प्रसन्नता को कोई खंडित नहीं कर सकता।

अनेक संतों की ऐसी घटनाएं हमें प्राप्त हैं। व्यक्ति निंदा कर रहा है, गालियां दे रहा है और संत हंस रहा है। उसने कहा- मैं गालियां दे रहा हूं, तुम हंस रहे हो। संत बोला- मैं ठीक हंस रहा हूं कि तुमने मुझे समझा नहीं। तू बिना समझे गाली दे रहा है इसलिए तेरे अज्ञान पर मैं हंस रहा हूं। गाली देने वाला शर्मिंदा हो गया। अब वह बेचारा क्या करेगा।

जो आरोपण कर लेता है, वह दु:खी बनता है। द्वंद्वों की चेतना में आदमी आरोपण करता है। द्वंद्वातीत चेतना अनारोपित चेतना है, वहां कोई बाहर का आरोपण नहीं है। द्वंद्व चेतना में आरोपण करते हैं कि उसने ऐसा कहा, ऐसे कर दिया, अमुक मेरी निंदा कर रहा था, वह मुझे कमजोर बता रहा था, वह मुझे ऐसा कह रहा था। हजारों-हजारों विकल्प हो सकते हैं, अंतहीन विकल्प हो सकते हैं। ये सारे विकल्प द्वंद्वात्मक चेतना से उपजे हुए विकल्प हैं। जो इसी सीमा में रहता है वह कभी शाश्वत शब्द को नहीं समझ सकता।

आगम- साहित्य में दो शब्द आते हैं सुख और अत्यंत सुखी। एक व्यक्ति सुखी है पर सुख बाधित होता रहता है। अच्छी बात कही, किसी ने प्रशंसा के दो शब्द कह दिये, खुश हो गया और जाते-जाते कोई गलत शब्द कहा तो दु:खी हो गया।

बादशाह अकबर बीरबल की प्रसिद्ध कथा है। बीरबल ने बेगम को बुलाकर अच्छा भोजन कराया। जाते समय एक अप्रिय शब्द कह दिया। पहले बहुत खुश थीं और जाते समय वह बिल्कुल नाराज हो गई।

हम जीवन व्यवहार की घटनाओं को देखें तो इस सच्चाई को समझकर चलना चाहिए कि जब तक द्वंद्वात्मक चेतना से ऊपर उठने का उपक्रम नहीं बना,

आदमी ने उठना नहीं जाना तब तक उदासी, सुख-दुःख, हर्ष-शोक के चक्र को तोड़ा नहीं जा सकता। एक बहुत बडी खोज है अध्यात्म की खोज अर्थात् द्वंद्वातीत चेतना में जीने का अभ्यास करो, जींना सीखो। वहां ये सारी संवेदनाएं नीचे रह जाती हैं। शोक, हर्ष आदि ये मानवीय संवेदनाओं से पैदा होते.हैं। जब आदमी ज्ञान की अवस्था में चला जाता है तब संवेदनाएं नीचे रह जाती हैं।

आगम साहित्य के दो शब्दों पर चिंतन करना चाहिए- ज्ञान और संवेदना। ज्ञानी जानता है। घटना को जान लेता है पर वेदन नहीं करता। वह अवस्था प्रसन्नता की अवस्था है। जो अज्ञानी आदमी है वह वेदन करता है, जानता नहीं है। ज्ञानी वह है हर घटना को जो जानता है भोगता नहीं है। सामान्य आदमी घटना को भोगता है। टी.वी. के युग में कई ऐसी वस्तुऐं आती हैं जिनमें हजारों युवक, बच्चे भी बह जाते हैं। एक छोटे बच्चे ने अपनी ही बहन को मार डाला। पांच-सात वर्ष का बच्चा था। उसे न्यायालय में पूछा गया कि तुमने ऐसा क्यों किया। उसने कहा- मैंने टी.वी. में ऐसा देखा था कि एक आदमी मारता है। मुझे अच्छा लगा और मैंने वह कर दिया।

द्वंद्वों की चेतना में जीने वाली बाहरी घटनाओं से बहुत प्रभावित होता है। दृश्य देखता है, नाटक देखता है, अभिनय देखता है, कभी हंसने लग जाता है, कभी रोने लग जाता है। कभी आंखों में आंसू इतने बहने लग जाते हैं कि उसका कुछ नहीं बिगड़ा पर उसकी भाव संवेदना जागृत होती हैं और वह वैसा करने लग जाता है। यह सारा व्यवहार एक द्वंद्वात्मक चेतना का व्यवहार है, प्रतिक्रियात्मक व्यवहार है। हमारी स्वतंत्र क्रिया नहीं है। कर्म कभी स्वतंत्र नहीं होता, कर्त्ता स्वतंत्र होता है। चींटी जैसे छोटे प्राणी की भी स्वतंत्रता है। वह जब चाहे पटरी पर चले, जब चाहे नीचे उतर जाए। क्योंकि वह प्राणी है, स्वतंत्रता उसका स्वभाव है। जो अप्रभावित रहना जानता है वह स्वतंत्र होता है। अप्रभावित वह रह सकता है जो द्वंद्वातीत चेतना की भूमिका में जीता है। द्वंद्वातीत चेतना का अभ्यास करना सबके लिए जरूरी है। अगर एक गृहस्थ भी द्वंद्वात्मक चेतना में जीता है और एक साधु-संन्यासी हो गया, वह भी द्वंद्वों की चेतना में जीता है तो शायद साधुता वहां फलित नहीं होती।

किसी साधक की मां का देहावसान हो गया। पुत्र-पुत्रियों की आंखों में आंसू झलक पड़े। हमारे पास आए। हमने कहा- यह क्यों? क्या इस सचाई को नहीं जानते- हमारी आत्मा अकेली है, शाश्वत है, ज्ञान दर्शन से संयुक्त है। शेष सब बाहर के भाव हैं, मात्र संयोग है।

एगो मे सासओ अप्पा, नाण दंसण संजुओ।
सेसा मे बाहिरा भावा सव्वे संजोग लक्खणा॥

इस सूक्त को पढ़ा नहीं या इसके मर्म को समझा नहीं, वही मोहानुबंध रहा तो फिर द्वंद्वात्मक चेतना में जी रहे हैं। अगर साधु-साध्वियों में, सन्यासियों में जो गृहत्यागी हैं, उनमें सुख-दुख की संवेदना एक गृहस्थ की भांति चलती रहे तो भेद रेखा खींचना कठिन होता है।

हम द्वंद्व चेतना और द्वंद्वातीत चेतना को गहराई से समझें। अगर वीतराग साधना करनी है, वीतरागता की दिशा में जाना है तो द्वंद्वातीत चेतना में जाना होगा। द्वंद्वों की चेतना में जियें तो फिर वीतरागता को बंद कर भीतर रख देना चाहिए।

क्रियात्मक चेतना और प्रतिक्रियात्मक चेतना- दोनों स्पष्ट हैं। सब चिंतन करें कि मैं क्रियात्मक चेतना से कितना काम करता हूं और प्रतिक्रियात्मक चेतना से कितना काम करता हूं। जहां क्रियात्मक चेतना से काम होता है वहां हमारा व्यवहार एक पवित्र व्यवहार होता है। जब प्रतिक्रियात्मक चेतना से होता है, तो व्यवहार अच्छा नहीं होता।

एक साधु ने दूसरे साधु से कहा- गृहस्थ के घर जाओ और पानी लेकर आ जाओ। पानी लेकर आया तो आधा पानी नीचे गिर गया, कपड़े गीले हो गये। पूछा- पानी ले आए। ले आया। इतना खाली क्यों लाए? लाया तो पूरा था पर नीचे गिर गया। सरलता से बोला- मेरा मन तो था नहीं। मुझे भेजा गया, मन में प्रतिक्रिया हो गई।

यह सारा प्रतिक्रियात्मक व्यवहार तब होता है जब द्वंद्वात्मक स्थिति और द्वंद्व की चेतना में आदमी जीता है। हम क्रियात्मक जीवन तभी जी सकते हैं जब द्वंद्वातीत चेतना की साधना करें, अभ्यास करें। वहां लाभ-अलाभ कोई प्रभावित नहीं कर सकते। वह स्थिति एक अध्यात्म की भूमिका, धर्म की भूमिका है और वह भूमिका प्रसन्नता की भूमिका है। उस भूमिका में आदमी प्रसन्न रह सकता है, उसकी प्रसन्नता कभी खंडित नहीं होती। लाभ है तो कोई हर्ष नहीं, अलाभ है तो कोई शोक नहीं। किसी ने ऊपर थूक दिया तो भी प्रसन्नता खंडित नहीं हुई। थूकने वाला या कीचड़ डालने वाला पैरों में गिरा तो भी कोई बात नहीं। जब उसने संत तुकाराम से कहा- मैंने अपराध किया कि कितनी बार थूक दिया। उत्तर मिला- तू कितना अच्छा आदमी है! रोज मैं गोदावरी में एक बार स्नान का लाभ लेता हूं आज तूने मुझे सौ बार स्नान लाभ दे दिया। इतना अच्छा मित्र तो मुझे कोई मिलने वाला नहीं है।

यह उत्तेजना पैदा करने वाली परिस्थिति प्रसन्नता को खंडित नहीं कर सकी। कारण स्पष्ट है- वह प्रसन्नता द्वंद्वातीत चेतना से उपजती है। हर्ष, शोक आदि द्वंद्व हैं। ये द्वंद्व की चेतना से उपजते हैं। प्रसन्नता द्वंद्वातीत चेतना से उपजती है। इसलिए

हम व्यवहार के बारे में चर्चा करें तो इस बात को न भूलें कि अच्छा व्यवहार उस व्यक्ति का हो सकता, जो प्रतिक्रियात्मक व्यवहार को कम करने की साधना करता है और क्रियात्मक प्रवृत्तियों का विकास करता है। इस भूमिका पर आएं और हम ऐसी साधना करें। इन द्वंद्वों में जीते-जीते काफी समस्याएं पैदा हो गई, अब द्वंद्वातीत चेतना में जाकर उनकी साधना करें और स्वतंत्र कर्त्ता का अपना स्वरूप है उसको पहचानें तथा वैसा व्यवहार करें जिससे न हमारी स्वयं की प्रसन्नता कभी खंडित हो, न हम दूसरे की प्रसन्नता को भी खंडित करने में निमित्त बनें। इससे जीवन में प्रसन्नता का अवतरण संभव हो सकेगा।

27

आहार और व्यवहार

प्रत्येक प्राणी के लिए आहार अनिवार्य है। कोई भी व्यक्ति अधिक समय तक अनाहार नहीं रह सकता। जीवित वही रहता है जो आहार करता है। जीवन के साथ जुड़ा हुआ है आहार। कुछ लोग तपस्या करते हैं। वे आहार छोड़ देते हैं, पर पूरा आहार नहीं छोड़ पाते। मुंह से आहार छोड़ देते हैं। आहार केवल मुंह से खाना ही नहीं है, हर रोम कूप से ग्रहण करना भी आहार है। केवल आहार नहीं करते पर रोम आहार करते ही हैं। वायु लेते हैं वह भी आहार है। आहार चलता रहता है। आयुर्वेद का मत है- जो शरीर की अग्नि है वह पहले भोजन को पचाती है। अगर भोजन नहीं मिलता है तो भीतर की धातुओं को पचाना शुरू कर देती है। भीतर मांस है, भेद है उनको खाना शुरू कर देती है।

आहारं पचति शिखि, दोषानाहारवर्जितः।
ततश्च स धातून् सर्वान्, पचेत् प्राणं समन्ततः।।

आहार और जीवन का गहरा संबंध हैं। अनाहार कुछ समय के लिए कोई व्यक्ति रह सकता है।

जहां समूह है, समुदाय है, एक से दो हैं, वहां व्यवहार भी होता है, आहार भी होता है। हमें विचार करना है कि आहार का व्यवहार पर क्या प्रभाव होता है और व्यवहार का आहार पर क्या प्रभाव पड़ता है? दोनों पक्ष हैं हमारे सामने।

आहार को केवल खाने तक सीमित न करें। आहार की सारी प्रक्रिया का चिंतन करें। एक आदमी ने खाया, खाने के बाद उसका रस बनता है, लोही बनता है, मांस बनता है, मेद बनती है, हड्डियां बनती हैं, मज्जा बनती है और उससे शुक्र बनता है।

दूसरा क्रम है ग्रहण, परिणमन और विसर्जन का। व्यक्ति खाता है वह ग्रहण हो गया। फिर उसका परिणमन करना है पाचन करता है। जो सार अंश है वह ले लेता है, शेष असार का रेचन करता है, विसर्जन करता है। ये तीन क्रियाएं हो गई- खाना, पचाना और रेचन करना।

हम व्यवहार पर विचार करें तो तीनों क्रियाओं पर विमर्श करना चाहिए। जो खाते हैं उसका व्यवहार पर असर होता है। आदमी जैसा भोजन करता है वैसा

व्यवहार पर भी असर होता है। कवि के मन में कल्पना हुई कि दीपक प्रकाशी है। इसमें धुंआ क्यों होता है? इस विषय में एक वैज्ञानिक का मत अलग होगा और एक कवि का मत अलग होगा। कवि कल्पना पर चलता है, विज्ञान यथार्थ पर चलता है। जो सौंदर्य, माधुर्य कल्पना में होता है वह यथार्थ में नहीं होता, वहां नीरसता आ जाती है। कवि की कल्पना है- दीपक अंधेरे को खाता है। जैसा आहार वैसी डकार, वैसा उद्‌गार होगा। दीया अंधेरे को खाता है इसलिए उसका रेचन भी काला होगा, कज्जल बनेगा, धुंआ होगा। यह धुंआ और कज्जल उसका उद्‌गार है। अंधेरे को खाया तो वमन में भी अंधेरा ही निकलेगा। जैसा खाते हैं वैसा रेचन होता है। क्योंकि आहार का मन पर असर होता है, शरीर की धातुओं पर असर होता है और उसका हमारे व्यवहार पर भी असर हो जाता है।

अगर अच्छा पाचन होता है तो लीवर ठीक काम करता है, आंतें ठीक काम करती हैं। पाचन अच्छा होता है तो व्यवहार भी अच्छा रहता है। जिस व्यक्ति का पाचन अच्छा नहीं होता, लीवर ठीक काम नहीं करता, उस व्यक्ति में चिड़चिड़ापन आ जाएगा। उसका व्यवहार भी चिड़चिड़ेपन से युक्त होगा। पाचन तंत्र ठीक काम कर रहा है, किडनी ठीक काम कर रही है, लीवर ठीक काम कर रहा है, तिल्ली ठीक काम कर रही है, छोटी-बड़ी आंतें ठीक काम कर रही हैं, तो व्यक्ति का व्यवहार संतुलित होगा। ये अवयव ठीक काम नहीं करते तो एक पढ़े-लिखे समझदार व्यक्ति का व्यवहार भी असंतुलित हो जाएगा। वहां पढ़ाई काम नहीं देती। भीतरी रासायनिक परिवर्तनों के आधार पर व्यवहार बनता है। भीतर विकृत रसायन पैदा होते हैं तो समस्या पैदा हो जाती है।

आयुर्वेद के अनुसार तीन मुख्य रसायन माने गए हैं- वात, पित्त और कफ। ये संतुलित होते हैं, तो आदमी स्वस्थ होता है, विचार स्वस्थ होता है और उसका व्यवहार भी स्वस्थ होता है। ये तीनों असंतुलित होते हैं, विषम होते हैं तो समस्या पैदा करते हैं। विषमता बढ़ जाती है तो व्यक्ति सन्निपात की स्थिति में आ जाता है और मानसिक विकृति पैदा हो जाती है। हर समझदार व्यक्ति को आहार के बारे में इतना निर्णय अवश्य करना चाहिए कि वात प्रधान-वायु को अधिक बढ़ाने वाला, कफ प्रधान-कफ को ज्यादा बढ़ाने वाला और पित्त प्रधान-पित्त को ज्यादा बढ़ाने वाला भोजन अच्छा नहीं है। अगर पित्त बिल्कुल नहीं है तो दिमाग कमजोर हो जाएगा। आदमी के बौद्धिक विकास में पित्त का बड़ा योग है अगर पित्त ठीक नहीं बनता है तो उसका बौद्धिक विकास नहीं होगा। वह चिंतनशील नहीं बनेगा और कोई अच्छा काम भी नहीं कर सकेगा। पित्त संतुलित रहे। ज्यादा पित्त बढ़ा तो गुस्सा ज्यादा आने लग जाएगा। जिस व्यक्ति को, चाहे विद्यार्थी है, चाहे बड़ा

है, चाहे साधक है, गुस्सा अधिक आता है तो समझना चाहिए कि वह पित्त को बढ़ाने वाला भोजन ज्यादा कर रहा है, उसके पित्त की उग्रता है इसलिए पित्त का शमन हो ऐसा उसका उपचार करना चाहिए।

दूसरा रसायन है वायु। वायु गतिशील है। वह जहां कफ और पित्त को ले जाना चाहती है, वहां ले जाती है और सब जगह उसका तर्पण कर देती है।

पित्तं पंगुः कफः पंगुः पंगवः सर्व धातवः।
वायुना यत्र नीयन्ते, तत्र गच्छन्ति ते तथा।।

जैसे हवा मेघ को चलाती है, वैसे ही पित्त और क़फ को चलाने वाला गतिशील तत्त्व है- वायु। वायु की मात्रा एक सीमा तक है तो वह ठीक है। यह बहुत लाभदायक है। किंतु जब वायु की मात्रा बढ़ जाती है तब व्यवहार भी बदलता है। जिसमें वायु का प्रकोप ज्यादा है उसका मन ज्यादा चंचल हो जाएगा, डरने लग जाएगा। बहुत लोगों को बिना कारण भय लगता है। अंधेरे में भय लग सकता है, पर दिन में भी लगता है। अकेले में डर लगता है और सबके बीच में भी डर लगता है। भय की अति मात्रा हो जाती है। पग-पग पर भय लगता है। कहीं पुल पार करना है तो भी डर लगता है कि खंभ टूट न जाए। हर बात में भय लगता है। कारण है वायु की अधिकता। उसका संतुलन हो तो भय भी समाप्त हो जाएगा।

तीसरा रसायन है कफ। यह संग्रह वृत्ति पैदा करता है, आदमी को लालची बनाता है। वह संग्रह काम आए या न आए, यह प्रश्न नहीं है बस केवल संग्रह करते रहना उसकी वृत्ति बन जाती है। लालच की प्रवृत्ति, लोभ की प्रवृत्ति, ममत्व की प्रवृत्ति इन सबके लिए कफ बहुत जिम्मेवार है।

वात, पित्त और कफ के संतुलन से हमारा स्वास्थ्य अच्छा रहता है। जब इनका संतुलन बिगड़ता है तो शारीरिक समस्याएं पैदा होती हैं, मानसिक समस्याएं पैदा होती हैं। जब मानसिक समस्याएं पैदा होती हैं तब आदमी का व्यवहार भी बदल जाता है। पत्ती का शाक बहुत लाभकारी होता है पर शाम को खाएं तो वह हानि भी कर देता है। चना भी काफी उपयोगी है। हार्ट के लिए चने का बहुत उपयोग है किंतु जिसमें वायु की मात्रा ज्यादा हो उसे चने के पदार्थों का वर्जन करना चाहिए। वात, पित्त और कफ असंतुलित न हो तो हमारा व्यवहार भी संतुलित रहेगा। उनके असंतुलित बनने में आहार का भी बहुत बड़ा हाथ है।

वर्तमान के वैज्ञानिकों ने बहुत सारी बातें खोजी। आज के मनुष्य का व्यवहार जटिल क्यों बन रहा है? इसका कारण क्या है? इस प्रश्न के उत्तर में उन्होंने कहा- पर्यावरण का प्रदूषण। आजकल फैक्ट्रियों के द्वारा शीशे की मात्रा ज्यादा

छोड़ी जाती है। शीशा ज्यादा जाएगा तो मनुष्य का मस्तिष्क विकृत बन जाएगा। उससे व्यवहार भी विकृत होगा और स्वास्थ्य भी अच्छा नहीं रहेगा। भोजन में भी बहुत सारे विषैले रासायनिक तत्त्व जा रहे हैं। एक आहारशास्त्री ने लिखा था कि आप सेब, संतरा खा रहे हैं, समझते हैं कि स्वास्थ्य के लिए बहुत अच्छा है पर साथ-साथ यह भी सोचें कि कोरा संतरा नहीं खा रहे हैं साथ-साथ जहर के परमाणु भी खा रहे हैं। अनेक रासायनिक द्रव्यों का कृषि में उपयोग होता है। वे अनाज में मिश्रित होते हैं और अपना प्रभाव डालते हैं। आज के आदमी का व्यवहार अगर अपव्यवहार हो तो आश्चर्य नहीं होना चाहिए। क्योंकि बहुत ज्यादा विषैले द्रव्यों का उपयोग आदमी के व्यवहार को बिगाड़ सकता है।

तीसरी बात है विसर्जन। जो खाया, परिणमन किया, उसका सार ले लिया और जो असार बचा उसे मलोत्सर्ग, मूत्रोत्सर्ग या पसीने के द्वारा बाहर निकाल दिया। रेचन करना बहुत आवश्यक होता है। जिस व्यक्ति के कब्ज का रोग है उसका व्यवहार अच्छा हो तो आश्चर्य मानना चाहिए। कब्ज सारे तत्त्वों को दूषित कर देती है। अपान प्रदेश जिसका शुद्ध होता है, उसका दिमाग निर्मल और शुद्ध रहता है। वह अच्छा लिख सकता है, अच्छा बोल सकता है, अच्छा पढ़ सकता है और अच्छे-अच्छे ग्रंथों का निर्माण कर सकता है। जिसका अपान प्रदेश दूषित रहता है, कब्ज रहती है खाया हुआ पूरा पचता नहीं है, सड़न पैदा होती रहती है, उसके विचार भी बुरे बन जाते हैं और कल्पनाएं भी अच्छी नहीं होती।

बहुत सारे लोग कहते हैं अचानक बुरी कल्पना आ जाती है, बुरे विचार आ जाते हैं। स्वयं को ही पूछ लेना चाहिए कि मेरा अपान प्रदेश कैसा है? अगर वह साफ है तो फिर आपका सब कुछ ठीक रहेगा। जब हमारा अपान दूषित है तो व्यवहार भी अच्छा नहीं रह सकता। इसलिए जो समझदार व्यक्ति है उसके लिए यह जरूरी है कि वह खाने से ज्यादा मलोत्सर्ग पर ध्यान दें। केवल खाने पर ही ध्यान दिया और उदर शुद्धि पर ध्यान नहीं दिया, रेचन पर ध्यान नहीं दिया तो वह व्यक्ति न स्वस्थ रह सकता है और न उसके विचार अच्छे रह सकते हैं। खाना जरूरी है किन्तु उदर शुद्धि होना उससे ज्यादा जरूरी है। अगर हम केवल खाने को जरूरी मान लें कि खाए बिना काम नहीं चलता तो यह अच्छा नहीं है। स्वस्थता के लिए अनिवार्य है उदर शुद्धि। उदर शुद्धि नहीं हुई तो फिर खाना ही बदल जाना चाहिए।

स्वास्थ्य और साधना के लिए उपवास अथवा लंघन भी उपयोगी है। जब लगे कि आज उदर-शुद्धि नहीं हुई है तो बिल्कुल लंघन कर दें, अपने आप ठीक हो जाएगा। पूरा लंघन न कर सकें तो भारी चीज न खाएं बिल्कुल हल्का भोजन

करें तो उदर शुद्धि होगी। उदर शुद्धि होती है तो आदमी को स्वयं अनुभव होता है। जिन लोगों के कब्ज की समस्या है और कभी-कभी कब्ज नहीं रहती, तब कहते हैं आज दिमाग बहुत हल्का है, शरीर बहुत हल्का है। इसका कारण है अपान की शुद्धि।

बाहरी परिस्थिति और वातावरण का भी प्रभाव होता है। जैसे एक आदमी त्रयोदशी को बिल्कुल अच्छा है, चतुर्दशी को सारा गड़बड़ हो जाएगा। तिथियों पर भी निर्भर है। बारस को, तेरस को वह अच्छा है। अष्टमी, चतुर्दशी आई, मानसिकता बिगड़ जाएगी, अपव्यवहार करने लग जाएगा। जैसे चंद्रमा की रश्मियों से समुद्र में ज्वार भाटा आता है, समुद्र का जल प्रभावित होता है वैसे ही मनुष्य का मन भी चंद्रमा की रश्मियों से प्रभावित होता है। अष्टमी चतुर्दशी आदि-आदि तिथियों में ज्यादा प्रभावित होता है। यह बाहर का प्रभाव भी व्यवहार को प्रभावित करता है।

कर्म का प्रभाव भी व्यवहार को प्रभावित करता है। क्रोध के अनेक कारणों में एक कारण है- आत्मप्रतिष्ठित। बाहर का कोई कारण नहीं है, कर्म का विशेष उदय आया और वह प्रभावित हो जाता है, व्यक्ति अपव्यवहार करता है। फ़िर कहा जाता है प्रेत की छाया लग गई। किसी तांत्रिक के पास जाओ, वह कहेगा कि कोई छाया का दोष है। छाया वाली बात को गौण कर पहले अपनी छाया पर ज्यादा ध्यान देना चाहिए। अपने ग्रहों पर विचार करो, अपने पर्यावरण पर विचार करो, पूरे शरीर के तंत्रों पर विचार करो और शरीर में विद्यमान जैविक रसायनों पर विचार करो। इन सब पर विचार करो तो वह भूत-प्रेत की छाया दूर भाग जाएगी। कोई छाया पड़ गई, किसी से पूछो तो कहेगा- पैर टिक गया। ये सब गौण बाते हैं, काल्पनिक भी हो सकती हैं। यथार्थ में हमें अपने शरीर के रसायन तथा शरीर को प्रभावित करने वाले ग्रह और कर्म इन पर पहले ध्यान देना चाहिए। फिर हम सही निर्णय पर पहुंच पाएंगे।

एक रोगी वैद्य के पास गया, वैद्य ने कहा- तुम्हारे धातु दोष है इसलिए तुम अस्वस्थ हो।

किसी धार्मिक के पास गया, उसने कहा- तुम्हारे कर्म का दोष है।

किसी ज्योतिषी के पास गया, उसने कहा- तुम्हारे अमुक ग्रह का दोष है।

किसी वैज्ञानिक के पास गया, उसने कहा- तुम्हारे जैविक रसायनों का दोष है उसकी गड़बड़ी है। बेचारा क्या करे, उलझ जाता है।

सब बातों को हम एक बार गौण करें। हम शुरू यहां से करें कि आहार, पाचन और रेचन व्यवस्थित हो रहा है या नहीं? अगर यह व्यवस्थित हो रहा है

तो बहुत सारी बातें अलग हो जाएगीं। भूत-प्रेत लगने पर व्यक्ति जो व्यवहार करता है, वही व्यवहार वायु रोगी भी करने लग जाता है इसीलिए वायु को भूत ही कहा गया है। हिस्टीरिया की बीमारी होती तो पुराने लोग कहते कि कोई प्रेत आत्मा लग गई। जब पता लगा- यह एक बीमारी है तो उसका इलाज शुरू हो गया। बहुत सारे वायु जनित भ्रम होते हैं और उससे व्यवहार बदल जाते हैं।

हम इन तीनों पर पहले ध्यान दें जो हमारे हाथ की बात है। ज्योतिषी किसी को मिले या न मिले, ग्रहों का ज्ञान कराने वाला किसी को मिले या न मिले, और कुछ बताने वला मिले या न मिले, जो मिला हुआ है उसको प्रयोग में लें, यह अपने हाथ की बात है। मेरा आहार कैसा है? पाचन कैसा है? और रेचन कैसे होता है? इन तीनों पर सम्यक् चिन्तन, पर्यालोचन करें तो बहुत सारी समस्याएं समाहित हो जाती हैं।

शारीरिक बीमारी, मानसिक बीमारी और व्यवहार की जटिलता का एक प्रमुख कारण है- अपान की अशुद्धि। यह एक बात समझ में आ जाए तो भोजन बदल जाएगा, व्यवहार बदल जाएंगा और आदमी अच्छा जीवन जी सकेगा।

28

स्वार्थ और मानवीय संबंध

आदमी कोई प्रवृत्ति करता है, उसके सामने प्रयोजन होता है। तर्कशास्त्रीयं अवधारणा है- प्रयोजन के बिना एक मंद मति वाला आदमी भी कोई काम नहीं करता-

प्रयोजनमनुद्दिश्य न मंदोऽपि प्रवर्तते।

हम हर प्राणी को देखें। हमें सामान्यतया लगता है कि काम कर रहे हैं। एक चींटी चल रही है किंतु उसके साथ भी प्रयोजन है। एक छोटा जीव जंतु भी प्रक्रिया करता है। उसके साथ भी प्रयोजन है। एक भंवरा खूब चक्कर लगाता है। उसके पीछे भी एक प्रयोजन है। दो-चार दिन बाद पता लगता है कि वह घूम रहा था, उसने अपना घर बना लिया। यदि हम सूक्ष्म दृष्टि से, वैज्ञानिक दृष्टि से विवेचन करें तो पता लगेगा कि हर प्रवृत्ति के पीछे कोई न कोई प्रयोजन है। बिना प्रयोजन आदमी कोई भी कार्य नहीं कर सकता।

प्रयोजन को तीन भागों में विभक्त किया गया-

पहला है स्वार्थ। स्व के लिए, अपने प्रयोजन से कोई काम करता है वह स्वार्थ हो गया।

दूसरा है परार्थ। पर-प्रयोजन के लिए काम करता है वह परार्थ हो गया।

तीसरा है परमार्थ। परम के लिए, परम की प्राप्ति के लिए काम करता है, वह परमार्थ हो गया।

प्रयोजन के साथ तीन शब्द बन गए- स्वार्थ, परार्थ और परमार्थ। हम तीनों का विश्लेषण करें। इनका व्यवहार के साथ भी बहुत गहरा संबंध है। अपने लिए काम करता है, अपने अर्थ की सिद्धि के लिए, अपने प्रयोजन को सिद्ध करने के लिए काम करता है। इस वृत्ति के बहुत से लोग होते हैं। वे स्वार्थ सिद्धि वाले होते हैं। जैसे-तैसे अपना काम बन जाना चाहिए फिर दूसरे की चिंता करने की जरूरत नहीं। मेरा प्रयोजन सिद्ध करे वह है विनीत। मेरा प्रयोजन सिद्ध न करे, वहां भाषा बदल जाती है। वहां अविनीत शब्द सामने आ जाता है। मेरा प्रयोजन सिद्ध करे, वह अच्छा आदमी है। मेरा प्रयोजन सिद्ध न करे तो आदमी अच्छा

नहीं है निकम्मा आदमी है। से सारी वृत्तियां स्वार्थ के आधार पर पनपती हैं। इसलिए दो शब्द बन जाते हैं- एक स्वार्थ का मोह और एक स्वार्थ का विवेक। स्वार्थ का मोह एक प्रकार की चिंतन की, मन की या चेतना की विकृति है। मेरी स्वार्थ सिद्धि में सामने वाले व्यक्ति का क्या होगा, इस पर कोई ध्यान नहीं जाता, यह स्वार्थ का मोह है। व्यक्ति में एक प्रकार की मूढ़ता पैदा हो जाती है। वह अपना ही ध्यान रखता है, अपना ही चिंतन करता है। व्यवहार की बहुत सारी समस्याएं इस स्वार्थ मोह के कारण पैदा होती हैं। अपना स्वार्थ सध जाए, अच्छी बात है, वह आदमी भी अच्छा है। वह सहवर्ती भी अच्छा है और उसकी हर प्रवृत्ति भी अच्छी है। जिससे स्वार्थ नहीं सधता वह आदमी भी खराब बन जाता है, उसकी प्रवृत्तियां भी वांछनीय नहीं रहती और उसके प्रति एक अन्यमनस्कता का भाव भी पैदा हो जाता है।

संबंध विच्छेद का एक बड़ा कारण है तनाव। पारस्परिक संबंधों में क्या कठिनाई आई? क्यों तनावपूर्ण हुए संबंध? एक व्यक्ति अपना बहुत ज्यादा स्वार्थ सिद्ध करना चाहता है, इतना उपयोग करना चाहता है तो वहां संबंध में गड़बड़ी हो जाती है, समस्या पैदा होती है। क्योंकि सामने वाला व्यक्ति उतना दे नहीं सकता या देना नहीं चाहता और वह इतना लेना चाहता है। वहां संबंध में फिर मधुरता समाप्त हो जाती है। जहां-जहां स्वार्थ का अतिरेक होता है वहां व्यवहार कटु बन जाएगा या व्यवहार विश्रृंखल बन जाएगा। स्वार्थ एक स्वाभाविक मनोवृत्ति है। उसे कोई आदमी छोड़ नहीं सकता। यह एक बड़ी प्रेरणा है। जब लगे कि यह काम करने से मेरा स्वार्थ सधेगा, आदमी चौबीस घंटे काम कर लेता है। किंतु जहां स्वार्थ का अतिरेक हो जाता है वहां स्वार्थ का मोह संबंधों में कटुता लाता है, व्यवहार को जटिल बना देता है।

हम स्वार्थ की सीमा को समझने का प्रयत्न करें। उसकी व्यवहारिक सीमा बहुत साफ है कि जिस प्रवृत्ति में दूसरे के स्वार्थ को बाधा न पहुंचे, वहां तक स्वार्थ मान्य है। अपना स्वार्थ भी सधे और दूसरे के स्वार्थ को हानि न पहुंचे। मैं सेवा लूं, मेरा भी काम हो किंतु सेवा देने वाले का भी हित हो, उसका भी अहित न हो। एक व्यक्ति सेवा लेता है और सेवा देने वाला देता है किंतु वह सेवा देने वाले पर दस वर्ष के बाद क्या प्रभाव डालेगी, इसका सूक्ष्म विवेचन जरूरी है। यदि यह न करे तो वह स्वार्थ भी एक चिंतनीय स्वार्थ बन जाएगा।

जहां स्वार्थ के साथ करुणा और विवेक होता है वहां स्वार्थ अवांछनीय नहीं बनता। जहां स्वार्थ के साथ करुणा भी नहीं होती और विवेक भी नहीं होता, वहां स्वार्थ की पूर्ति अहितकर बन जाती है, बाधक बनती है और पारस्परिक संबंधों को बिगाड़ने वाली भी बन जाती है।

हमें स्वार्थ की सीमा को समझना है, उस सीमा के दो निर्धारक तत्त्व हैं। एक निर्धारक तत्त्व है करुणा। दूसरा निर्धारक तत्त्व है विवेक। कब, किस समय, किससे, कितना, स्वार्थ पूरा करना चाहिए। जिसमें विवेक नहीं होता वह स्वार्थ का मोह पैदा कर देता है। जहां विवेक होता है, वहां स्वार्थ उदात्त चेतना का सूत्र बन जाता है। एक कहता है कि तूने मेरी बहुत अच्छी सेवा की। सेवा करने वाला कहता है कि मैंने कुछ भी सेवा नहीं की। मैं आपके लिए कुछ भी नहीं कर सका। आपका कितना उपकार है। आपने मेरे लिए कितना किया है। यह स्वार्थ सिद्धि भी है और व्यवहार की मधुरता भी है। सेवा लेने वाले ने इतने कौशल के साथ सेवा ली कि करने वाले को कुछ नहीं लगा। सेवा देने वाले ने इतने समर्पण भाव से सेवा दी कि उसको भी कुछ नहीं लगा। कारण साफ है कि उसके पीछे करुणा है, विवेक है, विनम्रता है। स्वार्थ के पीछे करुणा और विवेक हो तथा समय का सही नियोजन हो, किस समय क्या काम कराना चाहिए और किस समय क्या कहना चाहिए- यह समझ हो, वहां स्वार्थ कभी समस्या नहीं बनता।

हम देखते हैं कि कभी-कभी पारस्परिक व्यवहार में कटुता आती है। वह स्वार्थ और परार्थ के असंतुलन से आती है। जहां स्वार्थ और परार्थ दोनों चल रहे हैं। मेरा हित, मेरा प्रयोजन चल रहा है और सामने वाले व्यक्ति का भी प्रयोजन सध रहा है। मैं स्वार्थ और परार्थ दोनों का संतुलन कर दोनों तरफ देखता हूं तब कोई समस्या नहीं होती और व्यवहार बहुत अच्छा होता है। स्वयं समस्या का पार पाएं और दूसरे की समस्या को भी सुलझाएं। केवल अपनी समस्या नहीं, दूसरे की समस्या को भी सुलझाएं। दोनों के हितों का, दोनों के भावों का, दोनों के विचारों का सामंजस्य कर जो व्यवहार करते हैं, वहां स्वार्थ और परार्थ दोनों का संतुलन होता है, बहुत अच्छे संबंध रहते हैं और व्यवहार भी अच्छा रहता है।

सेवा लेने वाला बुखार से ग्रस्त हो गया और सेवा देने वाला भी ज्वर से ग्रस्त है। तीसरा व्यक्ति सेवा करने आता है। वह एक के पास जाता है तो वह कहता है नहीं, मैं ठीक हूं, तुम उसकी सेवा करो। दूसरे के पास जाता है तो वह कहता है नहीं, मेरी कोई खास बात नहीं, तुम वहां जाकर सेवा करो। दोनों में इतनी मिठास होती है कि स्वयं बीमार है तो भी मेरा ध्यान दे रहा है। दूसरा सोचता है वह स्वयं बीमार है तो भी मेरा ध्यान दे रहा है। जहां स्वार्थ और परार्थ का संतुलन होता है वहां ऐसा व्यवहार होता है।

व्यवहार कब अच्छा होता है? जब एक दूसरे के हितों का ख्याल रखा जाता है तब व्यवहार अच्छा होता है। जहां केवल अपना स्वार्थ साधने की वृत्ति होती

है वहां कभी ऐसा व्यवहार हो नहीं सकता, वहां नकारात्मक भावना ही पैदा होती है।

हम इस पर बहुत गहराई से मनन करें, गहरा ध्यान दें कि कोई भी स्वार्थ ऐसा न हो जिसके पीछे करुणा न हो, जिसके पीछे हमारा विवेक न हो। समय का विवेक, क्षेत्र का विवेक, द्रव्य का विवेक और भाव का विवेक। यह विवेक चतुष्टयी है। किस द्रव्य के साथ क्या करना चाहिए? किस क्षेत्र में क्या करना चाहिए? किस काल में क्या करना चाहिए? किस भाव अथवा अवस्था में क्या करना चाहिए? यह विवेक न हो तो वह स्वार्थ का मोह बन जाता है। जिस स्वार्थ की पृष्ठभूमि में करुणा और सामने विवेक हो वह स्वार्थ परार्थ का संतुलन करने वाला होता है, सुखद होता है, दुःखदायी नहीं बनता।

हम अपने व्यवहार को बदलने का प्रयत्न करें और आत्मनिरीक्षण करें कि मुझमें केवल स्वार्थ की वृत्ति है या उसके साथ स्वार्थ और परार्थ के संतुलन की वृत्ति है। केवल अपना ही स्वार्थ देखता है दूसरे पर ध्यान नहीं देता, वह वृत्ति अच्छी नहीं होती। मैं अपना स्वार्थ भी साधूं और साथ-साथ दूसरे का स्वार्थ बराबर देखूं- वह वृत्ति अच्छी होती है, व्यवहार अच्छा रहता है और परस्पर में एकत्व होता है।

सास बहू से सारा काम ले या बहू सारा काम सास पर छोड़ दे। पिता सारा काम पुत्र से ले अथवा पुत्र सारा काम पिता से ले तो फिर व्यवहार परस्पर अच्छा नहीं रह सकता। एक सीमा के साथ कुछ करना हो तो अच्छा व्यवहार रह सकता है अन्यथा व्यवहार में कटुता आती है, लड़ाई-झगड़े होते हैं, अलग चूल्हे जलते हैं और संयुक्त परिवार टूटते हैं। इसका कारण है कि हम व्यवहार कौशल को नहीं जानते। व्यवहार कौशल का एक प्रमुख तत्त्व है स्वार्थ और परार्थ का संतुलन नहीं है वहां व्यक्ति व्यवहार कुशल नहीं रह सकता। अपना स्वास्थ्य दूसरे का स्वास्थ्य, अपना कार्य दूसरे का कार्य- ये दोनों करें। अपने स्वार्थ के लिए दूसरे पर इतना भार न लादें कि वह बीच में ही भार को डाल दे। इससे व्यवहार टूट जाएगा।

जहां परमार्थ की बात आती है वहां स्वार्थ परार्थ गौण हो जाते हैं। परमार्थ में जो चला गया, जिस व्यक्ति के परमार्थ की चेतना जाग गई उसमें अपार करुणा आ जाती है, फिर वह किसी का अनिष्ठ नहीं कर सकता, किसी को परेशान नहीं कर सकता, किसी की उपेक्षा भी नहीं कर सकता, वहां परम की बात आ जाती है। किंतु हम एक बार परम की बात को छोड़ दें। केवल स्वार्थ और परार्थ की सीमा में चिंतन करें। क्योंकि व्यवहार का संबंध ज्यादा स्वार्थ और परार्थ से है।

आज की समस्या है कि एक मालिक जितना अपना स्वार्थ साधना चाहता है उतना अपने कर्मचारियों, मजदूर या नौकर-चाकर का स्वार्थ साधना नहीं चाहता। इसलिए लड़ाई, दंगे होते हैं। ऐसी घटनाएं भी होती हैं कि मालिक नौकर की बहुत उपेक्षा करता है, काम लेता है, उसका कुछ भी नहीं करता। घर में चोरी हो गई, काफी माल चला गया। कर्मचारी लोग बैठे और कहा- अच्छा हुआ, पाप का धन था चला गया, यह नहीं कहते कि बहुत बुरा हुआ, मालिक का धन चला गया। एक व्यक्ति के पास बड़ा अधिकार था। वह दूसरों के हित की उपेक्षा बहुत करता था। जब उसकी मृत्यु हुई तब मिठाइयां बांटी गई। एक व्यक्ति की मृत्यु होती है तो बहुत लोग रोने लग जाते हैं।

करुणा का विकास बहुत सारी समस्याओं को सुलझाने वाला है। जहां करुणा नहीं होती वहां मिठास नहीं होती। मिठास के बिना व्यवहार कौशल नहीं हो सकता। करुणा का विकास करें। नैसर्गिक करुणा है तो बहुत अच्छी बात है। यदि नहीं है तो अनुप्रेक्षापूर्वक, चिंतनपूर्वक करुणा का विकास करें, जिससे हम स्वार्थ के अतिरेक में नहीं जा सकते, अपने स्वार्थ के लिए दूसरे को कष्ट में नहीं डाल सकते। करुणा का विकास और साथ-साथ विवेक का विकास- ये दो ऐसे निर्धारक तत्त्व हैं जो स्वार्थ की सीमा का निर्धारण करते हैं, स्वार्थ और परार्थ का संतुलन करते हैं। इन दोनों के द्वारा हमारी बहुत सारी व्यावहारिक समस्याओं का समाधान भी हो सकता है।

29

व्यवहार और दृष्टिकोण

दो प्रकार के मनुष्य होते हैं। एक कोटि के वे लोग हैं, जिनका दृष्टिकोण बहुत संकुचित होता है। दूसरी कोटि के वे लोग हैं, जिनका दृष्टिकोण उदार होता है। जो संकुचित दृष्टिकोण वाले हैं वे बहुत थोड़ा देख पाते हैं, किसी भी वस्तु और किसी भी व्यक्ति को समग्रता से नहीं देखते। एक बात को लेकर धारणा बना लेते हैं और उसके आधार पर यह आदमी अच्छा है वह बुरा है, अपना निर्णय घोषित कर देते हैं। उदार दृष्टिकोण वाले व्यक्ति वस्तु या व्यक्ति का समग्रता से निरीक्षण करते हैं।

एक व्यक्ति को बोलने की ज्यादा आदत होती है उस व्यक्ति को क्या माना जाए? वह बोलता रहता है, मतलब हो तो भी बोलता है, बिना मतलब भी बोलता है। पूछने पर भी बोलता है, बिना पूछने पर भी बोलता है। अब एक आदमी का गुण हो गया कि वह वाचाल है। उसके वाचाल स्वभाव को लेकर निर्णय करें। अगर संकुचित दृष्टिकोण वाला है तो वह कहेगा निकम्मा आदमी है काम का नहीं है। बिना मतलब बोलता है। उदार दृष्टिकोण वाला सोचता है- व्यक्ति का एक गुण है वाणी। उसमें विचार की पटुता है अच्छा सोचता है। वह कर्मठ भी है। अनेक विशिष्टताएं हैं। एक कमी भी है। जो संकीर्ण दृष्टिकोण वाले हैं वे एक कमी को लेकर उस व्यक्ति का अवमूल्यन कर देते हैं कि अच्छा नहीं है काम का नहीं है। शेष विशेषताओं को उपेक्षित कर देते हैं, गौण कर देते हैं। इससे एक प्रतिक्रियात्मक व्यवहार पैदा होता है। उदार दृष्टिवाला कमी को भी देखेगा पर साथ-साथ विशेषताओं को भी देखेगा और विशेषताओं के आधार पर उस व्यक्ति की उपयोगिता प्रमाणित करेगा कि व्यक्ति कितना उपयोगी है। ऐसा कोई शायद मिले जिसमें कोई कमी न हो। ऐसा भी शायद न मिले, जिसमें कोई भी विशेषता न हो।

संकुचित दृष्टिकोण वाला कमी को सामने लाकर विशेषताओं पर पर्दा डाल देता है। उदार दृष्टिकोण वाला कमी को एक तरफ रखकर एक बार विशेषताओं को उजागर करता है। एक आदमी ने अच्छा काम किया। अच्छा लेख लिखा। अच्छा चित्र बनाया, अच्छा कोई और कार्य किया। संकुचित दृष्टिकोण वाले में

प्रमोद भावना नहीं होती। संकुचित दृष्टिकोण का एक लक्षण यह चिंतन है कि यह मुझ से आगे न चला जाए। एक प्रवचनकार है, व्याख्यान देता है और दूसरा भी कोई साथी है व्याख्यान देता है। एक व्याख्यानदाता कोई कथा कहता है। दूसरे ने पहले कह दी। इतने में विग्रह शुरू हो गया है कि मैं कहता हूं वह बात तुमने क्यों कही। मैं जिस ग्रंथ का वाचन करता हूं तुमने उसका वाचन क्यों किया? कोई अच्छा बोलने वाला है। लोग आकर प्रशंसा करते हैं कि बहुत अच्छा किया। तुम क्या जानते हो अच्छा क्या होता है? ये सारी क्रियाएं-प्रतिक्रियाएं संकुचित दृष्टिकोण की देन हैं। वह दूसरे की विशेषता को भी सहन नहीं करता, दूसरे को आगे बढ़ता हुआ देखना नहीं चाहता और केवल अपना ही अहम् पोषित करता है।

संकुचित दृष्टिकोण अपने अहं की प्रबलता के कारण बनता है। इतना अहं प्रबल है कि अपना ही स्थान है, उस जगह दूसरे का कोई स्थान नहीं है। दृष्टिकोण सीमित हो जाता है, संकड़ा हो जाता है। उदार दृष्टि वाले व्यक्ति में प्रमोद भावना होती है। व्यवहार का बड़ा सूत्र है प्रमोद भावना। चार भावनाएं बहुत प्रसिद्ध हैं। महर्षि पतंजलि ने योग सूत्र में उनका उल्लेख किया है- मैत्री प्रमोद, करुणा और मध्यस्थ भावना। बौद्ध साहित्य में भी और जैन साहित्य में भी इनका विशद उल्लेख है। अगर हम व्यवहार कौशल की खोज करें, उनके सूत्र खोजें और चार भावनाओं के मर्म को समझ लें तो हमारा व्यवहार काफी अच्छा हो सकता है। चारों भावनाएं बहुत पर्याप्त है व्यवहार परिष्कार के लिए।

प्रमोद भावना का तात्पर्य है- दूसरे की विशेषता देखकर राजी होना, दूसरे की विशेषता को प्रोत्साहन देना और दूसरे की विशेषता को पवन बनकर जनता तक पहुंचाना। जैसे हवा फूलों की सुगंध को दूर तक पहुंचाती है वैसे दूर तक पहुंचाना, यह एक उदार दृष्टिकोण का कार्य है।

संबंधों की जटिलता में संकुचित दृष्टिकोण का बहुत बड़ा हेतु बनता है। एक व्यक्ति में आगे बढ़ने की भावना है कुछ करना चाहता है किंतु संकुचित दृष्टिकोण वाला बड़ा होता है तो उसको वहीं रोक देता है। भारतीय क्षेत्र में विद्याओं के ह्रास होने का भी यह एक कारण बना। जो शिष्य या गुरु थे उनका विचार रहा- यह विद्या मेरे पास है, दूसरे के पास न जाए। दूसरे के पास जाएगी तो मेरा मूल्य कम हो जाएगा। इस अर्थ में देखें तो आज का जो वैज्ञानिक दृष्टिकोण है वह काफी उदार है। कोई भी नई खोज होती है वह पेटी में बंद नहीं रहती, सारे विश्व तक पहुंच जाती है। यह एक दृष्टिकोण रहा कि मैं प्रथम नंबर का वक्ता बनूं, कोई दूसरा वैसा न हो। मैं प्रथम नंबर का अध्येता बनूं, कोई

दूसरा ऐसा न हो और व्यवहार के जगत में देखते हैं तो मैं प्रथम नंबर का धनी बनूं, दूसरा वैसा कोई न बने। कुछ घटनाएं व्यवसायिक जगत की सुनने को मिलती हैं। विश्वास भी नहीं किया जाता और अविश्वास करना भी कठिन होता है। एक व्यक्ति बढ़ रहा है उसको कैसे नीचे गिराएं? कुछ लोग इस चेष्टा में रहते हैं कि मेरा काम जो प्रथम नंबर का है दूसरा कोई आए नहीं, बीच में आता है तो हत्या तक पहुंच जाते हैं, केस तक भी हो जाता है। एक युवक बहुत उन्नति कर रहा है व्यापारिक क्षेत्र में, दूसरे दुकानदार उसको सहन नहीं कर सके। परिणाम यह हुआ कि किसी बहाने उसकी हत्या हो गई।

यह संकुचित दृष्टिकोण विकास में बाधक है, पारस्परिक संबंधों में भी बहुत बाधा पैदा करता है और व्यवहार को भी जटिल बनाता है।

हमारा दृष्टिकोण उदार बने। हमारे पास उदार बनने का एक सैद्धांतिक हेतु भी है। एक धार्मिक व्यक्ति, एक आध्यात्मिक व्यक्ति इस सच्चाई को स्वीकार करता है कि सब आत्माएं समान हैं। कोई हीन नहीं है कोई अतिरिक्त नहीं है। जब समानता का सिद्धांत हमने स्वीकार किया तब न अतिरिक्त की बात पैदा होती है और न हीनता की अनुभूति होती है। केवल इतना अंतर है कि एक व्यक्ति को अपनी क्षमता को व्यक्त करने का, प्रकट करने का साधन मिल गया, हेतु मिल गया, एक को नहीं मिला। दूसरे व्यक्ति का काम यह होना चाहिए कि यह मेरे जैसा ही है, मेरा साथी है और इसको नहीं मिला तो मैं कैसे उपलब्ध कराऊं? कैसे मैं सहयोग करूं? समानता के आधार पर सहयोग की भावना पैदा होती है। हम समानता के सिद्धांत को स्वीकार करें। दूसरे के उत्थान में सहयोगी बनें। इससे संबंधों का नया आयाम विकसित होगा।

30

शुभ भविष्य की रेखाएं

हमारा जगत परिवर्तनशील है। सब कुछ बदलता है, अवस्थाएं बदलती हैं, मानसिकताएं बदलती हैं, परिस्थितियां भी बदलती हैं। यदि कोई मनुष्य यह मानकर चले कि मैं जैसा हूं वैसा ही रहूंगा तो इससे बड़ा कोई असत्य नहीं है, इससे बड़ी कोई भ्रांति नहीं है। जैसा आज हूं वैसा ही रहूंगा इस पर किसी का अधिकार नहीं। आज कोई व्यक्ति 25 वर्ष का है वह सोचे कि मैं जैसा हूं वैसा रहूंगा। जब 60-70 का होगा तो ठहर-ठहर कर उतरेगा, हाथ में लाठी भी चाहिए। अब वह स्वयं निर्णय कर लें कि वैसा नहीं रहूंगा। जब 30-40 वर्ष का था व्यापार करता था, अधिकार था। जब सत्तर वर्ष का हो गया, व्यापार लड़के करने लग गये व्यापार उनके हाथ में आ गया। वह कैसे सोच सकता है कि मैं चालीस वर्ष का हूं, जो आज मेरे अधिकार में है, सत्तर-अस्सी वर्ष में भी मेरे अधिकार में ही रहेगा, यह सोच नहीं सकता। परिवर्तनशील जगत की परिवर्तित होती हुई व्यवस्थाओं, परिस्थितियों और शारीरिक मानसिक संरचनाओं के मध्य कोई व्यक्ति यह सोच ले कि यह सब कुछ ऐसा ही रहेगा तो फिर आप स्वयं निर्णय कर लें कि यह कितना सत्य है, कितना असत्य। कितना यथार्थ है और कितना भ्रांत।

मेरा मानना है कि भविष्य दर्शन हर व्यक्ति को करना चाहिए। प्रतिदिन का करें कि कल क्या होगा? यह बहुत कठिन बात है पर अगले वर्ष में क्या होगा? यह तो होना चाहिए और यह भी कोई न करे तो साठ वर्ष बाद क्या होगा? सत्तर बाद क्या होगा? अस्सी वर्ष बाद क्या होगा, इतना अवश्य करना चाहिए। क्योंकि उस अवस्था में स्वयं की शक्तियां भी कम हो जाती हैं, अपेक्षा भी बढ़ जाती है। सापेक्षता बहुत बढ़ती है, दूसरों पर निर्भर रहने की बात भी बनती है। एक प्रकार से जाने-अनजाने परावलंबन की स्थिति भी आती है। उस समय कैसा, क्या हो? शायद यह तो नहीं सोच सकते कि उस समय मेरी शरीर की शक्ति ऐसी ही रहे जैसी चालीस वर्ष में है। कोई विशेष प्रयोग करें तो हो भी सकता है, पर सामान्य बात हम नहीं मान सकते। शारीरिक स्थिति में अंतर आएगा किंतु मानसिक-भावात्मक स्थिति और अधिक अच्छी रहनी चाहिए। यह हमारे भविष्य दर्शन का एक विषय है।

हम पहले शारीरिक स्वास्थ्य को लें। इस बात पर ध्यान दें कि ऐसा आहार न हो, जो जल्दी बुढ़ापा लाए, शक्ति को कमजोर कर दे। आहार दो प्रकार का होता है। एक आहार वह है जो बुढ़ापे की गति को धीमा करता है, जल्दी नहीं आने देता। एक प्रकार का वह आहार है जो बुढ़ापे को बुलाता है। यह निर्णय करना चाहिए कि मेरा आहार कौन सा है। बुढ़ापे की गति कम करने वाला है या बुढ़ापे को बुलाने वाला है?

मैं उपवास की अपेक्षा ऊनोदरी को ज्यादा महत्त्व देता हूं। उपवास का महत्त्व है पर मेरी दृष्टि में अनेक कारणों से ऊनोदरी का ज्यादा महत्त्व है। उपवास एक दिन किया और छुट्टी हो गई। ऊनोदरी बारह महीना हो सकती है। उपवास किया और पारणा में इतना ज्यादा खा लिया कि उपवास पीछे रह जाता है। ऊनोदरी बारह मासिक है, उपवास बारह मासिक नहीं हो सकता। चाहे कोई एकाशन करे, चाहे उपवास करे। सबको ध्यान देना है। एकाशन करे और उसमें भी इतना खाए कि दो-तीन बार की कसर एक बार में पूरी हो जाए। यह एकाशन नहीं, बीमार होने का तरीका है। ऊनोदरी इतना अच्छा तरीका है कि स्वास्थ्य भी अच्छा रहता है, मन भी प्रसन्न रहता है और साथ में संयम भी सधता है। उपवास में संयम नहीं सधता। यह बहुत कठिन काम है इसीलिए बहुत लोग कहते हैं कि आहार का संयम नहीं है, हमें उपवास करा दो। अपनी कमजोरी प्रकट कर देते हैं।

ऊनोदरी अस्सी वर्ष तक भी शक्तियों को क्षीण नहीं होने देती। जो बहुत ज्यादा खाएगा वह अस्सी तो दूर की बात है, साठ में भी कमजोर बन जाएगा। पहला संयम, नियंत्रण यह है कि ऊनोदरी का अभ्यास रहे तो फिर अस्सी वर्ष का भी मैं हो जाऊंगा तो कोई चिंता की बात नहीं है, मेरी शक्तियां काम करती रहेंगी। उस अवस्था के लिए प्रारंभ से ही एक अच्छा संकल्प करें कि ऊनोदरी का अभ्यास करना है।

आयुर्वेद में आहार के विवेक की बात है। जितनी भूख है उससे आधा खाओ, पचास प्रतिशत खाओ। यह ऊनोदरी का बहुत सुंदर प्रयोग है। एक वैज्ञानिक कारण भी है। खाने के बाद वायु बन सकती है। पेट भरकर पूरा खा लिया तो वायु को अवकाश नहीं रहता, तब पेट फट रहा है, आंतें फट रही है, अफारा आ रहा है- ये सारी बातें सामने आती हैं। पच्चीस प्रतिशत पानी के लिए, पच्चीस प्रतिशत हवा बनती है उसके लिए और पच्चास प्रतिशत भोजन- यह एक संतुलन है। ऐसा सामंजस्य है तो बहुत सारी बीमारियां दूर रहेंगी।

शुभ भविष्य का दूसरा सूत्र है- श्रमनिष्ठा। जिस व्यक्ति में श्रमनिष्ठा है वह स्वस्थ रहेगा। जो व्यक्ति आलसी है श्रम नहीं करता वह शरीर के प्रति उदासीन

है, स्वास्थ्य के प्रति उदासीन है। श्रम किये बिना शरीर का कोई भी अवयव स्वस्थ नहीं रह सकता। सबको प्राणतत्व की जरूरत है, ऑक्सीजन की जरूरत है, अच्छी रक्तसंचार प्रणाली की जरूरत है। श्रम के बिना ये सारी बातें नहीं हो सकती। हृदय. को श्रम बहुत प्रिय है। जो श्रम करता है उसका हृदय अच्छा रहता है।

श्रमनिष्ठ व्यक्ति के लिए प्रतिदिन कम से कम चार-पांच किलोमीटर घूमना जरूरी है। अगर कोई प्रातः भ्रमण नहीं करता, बिना घूमे प्रातराश करता है तो शायद शरीर के साथ न्याय नहीं होता। शरीर स्वयं कहेगा- तुम भूल कर रहे हो। प्रातः भ्रमण किया नहीं और प्रातराश यानी नाश्ता कर रहे हो यह भूल हो रही है। दूसरा विकल्प है कि कोई इतना घूम न सके या अवकाश न मिले तो उसकी पूर्ति आसन, प्राणायाम से करें। आधा घण्टा आसन-प्रणायाम में लगाए तो श्रम की पूर्ति हो जाती है और सब अवयवों को अपना पोषण मिल जाता है। जिस बच्चे को पोषण नहीं मिलता वह बच्चा पनपता नहीं है। हम कह सकते हैं कि जिस अवयव को श्रम का पोषण नहीं मिलता वह अवयव भी पनपता नहीं है। सबको पोषण की जरूरत है। पोषण मिलता है श्रम के द्वारा आलस्य के द्वारा कभी नहीं मिलता। हम भविष्य का दर्शन करें तो पहला है ऊनोदरी का अभ्यास और दूसरा है दिन में चार-पांच किलोमीटर तक घूमने का अभ्यास। जो नहीं कर सके उनके लिए आधा-पौन घंटा आसन-प्रणायाम का अभ्यास। जो समर्थ हैं, जिनके पास समय है, उन्हें ये दोनों ही करने चाहिए।

शुभ भविष्य का तीसरा सूत्र है- सहयोग और करुणा का भाव। दूसरों के प्रति हमारे मन में करुणा का भाव है, सहानुभूति का भाव है, सहयोग का भाव है तो उसके प्रति प्रियता बढ़ती चली जाएगी। जिसके मन में न करुणा, न सहानुभूति का भाव, न दूसरे की सेवा, सहयोग करने का भाव, उसके प्रति आकर्षण पैदा नहीं होता। बहुत आवश्यक है सेवा, सहयोग, सहानुभूति। उससे शायद कुछ ऐसे परमाणु इकट्ठे होते हैं आभामण्डल में, जो आकर्षण पैदा करते हैं।

जो लोग केवल स्वार्थ की बात सोचते हैं कि किसी से लेना देना नहीं है अपना ही काम करना है, कुछ हद तक वे ठीक रह सकते है।, किंतु अवस्था के साथ और कुछ परिवर्तनों के बाद काफी सोचना पड़ता है कि यह क्या हो गया। इसका कारण है कि उन्होंने पहले ध्यान नहीं दिया। यदि व्यवहार पर समुचित ध्यान देते तो यह स्थिति नहीं बनती।

व्यवहार कौशल जरूरी है। उसके साथ जरूरी है अध्यात्म का अनुचिंतन। समुदाय में रहते हुए व्यवहार जगत में जीते हुए भी हम इस सच्चाई को कभी

न भूलें कि मैं अकेला हूं। मेरी आत्मा अकेली है। कोई साथ देने वाला नहीं है। जिस व्यक्ति में अध्यात्म की भावना है वह व्यक्ति कभी दुःखी नहीं बनता। चित्त समाधि किसी दूसरे के हाथ में नहीं होती, स्वयं के हाथ में होती है।

जहां व्यवहार का प्रश्न है सहयोग लो और दो, सापेक्षता का जीवन जिया। जहां व्यवहार निभाना है वहां निरपेक्ष मत बनो किंतु जहां सच्चाई का प्रश्न है वहां अनुभव करते रहो कि आखिर मैं अकेला हूं, मेरा कोई नहीं हैं। ये दोनों सच्चाइयां हैं। व्यावहारिक जीवन जीने के लिए व्यवहार की सच्चाई और आत्म शुद्धि या चित्त शुद्धि के लिए भीतर की सच्चाई।

हम शुभ भविष्य की कल्पना करें कि मेरे सामने शुभ भविष्य है। साथ में धर्मसंघ के सदस्यों का, जो धर्मसंघ के लिए अपनी सेवाएं लगा रहे हैं, उनका शुभ भविष्य है। शुभ भविष्य के लिए हमारे संकल्पों का विकास हो। आहार-विवेक, श्रमनिष्ठा और करुणा का भाव- शुभ भविष्य के संकल्प को प्राणवान् बना सकता है।

31

सिद्धांत जीवन व्यवहार में आए

जिस तत्त्व की अतीत में भी, वर्तमान में भी और भविष्य में भी उपयोगिता है वह है नैतिक मूल्य। आश्चर्य की बात है कि जहां समूह है, समाज है, परस्परता है, संबंध है, सापेक्षता है, वहां नैतिकता को कैसे मूल्यहीन बना दिया? यह एक विकट प्रश्न है।

इसके कारण पर विचार करें तो स्पष्ट होगा कि व्यक्ति के दो पक्ष हैं- वैयक्तिकता और सामुदायिकता। व्यक्ति वैयक्तिक पक्ष पर केन्द्रित हो गया और सामुदायिक चेतना का पक्ष है उसको बिल्कुल गौण कर दिया। वर्तमान युग की सबसे बड़ी समस्या यह है कि वैयक्तिकता हावी हो रही है और सामुदायिकता नीचे दबती जा रही है।

ब्रह्म सत्य है, जगत मिथ्या है। ब्रह्म एक है शेष उसका सारा प्रपंच है। यह दर्शन का सिद्धांत व्यवहार को नहीं छू रहा है।

जैन दर्शन का सिद्धांत है- सब आत्माएं समान हैं। यह सिद्धांत भी व्यवहार को नहीं छू रहा है।

भगवान बुद्ध ने चार आर्य सत्यों का प्रतिपादन किया। वह सिद्धांत भी व्यवहार का स्पर्श नहीं कर रहा है।

हमारे सामने एक बड़ा प्रश्न है कि धर्म-दर्शन के सिद्धांत और जीवन का का व्यवहार- दोनों की दूरी कैसे मिटे? इस दूरी को मिटाए बिना हम नैतिकता के विकास की बात नहीं कर सकते। अगर करते हैं तो उसका अर्थ कम होता है। यह दूरी कैसे मिटे? यह दूरी इसलिए है कि आदमी अपने लिए सब कुछ कर सकता है, दूसरे को गौण कर देता है। ऐसा मानता है मैं ही हूं। सारी दुनिया पर मेरा ही अधिकार है, मेरा ही सर्वस्व है, दूसरा कुछ भी नहीं है। सिद्धांत में सब आत्माएं समान, सब जीव समान और व्यवहार ऐसा कि जहां अपना ही स्वार्थ देखता है, दूसरे को बिलकुल देखना ही नहीं। शायद इसीलिए धर्म और दर्शन के प्रति जो एक अभीप्सा, रुचि जागृत होनी चाहिए, वह नहीं हो पा रही है। उनके सिद्धांतों का व्यवहार में अवतरण नहीं हो रहा है।

यदि दर्शन के सिद्धांत व्यवहार में नहीं आते हैं तो फिर दर्शन को कोरी कल्पना या केवल आकाशी उड़ान मानना होगा, धरती के लिए वह उपयोगी नहीं होगा। धरती पर जीने वाले व्यक्ति के लिए उपयोगी वही होगा, जो जीवन-व्यवहार में आए। आज सब धर्मों का, दार्शनिकों का सबसे बड़ा कर्त्तव्य यह है कि इस दूरी को मिटा सकें, ऐसा कोई उपाय सोचना चाहिए।

यह दूरी क्यों है? इस पर हम विचार करें। सिद्धांत बुद्धि का विषय है और नैतिकता, अनैतिकता भाव तंत्र का विषय। भाव पक्ष और ज्ञान पक्ष की दूरी है। विद्यालयों में, विद्या संस्थानों में नैतिकता का पाठ पढ़ाया जाता है, गुणात्मक बातें बताई जाती हैं किंतु वह विद्यालय तक सीमित है। वे व्यवहार में नहीं जुड़ती हैं, व्यवहार में कुछ और देखने को मिलता है।

एक विद्यार्थी अपने पिता से बोला- कल से मैं स्कूल नहीं जाऊंगा। पिता ने कहा- क्यों नहीं जाएगा? विद्यार्थी ने कहा-वहां बहुत झूठा पाठ पढ़ाया जाता है। जाने का मतलब क्या है? कल ही अध्यापक ने मुझे पढ़ाया था कि घर में शांति से रहो, समाज में शांति से रहो। किसी के साथ लड़ाई झगड़ा मत करो आदि-आदि। जब घर में आया, मैंने देखा- आप दोनों (मम्मी-पापा) लड़ाई कर रहे थे तब मैंने सोचा कि वहां पाठ पढ़ाया जाता है लड़ाई मत करो और घर में लड़ाई चल रही है।

यह एक अंतर्द्वन्द्व है जीवन का, जो सबके सामने आता है। धर्म की बात को सुनता है दर्शन की बात को पढ़ता है, किंतु जब व्यवहार के क्षेत्र में जाता है सबकी विस्मृति हो जाती है।

एक बहुत कुशल कथा वाचक थे। हजारों लोग कथा सुनने के लिए गए। एक व्यापारी भी गया, उसका पुत्र भी गया। कथा वाचक ने बहुत सुंदर प्रतिपादन किया कि सबके साथ अच्छा व्यवहार करो। पिता-पुत्र प्रवचन के बाद आए। पिता ने कहा- तुम दुकान पर बैठो। मैं भोजन करके आता हूं। अनाज का बड़ा धंधा था। पिता भोजन पर कर आया, देखता है गायें घुस गई हैं और अनाज को खा रही है। पिता ने आते ही कहा- मूर्ख! क्या देख रहा है? तू सामने बैठा है और गायें अनाज खा रही है? उनको हटा नहीं रहा है। बोला- पिताजी! अभी तो सुनकर आए थे कि सब जीव समान हैं। हम खाते हैं या गायें खाती हैं फर्क क्या पड़ेगा। पिता बोला- मूर्ख! ऐसा करेगा तो दुकान का पाटिया उठ जाएगा।

कथास्थल में सब आत्माएं समान हैं और व्यवहार में आएं तब अनैतिकता का आचरण करो, क्रूरता का व्यवहार करो। दिशाएं दो बन जाती हैं। जब तक वैयक्तिकता हावी रहेगी ये दिशाएं दो बनी रहेगी। मुझे सुविधा चाहिए, मुझे

साधन चाहिए, मेरे परिवार को चाहिए जो मेरे हैं उन सबके लिए चाहिए। जहां पर दूसरा है उसके लिए कोई चिंता नहीं होती। हम इस बात को छोड़ भी दें कि कौन व्यक्ति उसके लिए क्या करता है। यह दो नंबर की बात है। प्रथम नंबर की बात यह है कि व्यक्ति दूसरे के अनिष्ट का काम न करें। शोषण, ज्यादा मुनाफा लेना, ज्यादा ब्याज लेना आदि-आदि जितनी प्रवृत्तियां हैं वे दूसरे के साथ अन्याय है। वह अन्याय इसलिए करता है कि स्वयं को भरने के लिए दूसरे को गड्ढे में डाल देता है।

बाहर से जो यात्री आए उन्होंने हिंदुस्तान के बारे में लिखा कि यहां नैतिकता बहुत प्रबल थी। यहां का चित्र इस भाषा में खींचा- 'हिंदुस्तान ऐसा देश है जहां रात को ताले नहीं लगते। खुले रहते हैं फिर भी कोई चोरी नहीं होती।' आज अगर एक दिन ताला न लगाकर देख लें तो क्या होगा? ताले लगे हैं तो भी चोरियां हो जाती हैं। न लगे तो फिर शायद चोरी की जरूरत ही नहीं रहती उस घर में। यह जो अंतर आ गया, उसका कारण है नैतिकता के प्रति आस्था का कम होना। अतीत का ऐसा युग रहा है कि नैतिकता के प्रति बहुत आस्था थी और व्यवहार में नैतिकता चलती थी जीवन शैली नैतिकतापूर्ण थी पर कुछ समय बदला है। मुझे लगता है कि दस शताब्दियां हिंदुस्तान के लिए अच्छी नहीं रही। इनमें काफी संघर्ष भी आए और नैतिक मूल्यों का ह्रास भी बहुत हुआ।

एक समय वह था- अनैतिक व्यवहार करने वाले लोगों को खोजने में कठिनाई होती थी, आज नैतिक व्यवहार करने वालों को खोजने में कठिनाई हो रही है। किसी क्षेत्र को देखें। व्यापार के क्षेत्र को देखें तो बाजार भी शुद्ध नहीं है। वहां भी गड़बड़ियां चलती हैं। राज्यतंत्र को देखें तो वहां भी शुद्धता नहीं है। धर्म के क्षेत्र में भी अनेक समस्याएं आ रही हैं। इसका कारण यह बन गया कि आज के विद्यार्थी को सीधा-सादा, सरल जीना नहीं सिखाया जाता, बहुत ऊंची-ऊंची बातें पढ़ाई जाती हैं। सादगी का जीवन, सीधा जीवन और कम पदार्थों के उपभोग का जीवन नहीं सिखाया जाता। आज की जीवन शैली में उपभोग की सामग्री इतनी प्रचुर है कि एक छोटा बच्चा भी जब बाजार में जाता है तो पता नहीं क्या-क्या लेता है। इतनी सामग्री बना दी, इतनी सुविधाएं प्रस्तुत कर दी कि मनुष्य के मस्तिष्क पर अर्थ हावी हो गया।

हमारे चार पुरुषार्थ हैं। भारतीय चिंतन की सबसे बड़ी महत्त्वपूर्ण देन मैं मानता हूं चार पुरुषार्थ की परिकल्पना- अर्थ, काम, धर्म और मोक्ष। एक समग्र जीवन की परिकल्पना। एक पूरे जीवन का व्यवहार, निष्कर्ष, निचोड़, नवनीत है, किंतु चारों में से एक अर्थ प्रधान बन गया। यद्यपि एक अपेक्षा से महामात्य

कौटिल्य ने कहा था कि चारों में अर्थ प्रधान है। वह एक अपेक्षा है किंतु आज अर्थ सब कुछ बन गया। जबकि दूसरा चिंतन यह रहा कि चार पुरुषार्थ हैं, उसमें सबका संतुलित सेवन। काम का भी संतुलित, अर्थ का भी संतुलित, धर्म का भी संतुलित और मोक्ष के लिए भी संतुलित पुरुषार्थ।

एक आदमी धर्म करता है। सारा जीवन धर्म में लगा देता है और घर को छोड़ देता है, व्यापार छोड़ देता है तो उसे फिर परिवार रखने का कोई अधिकार नहीं है। अगर धर्म में अति आ जाए तो वह भी समस्या पैदा करती है। उसे संतुलन बनाना होता है कि मैं गृहस्थ हूं। मेरा दायित्व परिवार का, कुटुम्ब का पालन करना है तो उसके लिए भी मैं पूरा समय लगाऊं। धर्म का अतिसेवन भी समस्या पैदा करता है।

काम का अतिसेवन कैसे समस्या पैदा नहीं करेगा? आज यौजन उच्छृंखलता की बात चली है। उसने समाज को काफी अपराधों में ढकेल दिया है। काफी अपराध होने लग गए। अपराध ही नहीं, अनेक नई-नई बीमारियां भी उस कारण से पैदा हो गई।

अर्थ के प्रति अति आकर्षण के कारण अनेक समस्याएं पैदा हो रही हैं। बेरोजगारी, भूखमरी के कारण हिंसा बढ़ रही है। कुछ व्यक्ति अर्थ के प्रति इतने लोलुप हो गए, सुविधा के प्रति इतने लोलुप हो गए कि सब कुछ भोगना चाहते हैं। वैयक्तिक संग्रह की मनोवृत्ति ने अर्थ के विषय में अनर्थकारी समस्याएं पैदा कर दी।

राजस्थान की प्रचलित कहावत रही कि 'बाड़ काकड़ी खावण लागी' बाड़ सुरक्षा के लिए होती है। एक माली सब्जियों को उगाता है तो सुरक्षा के लिए बाड़ बनाता है। एक दिन अच्छी ककड़ियां लगी हुई थीं। रात बीती, सुबह देखा तो कुछ भी नहीं है। सब गायब हो गया। तब उसने आस-पास के लोगों से पूछा। वे क्या बताते, चोर आए और ले गए। उन्होंने यही कहा- अब जमाना ऐसा आ गया है कि बाड़ ही आजकल ककड़ियां खाने लग गई हैं। तुम्हारी ककड़ियों को बाड़ खा गई है। जब बाड़ ककड़ी खाने लग जाए तो फिर सुरक्षा का प्रश्न समाप्त हो जाता है।

जो सुरक्षा करने वाले हैं, तंत्र को चलाने वाले हैं वे ही ककड़ी को खाने लग जाते हैं तो उस राष्ट्र का भविष्य कैसा होगा? हम स्वयं कल्पना कर सकते हैं। सबके लिए चिंतनीय प्रश्न है और इसलिए है कि सब अनुभव करते हैं कि अनैतिकता के कारण समाज की क्या अवस्था हो रही है? राष्ट्र भी कहां जा रहा है? पर जब यह वैयक्तिकता हावी हो जाती है तब दूसरों के लिए नियम होते

हैं, स्वयं के लिए नहीं। इस वैयक्तिकता की मनोवृत्ति को बदलने के लिए एक कठोर जीवन जीने की जरूरत है। प्राचीन काल में गुरुकुल में जो विद्यार्थी पढ़ते थे उन्हें कष्टनीय सहिष्णुता का पाठ पढ़ाया जाता था, कठोर जीवन जीने का अभ्यास कराया जाता था इसीलिए वे शूरवीर, पराक्रमी जन्मे। उनका जीवन ऐसा था कि कष्टों को सहन कर लेते थे और अनैतिक काम नहीं करते थे। इतनी साफ प्रतिष्ठा उनकी थी। अर्थ में लिप्त रहने वाला कभी शूरवीर, पराक्रमी नहीं हो सकता। वह तो डरपोक, दब्बू आदमी होगा।

राजस्थान के प्रसिद्ध व्यापारी, धनी आदमी नैतिक निष्ठा संपन्न थे। भैंसाशाह अहमदाबाद गए। बड़ा व्यापार-धंधा था। एक लाख रुपये की जरूरत हो गई। अपने कर्मचारी को भेजा कि अमुक व्यक्ति के पास जाओ, एक लाख की हुण्डी करा लो। वह गया, उसने कहा- भैंसाशाह के नाम एक लाख की हुण्डी। उसने कहा- लाओ साक्षी क्या है? तत्काल जेब में हाथ डाला, डिबिया निकाली और कहा- इसमें भैंसाशाह की मूंछ का बाल है। यह रख लें, आप लाख रुपया दे दें। वह मूंछ का बाल रख लिया, पेटी रख ली और लाख रुपये दे दिये।

क्या आप आज ऐसा कर सकते हैं? लिखा हुआ बदल जाता है। मूंछ के बाल का तो पता ही नहीं लगता।

जिस समाज में विश्वास होता है, एक दूसरे पर भरोसा होता है वह समाज प्रगतिशील होता है, विकास कर सकता है। अगर संदेह रहता है तो प्रगति नहीं हो सकती। बाप का बेटे पर संदेह, भाई-भाई में संदेह, पति-पत्नी में संदेह। इस संदेह के कारण कोई भरोसा नहीं करता। इस स्थिति में समाज कैसे अच्छा रह सकता है?

आदमी धार्मिक कहलाएगा पर नैतिकता का व्यवहार नहीं करेगा। आश्चर्य है कि धार्मिकता तो है पर नैतिकता नहीं है। उतना ही बड़ा आश्चर्य है कि दिन में अंधकार है। इस प्रश्न पर जब तक धर्म के लोग राजनीति के लोग, समाज के प्रमुख लोग और सत्ता पर बैठे लोग सब मिलकर चिंतन नहीं करेंगे तब तक समस्या का समाधान कोई अकेला नहीं कर सकेगा। यह प्रश्न केवल व्यक्ति का नहीं, समाज का नहीं, पूरे राष्ट्र का प्रश्न है। इसलिए इस विषय में, नैतिकता के विषय में सब लोगों को चिंतन करना चाहिए और निर्णय करना चाहिए कि हम कैसे समाज को इस अभिशाप से मुक्त कर सकें। इस चिंतन में जिसका भी योग रहेगा, जो भी चिंतन करेगा मैं मानता हूं वे भारत के सुंदर भविष्य के निर्माण में अपना योग दे सकेंगे।

आचार्य महाप्रज्ञ की अन्य लोकप्रिय पुस्तकें

महाप्रज्ञ के अमृत वचन

मूल्यः 95/-

आचार्य श्री महाप्रज्ञ अध्यात्म और दर्शन के गिने-चुने अन्वेषकों-अध्येताओं में से एक हैं। अहिंसा और अपरिग्रह की प्रेरणा देने वाले आचार्य श्री के वचन मानव के सामान्य व्यवहार से जुड़े होते हैं जिससे सरल-सहज भाषा और रोचक प्रसंगों, कथाओं-दृष्टांतों द्वारा आमजन तक उनकी बात आसानी से पहुंचे। दोहों के दुष्यंत कहे जाने कवि दोहाकार - गज़लकार नरेश शांडिल्य ने आचार्य श्री के उन्हीं अमृत वचनों को इस पुस्तक में संकलित किया है।

आओ हम जीना सीखें

युवाचार्य महाश्रवण

जीवन की सबसे बड़ी उपलब्धि है जीने की कला सीख लेना। मनुष्य अनेक विषयों का ज्ञान प्राप्त करता है अनेक कलाओं को सीखता है किन्तु जीवन जीने की कला को नहीं सीखता। जबकि यही सबसे बड़ी और महत्वपूर्ण कला है। जीने की कला को सीखने का अर्थ है सम्यक ज्ञान और सम्यक आचरण से सम्पन्न बनना। इस पुस्तक में मनुष्य को आत्म निरीक्षण, आत्म परीक्षण और आत्म समीक्षण द्वारा जीवन जीने की क़ला सिखाई है।

मूल्यः 40/-

डायमंड बुक्स

X-30, ओखला इंडस्ट्रियल एरिया, फेज-2, नई दिल्ली-110020 फोन नं. 41611861-66, 40712100, फेक्स: 011-41611866, ईमेल : Sales@dpb.in, Website: www.dpb.in